普通高等院校文化产业管理系列教材

# 文化资源学

王晨　王媛◎编著

清华大学出版社
北京

# 内 容 简 介

本书对文化资源学的基础理论和现实问题加以研究和梳理，建立了文化资源学的理论框架，包括文化资源的概念、类型、价值决定和价值评估等基础理论部分，文化遗产、非物质文化遗产、文物资源、世界遗产的保护与利用等文化资源的理论应用部分，以及文化资源的数字化保护及利用和文化资源公共管理等现实问题。

本书较为全面地分析了不同文化资源的特点，对文化资源保护与利用的实践问题进行了总结归纳，并结合大量国内外实际案例，让学生能够深入理解和牢固把握文化资源学的概念、理论和方法。本书适用于普通高等院校文化产业管理专业的本科生和硕士研究生，对从事文化产业的从业人员也有较大的指导意义。

**图书在版编目（CIP）数据**

文化资源学 / 王晨，王媛编著. —北京：清华大学出版社，2021.10（2024.8重印）
普通高等院校文化产业管理系列教材
ISBN 978-7-302-57866-6

Ⅰ．①文…　Ⅱ．①王…　②王…　Ⅲ．①文化产业—高等学校—教材　Ⅳ．①G114

中国版本图书馆 CIP 数据核字（2021）第 057363 号

责任编辑：杜春杰
封面设计：刘　超
版式设计：文森时代
责任校对：马军令
责任印制：沈　露

出版发行：清华大学出版社
　　　　网　　　址：https://www.tup.com.cn，https://www.wqxuetang.com
　　　　地　　　址：北京清华大学学研大厦 A 座　　　邮　　　编：100084
　　　　社 总 机：010-83470000　　　　　　　　　邮　　　购：010-62786544
　　　　投稿与读者服务：010-62776969，c-service@tup.tsinghua.edu.cn
　　　　质量反馈：010-62772015，zhiliang@tup.tsinghua.edu.cn
印 装 者：三河市少明印务有限公司
经　　销：全国新华书店
开　　本：185mm×260mm　　印　　张：15.75　　字　　数：341 千字
版　　次：2021 年 10 月第 1 版　　　　　　　　印　　次：2024 年 8 月第 5 次印刷
定　　价：49.80 元

产品编号：083822-01

# 普通高等院校文化产业管理系列教材
## 丛书编委会

# 总　序

党的十九大报告首次提出："中国特色社会主义进入新时代，我国社会主要矛盾已经转化为人民日益增长的美好生活需要和不平衡不充分的发展之间的矛盾。"社会需要的变化反映了财富概念的变迁，人民对"美"和"好"的向往变得前所未有的重要。

美好生活建立在生活美学的观念之上，这是社会生产力高度发达后呈现出来的一种全新的生存状态。文化将回归本质，将普照社会生活的每个角落。产业的文化化将是大势所趋。这是全新的精神经济时代，文化在经济生活中将拥有前所未有的重要地位。

在此前的几十年中，中国社会的进步更多体现在文化的产业化方面。从广州白天鹅宾馆的音乐茶座开始，"文化产业"这颗种子从20世纪70年代末破土而出，历经各种障碍，最终长成伟岸的大树和茂密的森林。我们都是亲历者和见证者。

也正因为此，很多人以为，文化产业是最近几十年的事，并且将文化产业的学术源头追溯到法兰克福学派。的确，法兰克福学派最早从学理上分析了 cultural industries（文化工业、文化产业）这一概念。但这些研究是从哲学层面、从文化批判的角度进行的，并没有研究文化产业自身的产业特性。这与我们今天所要从事的研究并没有太大的关系。

其实，从更广阔的历史维度看，中国的文化产业化，或者是产业化的文化，拥有非常悠久的历史。从新石器时代的大规模玉器雕琢、交易，青铜器生产的全流程管理，到周代对艺术品市场的管理，再到汉唐的碑铭市场，宋代的瓦肆勾栏，元代的杂剧和青花瓷，明代的小说出版，清代的绘画市场和京剧戏园，直到民国的电影，等等，无一不是文化产业的生动例证。这一切，也为我们今天理解和分析文化产业提供了重要的历史依据和文化自信。

在很长一段时期内，我们对文化产业、文化经济的研究都是严重滞后的。1987年，钱学森在谈到精神经济理论时说过："这个大问题，我国经济学家也出不了多少力，他们也没有研究过。还望有志于此的同志继续努力！"这是老一辈学者对我们的殷殷嘱托！

进入21世纪以来，中国的文化产业研究者们从文学、艺术、经济、历史、伦理、社会学，以及哲学的角度，对文化产业问题进行了分析和解读，为推动国家的文化产业发展，推动相关学科建设发挥了重大作用。

但总体看，文化产业的理论研究落后于如火如荼的产业实践，相关研究也大多局限在政策研究和规划的层面。加上研究者不同的专业背景，文化产业研究难以形成最大公约数。也正因为此，文化产业作为学科的面目并不清晰。目前将文化产业管理作为二级学科归入工商管理的一级学科之下，只能说是权宜之计、无奈之举。

学科认知上的错位，反映了理论的贫瘠。缺乏理论的学科是肤浅的，更不用说在其上构建学术殿堂。正是学科定位上的不确定性和诸多专家五花八门的专业话语，给人一种文化产业管理是一个没有门槛的学科的错觉。但是，文化产业管理并不是一个不需要工具的学科。我们需要整合大家的理论贡献，并且凝聚共识，打造文化产业理论的中国学派。

从 21 世纪初国内开始有高校开设文化产业相关本科专业以来，发展到现在全国已经有上百所高校开设了文化产业管理专业，涵盖专科、本科、研究生等全部教育层次。此前，北京大学、上海交通大学等高校也先后组织出版了相应的文化产业系列教材，为推动专业建设和学科建设发挥了积极作用。同时，由于各高校开设的文化产业管理专业的学科归属千差万别，一定程度上存在着老师会什么就教什么，而不是根据专业需要，设置基础课、专业基础课和专业课。这既不利于文化产业管理专业的标准化和规范化，也不利于培养符合社会需要的合格的文化产业人才。当然，这也并不是一所学校、一位教师所能解决的。

应当看到，经过 30 余年的探索，尤其是近 20 年政策和实践的推动，以及 20 余年持续不断的人才培养，文化产业学科已经聚集了大量的从业者。教学科研队伍也因为专业多样性而显示出新文科和交叉学科的特点。我们对中国文化产业研究中所涉及的问题、提出的观点也是有价值的，对中国产业发展做出了重要的理论贡献。对此我们充满信心。

2017 年，中国艺术学理论学会中国文化产业管理专业委员会成立，这是我国文化产业学科第一个全国性的学术组织，发起单位包括北京大学、清华大学、中国人民大学、复旦大学、上海交通大学、南京大学、武汉大学、厦门大学、四川大学、云南大学、中国传媒大学、中央财经大学、中国海洋大学、深圳大学、南京艺术学院等高校和中共中央党校（国家行政学院），聚集了国内研究文化产业最活跃、最有影响力的专家学者，代表了从事文化产业教学和科研的主流力量。中国文化产业管理专业委员会成立后，大家一方面致力于推动文化产业的学科建设和智库建设，一方面致力于推动文化产业管理的专业建设，希望能够联合起来，形成一些较为规范和成熟的本科专业教材。

在这样的动议下，中国文化产业管理专业委员会成立了由会长、副会长及常务理事组成的教材编纂委员会，负责教材的遴选和把关。教材建设拟分步实施，成熟一本出版一本。计划通过几年的努力，完成 30 本左右的规范教材，推荐给全国的文化产业管理专业的教师和同学们。

在教材的编写中，我们坚持马克思主义的立场、观点和方法，博采众家之长，反映课程思政的最新成果。随着全面建成小康社会第一个百年目标的实现，我国开启了全面建设社会主义现代化强国的新征程，高质量发展成为社会的最强音。文化经济和文化产业发展任重道远。我们将以习近平新时代中国特色社会主义思想为指南，以生动宏伟的文化产业实践为归依，努力编撰出反映文化产业学科特点和水平的系列教材。

党的二十大报告指出："全面建设社会主义现代化国家，必须坚持中国特色社会主义文化发展道路，增强文化自信，围绕举旗帜、聚民心、育新人、兴文化、展形象建设社会主义文化强国"。文化产业任重道远，还望同行们共同努力！

李向民
2021 年 6 月于南京
2023 年 7 月修订

# 前　言

　　文化资源学是一个新兴的、交叉的前沿学科。文化资源既具有资源的一般属性，也具有文化的特殊性：其一，文化的多样性决定了文化资源比一般的物质资源更为丰富。自然资源的性质是由其物质构成和功用决定的，文化资源的性质则由精神内容和物质载体的结合方式决定，不同类型文化资源的性质差异比较大，带来文化资源管理上的复杂性。其二，文化资源的丰富性和多样性表现为文化资源价值的多重性。文化资源既包括历史文化遗产，也包括当代文化 IP，具有历史价值、文化价值、经济价值的多重性，对文化资源的研究也必然面临文化学、社会学、历史学、经济学等多学科的交叉。其三，文化的意识形态属性和民族文化传承保护问题，使得文化资源的开发不同于一般的物质资源，具有更多文化、法律方面的限制。

　　文化资源是文化产业、旅游业发展的核心生产要素。区别于水、空气、矿藏等自然资源，文化资源有其特殊属性。与自然资源参与经济生产消费的机制不同，文化资源不仅参与着经济生产，更参与了系统性社会生产。在经济生产语境中，文化资源必须转化为文化资本，在引起现金流的同时，带动实现文化价值的增加与积累，只有这样才能促进确保文化产业的健康发展；在社会生产语境中，文化资源的传承与更新则直接影响到一个国家的文化能力安全和文化生态安全。党的十八大以来，以习近平总书记为核心的党中央高度重视文物、文化遗产、非物质文化遗产等中华优秀传统文化资源的传承、保护与利用工作。习近平总书记在中共中央政治局第三十九次集体学习时强调："文物和文化遗产承载着中华民族的基因和血脉，是不可再生、不可替代的中华优秀文明资源。"他在山西省晋中市考察调研时指出："要敬畏历史、敬畏文化、敬畏生态，全面保护好历史文化遗产，统筹好旅游发展、特色经营、古城保护，筑牢文物安全底线，守护好前人留给我们的宝贵财富。"在党的二十大报告中，习近平总书记明确指出："我们必须坚定历史自信、文化自信，坚持古为今用、推陈出新，把马克思主义思想精髓同中华优秀传统文化精华贯通起来、同人民群众日用而不觉的共同价值观念融通起来，不断赋予科学理论鲜明的中国特色，不断夯实马克思主义中国化时代化的历史基础和群众基础，让马克思主义在中国牢牢扎根。"因此，学习并研究文化资源问题，对延续中华文脉、促进中华民族文化的伟大复兴具有极为重要的现实意义。"文化资源学"课程由此应当成为文化产业管理、艺术管理、旅游管理等文化管理类专业的基础课程之一。编写本书的初衷，就是在把握文化资源基本性质的基础上，能够从理论上建立一个分析框架，把文化资源学价值形成和价值转化的基本原理讲清楚。

当前，关于文化资源的研究多分散在对文化遗产、知识产权、文化产业、旅游资源等不同领域，尚缺乏概括性、一般性的理论建构。本书试图从精神产品性质和文化资源价值创造与转化的角度，建立文化资源学的基础理论。本书的写作建立在南京艺术学院文化产业学院"文化遗产学""文化资源学"等课程教学和课题研究基础上。2014 年，我就开始与南京艺术学院王媛老师、江苏开放大学章玳老师等合作开展"文化资源学"的课程建设与教材编撰工作。我先后与王媛老师合著了《文化遗产学》，与章玳等老师一起编著了《文化资源学》。前者着重对文化遗产类资源进行专门研究和梳理，后者是对文化资源有关教学研究材料的初步整理。

本次写作是由我和王媛老师将这几年的研究、教学所得进行总结提炼而成，写作期间与河北经贸大学杜瑾惠老师做了多次交流，受益匪浅，同时也要感谢清华大学出版社杜春杰编辑的认真负责和热心帮助。

本书还只是一个阶段性的成果，我们对于文化资源学的学术探索不会因为本书的完稿而结束，我们还会在教学实践和课题研究中不断地发现问题，不断地深入调查，不断地丰富文化资源学的理论体系，不断地完善文化资源的研究方法。

王晨

2021 年 1 月

# 目　　录

# 第一章

## 文化资源概述

 **学习目标**

1. 了解文化资源的概念、分类，从文化资源的价值、形态、时间三个关键要素上把握文化资源的概念和性质。

2. 了解文化资源、文化财产、文化遗产、文物等概念的联系和区别。

3. 理解文化资源学的重要性和意义，以及文化资源学的研究方法。

 **导言**

文化资源是人类精神劳动成果的积累。对文化资源的有效利用和科学合理开发，能够创造巨大的社会价值和经济价值。通常，资源学是从经济社会发展角度研究自然物质资源的可持续利用，诸如石油与天然气、矿产、海洋资源、土地资源等。现有资源学理论对于文化资源的界定、分类、形成原因、利用方式等尚缺少深入的研究。本章将从价值、形态、时间三个关键维度阐述文化资源的概念、性质和分类。

## 第一节　什么是文化资源

文化资源是人类的精神劳动成果。如果一件精神劳动成果能够被当作生产投入要素而加以利用，并为人们带来实际的功用和利益，这一精神成果便可以转化为文化资源。在衣不蔽体、食不果腹的莽荒时代，人类的生存需求远比精神审美需求重要，精神劳动只是依附于物质生产的附属产物。例如，乐舞表演无疑是精神产品，它的版权在今天可通过授权产生经济效益，但是在远古社会中，它只是祈求风调雨顺的歌舞或劳动号子而已。文化、文化产品、文化资源虽然都是精神劳动成果，但还是有差别的。本节将从厘清文化、文化资源的关系入手，界定文化资源的概念。

# 一、文化和文化资源的关系及其概念界定

## （一）文化资源中"文化"的界定

从广义讲，文化包含人类劳动的一切产物，是人类社会劳动所创造的物质和精神财富的总和。从狭义说，文化是精神劳动成果，是一定社会发展时期的意识形态的体现，诸如文学、艺术、科学、哲学、宗教、教育、习俗、政治、法律等。我们在论及文化资源时，通常是指狭义的"文化"。对于某一地区和民族来说，文化是共同观念、记忆和习俗，类似于文化传统，代表着它所属时期的文明发展程度。例如，我们今天看到的宋代瓷器，已经不是一件简单的物质器物，它反映了宋代人们的审美情趣、精神追求、工艺和技术水平，反映了宋代物质文明和精神文明的发展程度。我们在研究文化资源时，主要是从狭义文化角度去考量文化资源。文化资源中的"文化"更多的是指某一精神内容与特定物质载体的结合，有具体的表现形态和精神内容。

即使是狭义的文化概念，其范围也十分广泛，它并不直接等同于文化资源。例如，当今社会文化日益多元化，形成了很多亚文化，这固然是一种文化现象或文化存在，但是我们不能将其直接等同于一种文化资源。各地的方言也是文化遗存和文化交流的媒介，但是并不一定能作为文化资源加以经济利用。精神劳动的产物具有一定的形式和载体之后，成为精神产品，才有了成为文化资源的前提，但是并不是所有的精神产品都可以转化为文化资源。例如，人类创造了无数音乐，但是并不是所有音乐都能够成为音乐资源加以流传和利用；无数人写作无数的文学作品，但是能够成为文学资源甚至知识产权（IP）资源的只是其中很小一部分。要掌握文化产品转化为文化资源的规律，我们还需要了解影响文化资源形成的因素。

## （二）对文化资源的认识的发展

既然文化、文化现象和文化精神产品不等同于文化资源，文化转化为文化资源需要经历精神产品这一中间过程，那么在这个时间历程中，是什么因素使得精神产品能够成为社会生产的投入要素呢？这取决于人类社会生产发展对相关投入要素的需求，也就是社会生产力的发展使得人类在实践中逐步认识到文化对经济发展的重要作用，从而将某些精神成果作为一种关键资源。人们对文化资源的认识、理解和利用是一个动态发展的过程。一件精神劳动成果是否能成为创造社会经济价值的资源，还取决于人类社会的经济发展水平、文化消费需求，以及人类对文化资源利用的技术手段。随着社会生产力水平的发展，人类对文化在社会经济发展中的作用的了解不断深入，对文化资源的理解和认识也不断加深。

在生产力水平并不发达的封建社会中，自然资源和劳动力规模决定了社会经济发展水平。经济学家威廉·配第曾说：劳动是财富之父，土地是财富之母。其意思就是，劳动力资源、自然资源、资本的联合投入，可以为人类社会创造出财富。诸如绘画、歌舞表演、

文学戏剧等被认为是服务性、非生产性的，不直接创造经济价值。工业革命推动了生产方式变革，人类社会的物质生活水平不断提高，经济学家安格斯·麦迪森在《世界经济千年史》中指出，在1840—2000年，人均收入的平均水平增长了8倍，人口增长了5倍，人均寿命也大大提高。这一阶段，对于社会经济和军事发展起决定性作用的科技创新日益受到重视，区别于一般劳动力，人们将高技能、专业知识等特殊能力看作人力资源，人力资源及其外化形成的发明专利等成为重要的经济资源。20世纪90年代以来，随着知识经济的迅速发展，人力资源的内涵进一步从科技发明扩展到人的创意，代表着人的创造力。英国首先提出了创意经济和创意产业的概念。电影、动画、游戏、互联网文化服务、会展、艺术品经营、文化旅游、数字创意产业等一些文化行业发展迅速，这些新兴行业的共同特征是以文化创意为最重要的投入资源，并且在社会经济发展中的影响越来越大。人们越来越认识到，人的创造力及其外化形成的发明专利和文化创意等，是人类社会发展的重要源泉和动力。

在个体的创造力日益受到重视的基础上，20世纪70年代以来，经济学、社会学、历史学、文化学以及政治学等多个学科都不约而同地开始关注国家和民族地区群体的、总体的文化和社会制度的因素对于社会经济发展的作用。最初由布尔迪厄（1986）提出的"文化资本"概念，把资本分成三种基本类型：经济资本（Economic Capital）、社会资本（Social Capital）、文化资本（Cultural Capital）。社会学研究提出了社会资本是重要的经济资源，社会资本的表现形式包括社会网络、规范、信任、权威、行动的共识等诸多方面。例如，著名学者普特南（Putnam）在意大利南部考察时发现，传统的意大利制鞋业主们在商业上的联系根植于社区和家庭的交往结构，他们因此形成了共同的利益而相互合作。普特南将以信任、关系为基础的无形的社会资源称作社会资本，他认为"社会资本是指社会组织的特征，诸如信任、规范以及网络，它们能够通过促进合作行为来提高社会效率"。一些学者研究发现，一个国家的国民对他人的信任程度越高，国民规范越明确，则该国的经济发展水平就越高。制度经济学则提出制度也是经济增长的重要动力来源。

从自然物质资源，到与文化相关的人的创意，再到创意外化形成的知识产权（专利权、著作权），以及文化在社会文化总体层面形成的社会信念、制度等，人们不但认识到文化对社会经济发展的重要驱动作用，而且认识到文化的这一作用是通过特定的文化生产要素形式发挥的。这一认识过程是伴随着社会生产力发展和人类生产实践而不断扩展的。从具体有形的文化物质形态，到无形的精神内容和观念形态，在对诸多文化生产要素的性质和特征的总结的基础上，可以归纳出文化资源的一般概念。

## 二、文化资源的概念

虽然文化资源作为一种重要的经济资源已经被人们认同，但是对于文化资源的概念和内涵的认识还比较模糊。大多数人提到文化资源，首先想到的是文化遗产，诸如文物资源、名胜古迹等。文化资源的概念随着经济社会的发展而不断扩展，可以包含有形的文化遗产，也可以包括无形的非物质文化遗产、创意和智力成果、品牌和名声等。总体来说，我们可以从价值、时间和形态三个方面来把握文化资源的概念和属性。

第一，文化资源是一个与价值相关的概念。文化资源的价值包括经济价值、文化价值和科学研究价值等。从资源角度看，文化资源通常强调作为资源的经济利用价值，即文化资源作为经济生产要素，可以被加以利用，生产出适应人类需求的文化产品或者服务，并产生良好的经济效益。从文化角度看，文化资源的经济价值又建立在其文化价值基础上，即之所以文化资源能够被作为生产要素，是因为人们对其文化价值的需求。因此，文化资源的价值是文化价值和经济价值的辩证统一，文化资源的使用价值是建立在其文化价值基础上的。

第二，文化资源是一个与时间有关的概念。忽略掉文化资源的不同外在表现形式，文化资源的根本属性就是其文化价值属性，而文化价值是由人类精神劳动创造并通过一定时间积累起来的。例如，文化遗产是人类精神劳动的历史存留物。即使是当代的人类劳动产品，也是在对历史文化继承的前提下的创造，虽然不是文化遗产，但是同样具有时间意义上的文化价值的传承、积累和再创造。再如，一部文学作品，只能算作一个文化产品，不能算作资源。要使其转化为文化资源，就应该对这一文学作品中精神内容进行授权，使与这部文学作品相关联的知识产权成为一种文化资源，这种转化的过程，需要有一定读者点击、传播量和粉丝数的时间积累，才能形成对这部作品高度的社会认同效应。诸如品牌、名声等非文化遗产资源，也是需要有一定时间的社会关注度积累才能达到价值的认同。

第三，文化资源的形态具有空间性。文化价值是抽象的，需要以一定的社会形式或者文化形态存在，其价值才能被保存、交换和利用。对于具有实物形态的文化资源，如文物资源，它是以具有物质载体和造型结构的文化物品形式加以保存的，如考古发掘的文物；对于不具备实物形态的文化资源，如非物质文化遗产、品牌等，往往是通过具体的人或者法律约定权利形式存在的，如非物质文化遗产的传承人和以法律形式规定的知识产权。

本节综合上述三个方面对文化资源加以一般性的定义：文化资源是通过一定时间积累起来的人类精神劳动的产物，它具有较高历史、文化艺术或者科学价值，并且能够被作为生产要素投入经济生产中产出一定的产品和服务，创造出经济价值。

资源的本质在于其价值，文化资源不同于一般的自然物质资源，其价值具有经济和文化方面的多重性。文化资源的文化价值是资源的本质属性。文化资源从本质上来说具备精神产品的属性。要准确地把握和认识文化资源的概念和特性，需要理解精神产品的概念。[①] 精神内容和物质材料是构成产品的基本要素。人类社会的劳动产品总体来看，都由精神内容和物质载体两部分组成。人的意识活动创造精神内容，是人脑中的抽象意识，它是由纯粹的精神内容要素组成的，我们可以称之为"纯精神产品"。纯精神产品可以被人认识和传播，并且被人利用，具有生产要素的有用性，因而具有成为精神资源的潜

---

① 有关精神产品的概念，由李向民教授最早提出，原文可参考《精神经济》（新华出版社，1999）。

质。例如，一本书的纯精神产品可以成为一个 IP 资源。

纯精神产品须通过人类的劳动与一定物质材料结合，才能被人们感知、认识、理解。例如，创意和思想等作为抽象意识是纯精神产品，作者通过劳动将它书写在纸张上成为一本书稿，才能被人阅读。我们通常将这本书叫作"文化产品"。精神产品保持了纯精神产品的本质特征，它的价值主要由纯精神产品决定，但纯精神内容要素中掺入了纸张物质材料作为媒介，我们可称之为"准精神产品"。

精神内容不同于物质材料，它是流动的，非独占的。正如萧伯纳所说："我有一个苹果，你有一个苹果，我们交换后，各人还是只有一个苹果。但是你有一种思想，我有一种思想，我们交换后各人就有两种思想。"同时，纯精神产品又是可分的。组成纯精神产品的精神要素，可以被抽离出来与不同的物质材料结合，形成诸多的文化产品，也就是同一纯精神产品的要素可以分解并与不同的物质材料结合，形成不同的准精神产品。例如，一部小说可以被改编成为电视剧、动画片，美国好莱坞可以将花木兰的故事拿去改编成动画电影。

更为重要的是，纯精神产品的要素可以被分解出来注入普通物质产品中去，使得这些物质产品具有精神的价值。例如，一件桌子在按照其设计的样式制造出来的同时，必然也包含了设计的精神要素。如果是一个品牌厂家的产品或者知名设计师的作品，那么它还具有了品牌的精神价值。只不过此时物质材料已经不再是作为媒介，而是作为产品功能和价值的主体，人们首先认识和追求的是一个桌子的物质功能，所以它是物质产品。这个桌子的物质材料价值会随着岁月流逝而损失，但是精神内容的流动性、非独占性和可分性使得精神内容不但不会损耗，而且可以不断地被注入更多的新精神要素。如果在漫长的岁月中经过名人使用流转，或者经历重大历史事件，这个桌子在今天就会成为一件承载着诸多历史价值、名人价值的文物资源。

因此，所有物质产品都是人类劳动的产物，也自然地包含了脑力和体力的结晶，其中自然地具有精神的要素。广泛地存在于人类社会所有产品中的精神内容要素，取其广泛之意，我们可以称之为"泛精神产品"。

如果用图来说明精神产品的概念和理论，可以参见图 1-1。

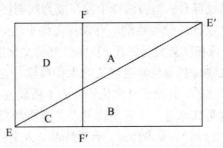

图 1-1　精神经济财富模型（李氏模型）①

① 这是由李向民于 1986 年首次提出的，后在《精神经济》（新华出版社，1999）书中有完整阐述，并被学术界广泛引用。

整个方框代表人类的全部社会产品。对这个作为总体对象的产品进行划分，EE′线以上代表广泛存在于所有产品中的精神内容要素（A，D），即泛精神产品。EE′线以下部分代表产品的物质载体（B，C）。人类意识活动创造的纯精神产品（D），须借助一定的物质载体和媒介转化为"准精神产品"（D+C，也即我们通常所说的文化产品），才能被人们感知、认识和利用，这里的"准"是指这些产品保持并体现为纯精神产品的本质，但是其中掺杂了作为媒介的物质材料。FF′线以左代表人们通常所说的准精神产品，它是由纯精神产品 D 与一定物质材料 C 结合而成。FF′以右代表物质产品（A+B），其中包含了从纯精神产品分解的精神要素 A。

文化资源不会凭空产生，决定文化资源本质的文化价值是由其中的精神内容决定的，这些精神内容要素必然是由人类创造的纯精神产品或者准精神产品和物质产品所包含的广泛的精神内容要素（泛精神产品）在一定自然的、社会历史条件下转化而来的。

## 第二节　文化资源的类型

### 一、文化资源的分类标准

文化资源的分类，可以有不同的分类标准。不同的分类标准隐含着不同的理论假设前提。根据精神内容的物质载体形式来分，可以将文化资源分为有形的文化资源和无形的文化资源。这种分类标准的假设，以精神内容所依附的物质载体是否可被观察到为标准，从人们感知的角度区分为有形的文化资源和无形的文化资源。有形的文化资源包括历史文化遗迹、文物等，无形的文化资源包括版权、表演艺术等精神内容。其实，这种分类标准从资源学角度来看过于感性和模糊，因为一种资源的有形和无形界定以人的视觉感受到的物质基础为依据，很多无形文化资源在呈现时通常会通过不同的载体形式展现。例如，音乐表演的剧目资源，可以说是无形的精神内容，但是当其与纸张结合时，可以成为剧本、图书，也可以通过舞台和演员演绎手段，成为戏剧资源。

根据地区行政区划和层次的分类标准，可以将文化资源分为世界级文化资源、国家级文化资源、省市文化资源和区县文化资源。我国目前将文化遗产分为世界文化遗产、国家文物保护单位、省市文物保护单位和县级文物保护单位。这种分类方法是从文化资源管理的行政责任体系上考虑的，并没有从文化资源的本质属性去研究资源的特质和类型。

如果根据内容的表现形式来分，文化资源的类型就更加复杂多样，可以分为文学资源、文物、戏剧戏曲、创意设计、美术作品、音乐作品、人文社科研究成果等。这种分类标准是根据文化艺术的表现形式来区分的，适合对文化资源中所包含的精神内容进行美学意义上的研究。由于资源学的研究往往超越了艺术的具体形式，是从社会形成、历史演变、经济利用与开发等方面对文化资源进行研究，所以这种分类标准不适合进行文化资源学的研究。例如，古琴艺术是音乐类文化遗产，但是古琴艺术作为文化遗产除了乐谱、古琴技艺等音乐方面的元素之外，还有其发展历史、形成演变、传播等社会学与历史学方面的要素，以及古琴制作工艺、古琴材料等工艺、设计、材料工程和声学方面的元素，而在对古琴艺术进行保护、利用与开发的同时，还会逐步衍生出图书、古琴影像资源、艺术活动、产品销售等，这些又是资源学中经济学和艺术学的结合。因此，仅仅从音乐学的分类方法对古琴艺术进行音乐学的研究具有局限性。

从经营和法律角度对文化资源的产权性质进行分类，可以将文化资源分为经营性的文化资源和公共文化资源。经营性的文化资源是指能够通过市场开发并进行商品化和市场化交易的文化资源，例如各种文学作品和电影的版权资源；公共文化资源是指无法由私人和企业提供，但是又能满足社会公众文化需求的重要文化资源，例如公共的博物馆、图书馆、美术馆、大剧院等基础文化设施资源。

文化资源分类标准的多样性决定文化资源的本质属性是其精神内容，本书以三种分类标准把握文化资源的精神性本质，即从文化资源的精神内容生产主体，文化资源中精神内容存在形态及其与物质载体的关系，以及对文化资源管理的制度性和非制度化角度，界定文化资源的类型。

第一种分类方法考察创造文化资源价值的主体，从精神内容在个体和集体之间的流动、传播中的所属关系，以个体与集体的维度为标准对文化资源进行分类。文化价值是文化资源的存在基础，也是人的精神劳动成果。从以人为本的角度，可以从精神劳动的主体入手，从个体、集体两个层面来分析文化资源的属性。首先，文化价值按照其形成积累的层次，最初体现为个体的创造力，即以个体的技艺、能力和知识为内涵的智力资源，诸如艺术技能、人文素养和专业科学知识等。个体智力资源可以通过精神劳动创造出文学、艺术、科学知识等不同形态的精神产品，这些精神产品可以成为人类的精神财富。个体智力对物质材料的加工形成了智力资源的物化，有助于生产出具有特定文化的产品，诸如文化器具用品、工艺产品等，成为物质性的文化资源。与个体直接相关联的文化资源都是在个体创造力的驱动下形成的。其次，个体的知识可以在群体和社会层面传播，成为集体共享的知识、规则，如民俗、法律、宗教等制度文化。个体也可以被组织起来完成社会化的集体劳动，创造出属于集体的、共同的文化精神产品，如剧院、美术馆等物质文化设施，这些是集体共享的知识或者公共文化资源。

第二种分类方法，是从文化资源所包含的精神内容的产品特性和形态出发，从精神与物质的维度，将文化资源分为精神文化资源与物质文化资源。如上所述，文化资源的性质取决于其包含的精神内容，这些精神内容是由特定的精神产品转化而来的，因此可以根据文化资源中精神内容要素和物质载体的结合方式，将文化资源分为精神文化资源与物质文化资源两大类别。在精神文化资源中，以纯精神产品形态存在，并加以利用的资源，我们可以称之为纯精神文化资源，与其所附着的载体一同可以被当作资源加以利用的，可以被称作准精神产品资源。例如，图书《红楼梦》虽然是准精神产品，但是我们拍摄电影、电视剧时，用的是《红楼梦》中的文学内容，是纯精神文化资源，并没有把图书纸张的物质材料作为生产资源。但是，举办康熙的龙袍和《富春山居图》等文物展览，同样是准精神产品，我们在将其作为展览资源时，需要将物质载体一同作为展品不可或缺的一部分，所以这些文物是准精神文化资源。

第三种分类方法，是从文化资源治理角度对文化资源进行分类。无论是个体所有的文化资源，还是集体共同的文化资源，无论是精神文化资源，还是物质文化资源，都可能成为社会生产的重要资产和文化保护传承的重要对象，其所包含的精神内容，是文化资源价值存在的根本。它可能是来自民间长期的实践积累形成的，属于民俗民间文化传统，是非正式的、不成文的、非官方的，如民俗节日、民间工艺等，也可能是正式的、制度化的社会意识形态或者公共文化载体等。因此，文化资源可以分为民俗类文化资源与制度化的文化资源。

## 二、个体的文化资源与集体的文化资源

所谓个体的文化资源，是指关于创造和使用某一文化资源的知识、技术和秘诀等，被特定个体或者代表某个族群的少数个体掌握，或者某一文化资源的实际所有权归属于特定个人。这里所说的个体并不一定是指一个人，也可以是几个特定的人。比如，在传统师徒制和家族制传承中，手工艺是与个体相联系的技艺，由师傅掌握后逐步传授给徒弟。再如，在科学研究团队中，以首席科学家和专家组成的团队掌握着科学研究成果的核心知识和专利，也属于个体性质的。

所谓集体的文化资源，是指某一文化资源的相关知识、技术和秘诀为集体所共享，或者某一文化资源为着集体的需要和目的而生产形成，这一文化资源的所有权或者适用的权利为集体所共有，具有明显的公益性或者公共产品的性质。

第一，文化价值来自精神劳动者。个体的创造力是科技、文创的根本动力。个体通过自身的特殊天赋、长期学习、训练或特有的社会经历等积累的知识和技能，是与个体不可分离的、特定的智力资源。他可能是科学家、艺术家、专业技术人员、学者、工匠等具体的社会角色，当他将这种智力资源运用于社会生产，这种智力资源便可以成为与个体联系的人力资本。在社会化再生产中，个体的精神劳动运用其智力资源可以创造出精神产品，诸如文学、艺术、科学发明、社会科学研究等。在社会的物质基础层面，个体的社会生产与劳动同样会将智力资源作用于物质材料，实现精神内容向物质生活层面的注入，形成各类物质文化产品，诸如建筑、文化用品等。智力资源和人力资本与个人具有天然的联系，无法分割，智力资源和人力资本创造的劳动产品具备重要的文化价值和经济利用价值，它从归属上天然地或者根据社会约定属于某个人的资产。因此，我们称之为个体的文化资源。

第二，个体的知识、技能通过一定时期的传播，可以得到广泛的社会认可。例如，科学知识的普及、文学艺术作品成为经典被传颂、演绎等。这些精神产品就成为与个体直接

关联的文化资源。这些精神内容在社会层面的传播，被大众所认识和接受，并且以一定的方式得以保存和流传下来，代表着一个时代的文明发展水平和社会进步程度，成为社会的、族群的、国家的共享文明成果。再如，《红楼梦》是曹雪芹的著作，但是今天它已经成为民族共有的文学遗产资源，依据《著作权法》，曹雪芹的后人也不再独占这个文化资源，《红楼梦》成了集体共享的精神财富。除此之外，集体共同的文化资源还包括无形的制度、文化传统、民俗，以及有形的公共文化设施、历史文化遗迹、名人故居及可移动的文物等。

个体与集体的维度，是从动态角度考察文化资源形成、转化的机制。个体作为精神劳动的主体和文化价值的创造者，在文化资源形成和发展的过程中起着决定性的作用。从个体与集体的动态关系看，个体的精神劳动不是孤立的。作为社会的实践主体，个体的精神劳动是社会劳动，在社会生产力水平和一定生产关系的条件下，个体的文化资源在社会层面传播，通过一定时间的积累和沉淀，可以转化为集体的文化资源。

## 三、精神文化资源与物质文化资源

根据文化资源精神内容的载体属性，可以将文化资源分为精神文化资源和物质文化资源两个基本类型。

### （一）精神文化资源

精神文化资源是指由个体的智力资源转化而成的精神劳动成果。它是人的创造力的直接体现，是与个体相关联的精神产品。具体而言，个体的智力资源及其精神劳动创造物，可能是无形的、纯粹的精神内容，也可能是依托一定物质载体和传播媒介的有形的精神产品。因此，我们可以将精神文化资源分为无形的纯精神文化资源和有特定载体或媒介的准精神文化资源。

#### 1. 纯精神文化资源

纯精神文化资源是由纯粹的精神内容构成的，它是无形的。首先，纯精神文化资源与个体直接相关，表现为个体的智力资源或人力资本，如个体所拥有的知识、技能、名声等；其次，智力资源或人力资本可以通过精神劳动创造性的转化，形成文学、艺术、自然科学、社会科学、传统艺术、民俗等精神内容。纯精神文化资源的内容是个体创造的，是在社会层面得以传播，被接受、认同和利用的知识和技术，它既与个体相联系，也是个体智力的外化。

 **案例【1-1】　　品牌：纯精神文化资源的价值**

提起耐克，多数人会首先想到那个胖胖的带个钩的图标。这就是一种抽象的文化符

号，没有任何载体，却可以为体育用品打上烙印，使其身价陡增，远超出一双鞋、一件运动衣的成本价。

1963 年，菲尔·奈特（Phil Knight）和比尔·鲍尔曼（Bill Bowerman）成立了一家销售鞋子的公司。1969 年，在公司员工约翰逊（Johnson）的一场梦境中，希腊胜利女神的形象浮现，因此，他们取了"Nike"（古希腊胜利女神名为 Nike）这个名字。而当地的一个女学生凯洛琳·戴维森 （Caroline Davidson）只收取 35 美元的费用，为他们设计了一个胖胖的钩形符号，这个"Swoosh"（嗖地飞过去），也就是耐克的商标，最初只是一个企业名称和商标符号。其随着人们对商标符号不断注入新的体育精神和美国价值观而成为全世界最知名的标志，产生了巨大的经济价值和文化意义。1973 年，著名田径运动员史蒂夫·普雷方丹成为第一个穿 Nike 运动鞋的田径运动员。1985 年，耐克签约乔丹。此外，还有足球明星、网球明星和田径明星代言。正是公司对这个抽象文化符号不断注入精神内容的行为，使耐克成为价值连城的世界品牌。在耐克符号中，蕴含美国的拓荒文化"只管去做"（Just Do It），它是一个非常美国式的意识形态在企业文化和品牌上的反映。这个符号告诉人们要振作起来，并且采取行动。如今，耐克公司所拥有的核心资源并不是制造工厂这些物质资源，甚至耐克公司并不拥有制造工厂，你脚上的耐克鞋可能是在中国生产的。耐克公司的核心竞争力取决于品牌、明星、设计、新技术四项核心纯精神的文化资源。

（资料来源：王晨、章玳. 文化资源学[M]. 南京：南京大学出版社，2014. 略有改动. ）

案例讨论：

（1）请分析耐克运动鞋中的精神构成要素和物质构成要素。

（2）请分析耐克鞋和运动衣中的价值构成。

（3）思考：耐克最初的设计构思是什么类型的产品？有什么特点？

2. 准精神文化资源

个体创造的纯精神文化资源是纯粹的精神内容，这一内容常常与一定的物质载体结合，形成具体的精神产品。例如，莎士比亚的戏剧是纯粹的文学内容，这样的文学内容与纸张、印刷技术结合，以图书的形式出版，图书便是一件精神产品。这件精神产品使得纯精神文化资源能够被阅读、体验、认知、记忆和传播。如果这件精神产品最终被保存下来，那么可能成为现在的一件古籍文献，也是宝贵的精神文化资源。

再如，一件凡·高的绘画艺术品，它是具体的一件精神产品，在今天看来是文物资源，可以被画廊收藏或者在拍卖会上交易。它反映了凡·高的艺术风格、绘画技法和内在思想，这种风格、技法和思想是无形的，是纯精神文化资源。但是，这一纯精神文化资源与物质载体结合，并且以一定的内容展现为一件具体的、留存至今的绘画作品，我们通过这件精神产品去审视和体验凡·高艺术的纯精神文化资源，这件画作就成为具有具体的物质载体的准精神文化资源。

同样，科学发明和人文社科研究成果都是纯粹的知识成果。这些知识成果的转化可以形成具体的社会产品。5G 技术标准源于 10 多年前土耳其埃达尔·阿勒坎教授的一篇数学论文，这篇数学论文是一种思想，是纯精神文化资源。这种思想被打印在纸上作为技术手册，就是将纯精神文化资源转化为有具体载体的准精神文化资源，工程师才能通过技术手册这个精神文化资源进一步研究并做出 5G 技术基站设备。当然，这种纯精神文化资源也可以直接通过阿勒坎教授口述给工程师，但是这毕竟不是我们通常采用的方式。只有一些特殊的艺术领域可能会采取直接转化方式，如非遗工艺的口传心授，以及一对一、手把手教授的表演艺术等。

纯精神文化资源与准精神文化资源的差别在于前者是纯粹精神内容，是无形的、隐形的知识，后者则是有具体载体、形式的文本，更容易被广泛地感知和传播。

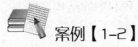

## 案例【1-2】　　　　　敦煌壁画

敦煌壁画是宝贵的文化遗产。敦煌石窟保存有历代壁画 5 万多平方米，是我国也是世界壁画最多的石窟群，内容非常丰富。壁画按照所描绘的内容可分为佛像画、经变画、故事画、供养人画像等。根据精神产品分类法，敦煌壁画属于准精神产品，其核心要素和关键部分是壁画所呈现的精神内容，以及这一精神内容所包含的历史、文化、艺术等方面的信息，而不是壁画所依附的岩石和洞窟等物质材料。

早在 19 世纪末期和 20 世纪初期，西方的探险队曾经用特殊的固体溶胶从岩石上剥离壁画，使得壁画和其载体岩石脱离，从而盗取了壁画。从准精神文化资源特点分析，文化资源的核心要素和价值并不取决于其物质载体材质，而取决于壁画的精神内容。因此，这种盗取方式的目标是壁画最具价值的精神内容。实际上这就是这一文化资源的核心部分，即壁画的精神内容与洞窟岩体的分离。

现在，人们将敦煌壁画的精神内容拍摄并印制成图册，用于研究和学习。这也是将这一准精神文化资源的核心要素精神内容通过现代技术加以复制，形成新的物质载体呈现形态，如胶片、图册等。

从文化资源的类型分析，敦煌壁画属于准精神文化资源。敦煌壁画的精神内容是其关键部分，这一内容可以和其物质载体剥离，可以被提取与其他物质媒介结合，并进行传播。

案例讨论：

（1）敦煌壁画是文化遗产，还是文化遗产资源？为什么？文化遗产与文化遗产资源有何不同？

（2）为什么说敦煌壁画是准精神文化资源？请分析：敦煌壁画的价值构成有哪几个部分？敦煌壁画的价值主要是由什么决定的？

## （二）物质文化资源

文化资源的主要决定要素是其中所包含的精神内容，文化资源精神内容和物质载体之间也存在一定的辩证关系。精神内容可以赋予某一物质载体特定的意义，使得物质载体的文化价值远远超过其自然的物质价值和生产成本，通常称这类文化资源为物质性的文化资源。

自然景观被赋予某种特定意义之后，成为具有人文价值的旅游景点。例如，大量诗词歌赋、碑刻、历史事件、宗教仪式和传说等赋予了泰山、黄山等自然景观以丰富的文化意义，并与之融为一体，使其成为不可复制的文化资源。人文与自然景观多属于此类物质文化资源。此外，很多名人故居的价值也取决于名人的历史文化价值。

再如，大剧院、博物馆、美术馆、图书馆等文化设施，虽投资颇大，但其建造的目的和存在的价值都取决于其文化功能。文化目的和功能决定了建筑工程和空间结构，以及其作为文化载体的使用途径和服务对象，所以可以作为物质文化资源。

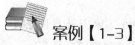

**案例【1-3】** 　　　　　　　国家大剧院

作为国家文化资源和标志性建筑，虽然中国国家大剧院的主体是以物质建筑形式呈现的，总建筑面积约 16.5 万平方米，总投资额 31 亿元人民币，但是文化价值远远超过其建造成本。它是典型的物质文化资源和公共文化资源。国家大剧院的造型新颖、前卫，构思独特，是传统与现代、浪漫与现实的结合。设计师安德鲁曾说："我想打破中国的传统，当你要去剧院，你就是想进入一块梦想之地……中国国家大剧院要表达的，就是内在的活力，是在外部宁静笼罩下的内部生机。一个简单的'鸡蛋壳'，里面孕育着生命。这就是我的设计灵魂：外壳、生命和开放。"

国家大剧院建成后，始终秉承"人民性、艺术性、国际性"的宗旨，持续为公众提供高水平的文化艺术精品，创建了一套符合艺术规律和市场规律的科学先进的运营管理模式，其核心内容是"以节目演出、剧目制作、艺术普及为核心业务，以传播交流、市场营销、品牌塑造为重要手段，以专业化经营、精细化管理和高技术保障为强力支撑"。2007—2019 年，国家大剧院组织了 10 480 场商业演出，共制作剧目 91 部，其中包括原创剧目 30 部；累计拍摄 29 部艺术电影。国家大剧院拥有自己的合唱团、管弦乐团、戏剧演员队、歌剧演员队。

（资料来源：根据国家大剧院官网资料改编）

案例讨论：

（1）国家大剧院作为物质建筑包含了哪些精神内容要素？

（2）国家大剧院的建筑构成与其文化功能有何关系？

## 四、制度化的文化资源和民俗文化资源

制度化的文化资源具有明确的、成文的或者规范的社会知识和社会意识形态。制度文化资源是在一定的生产力和生产关系中形成的社会制度、道德规范、社会习俗、法律、宗教、文化传统等上层建筑。这类制度文化资源大多是显性的、明文规定的，更多来自官方的、正统的文化传统，如法律、宗教等不但是成文的，而且具有强制性，可称为规范性的制度文化资源。此外，在官方的、公共管理制度下具备特定文化功能的物质文化资源也是被制度化的文化资源，如国家大剧院、博物馆、美术馆等，都规定了明确的社会文化功能，其运营单位具有特定的社会法人身份，受到相应的法律法规规制。

不成文的民俗文化资源来自民间文化传统，是在长期的生产实践和社会生活中逐渐形成的。它涵盖的内容极其广泛，通常包括生产和物质消费的物质生活民俗，岁时节庆、婚丧嫁娶方面的社会生活民俗，以及观念、文学、游艺等精神生活民俗。民俗文化资源之所以与制度文化资源不同，是因为其具有非官方性、非正式性的特点。

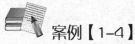

**案例【1-4】**          5G 技术标准

华为在 5G 领域的成就，离不开一位土耳其科学家的贡献：5G 标准源于 10 多年前土耳其埃达尔·阿勒坎（Erdal Arikan）教授的一篇数学论文。毕尔肯大学教授阿勒坎于 2008 年发表了主要用于 5G 通信编码的极化码技术论文。这篇论文提出的通信信道编码思想，无疑是纯粹的精神劳动成果，是一种纯精神文化资源。这种思想最终以学术论文的形式发表在学术期刊上。学术期刊通过纸质材料或者电子媒介发行，是一种典型的具有载体和媒介的准精神文化资源。借助准精神文化资源形式，极化码编码思想和方法这一纯精神文化资源得以传播和被阅读。

这篇文章发表后，就被华为注意到了。华为评估了阿勒坎的论文，意识到这篇论文至关重要，因为其中的技术可以用于 5G 编码。华为与阿勒坎取得了联系，在这项技术的基础上申请了一批专利，并且以阿勒坎的极化码为基础封锁了一批专利。从最初的一种自然科学研究成果，到被转化为一组具有极大经济价值的一系列专利，极化码技术仍然是纯精神文化资源，因为专利是无形的，但是专利是一种制度化的资源，可以有效地形成经济价值的保护机制。由此可见，专利既是一种制度文化资源，也是一种纯精神文化资源。

与此同时，美国高通也在原有 3G 和 4G 基础上开发出了另一种 5G 编码技术——低密度奇偶校验（LDPC）码。高通和华为经过一系列博弈，最终达成了一个折中方案：LDPC 码成为数据信道的编码方案，极化码成为控制信道的编码方案。最后的结果就是大家一起发展 5G，谁也别把谁踢走。这是 5G 标准形成的过程，是制度文化资源也是纯精神文化资源，在社会层面达成了共享、被认同和一致性。从被某个公司所占有，到成为一种国际共同认可的技术标准，它既是集体的文化资源，也是纯精神文化资源，还是制度化的

文化资源。

　　华为的 5G 极化码方案的优势是计算量小，用小规模的芯片就可以实现，比较适应于 5G 的小基站，而且采用这种编码方法的硬件商业化后设备成本低，因此也极具竞争力。据此，华为的基站技术和基站设备迅速发展，要超过欧美很多年。5G 基站承载着华为的 5G 技术，是一种物质产品。最初研发的产品原型（第一台 5G 基站设备），本质上是一个物质文化资源，因为其中蕴含着极高的技术价值，所以这台原型设备自然价格也会非常高。随着工业化、大批量生产和推广，虽然每台设备中包含技术内容，但是这种技术内容大规模复制后被分摊在每台设备中的价值是小的，此时每台 5G 基站的价格显著下降，它也更接近普通工业物质产品了。

（资料来源：作者根据公开信息整理撰写）

　　案例讨论：

　　（1）5G 技术标准是什么类型的文化资源？为什么？

　　（2）5G 技术标准是如何成为纯精神文化资源的？符合 5G 技术标准的产品是物质产品还是精神产品？请举例说明。

## 五、精神文化资源、非物质文化遗产、民俗、文物等概念辨析

　　我们熟悉很多文化资源相关概念，如非物质文化遗产资源、文物资源、民俗文化资源等，它们之间是有一定交叉的，需要进一步厘清这些概念之间的关系。

　　民俗，英文 folklore 的原意是民间的知识，包括传习的信仰、习惯、歌谣、神话传说等，大多是从民间继承的、非正式的纯精神产品形态。当然也有民俗观念和传统借助一定的物质道具、载体和仪轨呈现出来的行为，或转化为生产、生活的物质产品，这些都是准精神产品或者物质产品。可见，民俗是文化的重要组成部分，民俗是精神产品存在的一种表现形式，属于精神产品的范畴。民俗更主要、更核心的是其信仰、习惯、神话传说、歌谣等观念形态的纯精神产品。

　　非物质文化遗产是从物质载体形态来界定的文化遗产。首先，它研究的是文化遗产，不包括当代创造的精神产品。其次，根据联合国教科文组织的《保护非物质文化遗产公约》定义，非物质文化遗产是指被各群体、团体，有时为个人所视为其文化遗产的各种实践、表演、表现形式、知识体系和技能及其有关的工具、实物、工艺品和文化场所。可见，非物质文化遗产不仅是包括民俗，而且包括宫廷的、官方的、正式制度的形式的遗产。非物质文化遗产是人类实践将观念和技艺作用于一定物质材料或媒介而表现出来的文化成果，具备准精神文化产品的特征；非物质文化遗产相关的工具、物品和场所，是非物质文化遗产表现和传承的重要载体和媒介，属于物质产品。相对于民俗，非物质文化遗产更主要和更核心的是纯精神产品与物质载体结合表现出来并遗留下来的准精神产品形态。

　　文物是指具体的物质遗存。它是与非物质文化遗产相对应的概念。民俗在生产生活

中形成的物质产品以及与非物质文化遗产相关的工具、工艺品和场所等，都有可能成为文物。但是民俗和非物质文化遗产主要指向无形的精神内容，文物则主要指向物质存在的形态。

可见，民俗、非物质文化遗产、文物等概念侧重从事物的具体形式中提炼一般性，是将文化局部的、具体的形式作为研究对象。精神产品的概念是从哲学一般层面，从事物本质的价值形态去把握文化，可以涵盖文化的一切表现形式，具有整体性、系统性。

无论是民俗、非物质文化遗产还是文物都不可能直接成为文化资源。文化资源是指那些可以被利用，能够将其文化价值转化为经济价值的精神产品。包含在民俗、非物质文化遗产、文物中的精神内容要素，只有其文化价值得到广泛认同，激发了广泛的需求，得到深入研究，能够为社会生产加以利用并制造满足人民生活的新产品，才能真正成为文化资源。它们之中，有的是以文化 IP 形式，从物质载体中抽离出来成为纯精神文化资源，例如关于技艺的知识、神话传说等；有的可以与物质载体一同被加以利用成为准精神文化资源或物质文化资源，比如文物资源用于展览和教育，以及与非遗和民俗相关的场所用作文化旅游，等等。

## 六、混合型文化资源

在实践中，文化资源并不一定都是以单一形态存在的。很多情况下，我们面对的是较为复杂的、混合型的文化资源。混合型的文化资源由多种类型文化资源组成，而且不同类型文化资源之间存在着相互联系和相互影响的关系。例如，在一个历史街区文化旅游地，会存在古建筑、名人故居等文物；同时历史上这里还发生过很多故事，有很多传说和传奇；古街区很多门店可能是老字号和传统工艺非遗工坊等非物质文化遗产资源；在特定的时令和节日，古街区还可以举行各类民俗活动；等等。这些不同类型的文化资源共处于一个历史街区空间中，构成了一个整体。因此，混合型的文化资源不是简单的多种类型的文化资源的简单叠加，从文化内涵上看，它们的形态和性质可能相同（单一民族地区），是具有统一文化价值观念和信仰的纯精神产品，也可能是基于不同文化价值观念（例如多民族文化地区）但是能够求同存异的多种纯精神产品。这些纯精神产品在生产、生活的实践中加以利用，与不同的物质材料结合，形成和积累了多样化的文化资源生态。如果将混合文化资源的这种性质扩大到更大尺度空间范围和更长时间考察阶段，这种文化资源生态就上升为一种文明的形态。

 **案例【1-5】** 　　　　黄河国家文化公园

黄河是中华民族的母亲河。黄河流域是中华文明的主要发祥地。黄河全长约 5464 千米，发源于青藏高原巴颜喀拉山北麓的约古宗列盆地，自西向东分别流经青海、四川、甘肃、宁夏、内蒙古、陕西、山西、河南及山东 9 个省(自治区)。黄河流域孕育了河湟、河洛、关中、齐鲁等农耕文化，沿线大中小型城市超过 60 个，各类黄河旅游景点超过 100 处，沿黄河流域保留着众多规模庞大的古代遗址，如城子崖、陶寺遗址、二里头、郑州商城、殷墟、郑韩故城遗址、秦始皇陵、汉魏洛阳城、大明宫、隋唐洛阳城、北宋皇陵等。黄河文化博大精深，黄河文化资源类型多样，既有丰富的民俗、非物质文化遗产、历史遗迹，也有无数文人墨客留下的诗文佳话，还有近代以来的红色革命文化资源。黄河流域的文化呈现多元化、散点式的带状分布。黄河流域的文化资源是典型的混合型的文明形态，具有线型、多点、大尺度空间的特点，形成了多样化文化资源组成的文化生态群落。如何保护、传承、弘扬、利用好黄河文化，是一个宏大而重要的题目。2020 年 12 月 30 日，国家发展改革委社会司组织召开了黄河国家文化公园建设启动暨大运河、长城、长征国家文化公园建设推进视频会，就启动黄河国家文化公园建设做具体部署。陕西、河南率先开展黄河国家公园规划建设。

案例讨论：

（1）请查找一下当前已经开展黄河国家公园建设规划的省，梳理一下该省的黄河文化资源的类型和特点，说明它们之间的相互关系是怎样的，为什么能共同存在于一个黄河文明体系中，并在此基础上思考混合型文化资源的特点。

（2）请查找国家印发的关于《长城、大运河、长征国家文化公园建设方案》的文件，思考国家文化公园的文化资源有什么特点，并举例加以说明、论证。

# 第三节　文化资源的基本性质

## 一、文化资源的精神性

文化遗产通常由两部分组成：一是构成文化遗产的精神内容，二是精神内容所呈现给人们需要借助的物质载体或者传播媒介。文化遗产的精神性是指文化遗产是人类创造的精神财富的积累。文化遗产本质上是精神劳动的创造物。文化遗产作为资源，主要针对的是对其精神内容的开发和利用。例如，以古建筑为形态的文化历史遗迹和可移动文物，是对物质载体依赖性最强的文化遗产。用现代技术完全地复制古建筑和文物并不难，在材质和工艺上甚至可以做到比文物原件更加完好和精细，但是复制品也只能复制出文物的基本造型和样式，永远无法创造出新的精神内容和文化价值。文化遗产中的精神内容包含我们再也回不去的遥远年代中那些创造者的思想、技艺，它包含着属于那个年代的气质、精神和韵味，这些精神要素是文化遗产的价值决定因素。

## 二、文化资源的时空性

文化资源的价值是在一定时期中形成和积累起来的，代表着一定时期的文化特征，承载着某一时期的文化传统，表达了某一时期的文化价值观念。时间是流逝的，价值是变动的，时间性也预示着文化资源本身不是一成不变的，而是变动的、发展的。时间性指出，文化资源的发展是对精神内容的不断注入，它既不是对历史的全部否定，也不是对历史的原封不动。保存与改变、保护与发展之间的平衡，是文化资源时间性在每个时代都存在的矛盾统一辩证关系。

文化资源的保护、利用和传承是一定的空间形态的存在和依托。文化资源总是以一定的形式在一定空间中存在。文化资源的保存、利用都需要考虑特定的空间因素。最显而易见的是物质文化资源，其总是具备特定功能和空间。例如，文化公共设施具备特定的文化功能，在城市交通、商业和生活空间结构中相互联系。至于精神文化资源，纯粹的精神内容大多依托一定载体，以准精神文化资源形式存在。再如，图书会被置于书店、图书馆或者书房等特定空间中。有一些文化是在科学实验室、教室里进行实验和传授，一些文化传统是在家族中言传身教，或者在族群生活空间中被继承；表演艺术依赖于一定的表演者，需要在特定的演出空间呈现给观众；传统手工艺会以一种手工艺产品形式在民间生活空间中使用。一定的文化资源根据其精神内容的价值形态和社会功能，在特定空间关系中存在。

## 三、文化资源的耗竭性

资源耗竭性通常指资源逐步地被消耗殆尽，不再具有利用价值，或者存在无法可持续地加以利用的趋势。文化资源中的精神内容虽然具有非独占性和可复制性，但是一方面精神内容需要和物质载体结合才能得以被认知和利用，另一方面精神内容也有因被遗忘或者保存不善而灭失的可能性，因此，文化资源也存在耗竭的可能。文化遗产耗竭可能受自然环境的侵蚀、社会环境的变化、人为的毁坏等多种因素影响。无论何种原因，文化遗产的资源价值都以文化遗产的完好存在为前提，文化遗产本身的损害和灭失，直接威胁文化遗产资源的持续性发展。文化遗产的资源损耗和耗竭，可以表现出多种形式。

第一种是文化遗产的物质载体因长期损耗而耗竭。物质载体的损耗，如果不是战争和人为因素造成的突发损害，一般都是长期受各种因素影响，逐步对文化遗产物质载体的损耗累积而成的。如古建筑和大型露天雕塑受到自然环境因素的侵蚀，文物受到潮湿气候的侵害，等等。

第二种是传承者的耗竭，即非物质文化遗产传承人后继无人，现有传承者老去或去世，造成非物质文化遗产失传。传承者老去现象容易受到政府的重视，各地政府通常也给予传承者生活补贴以改善其生活条件。非物质文化遗产传承面临后继无人的现象，却常常不易被人们关注。很多传统手工艺、传统戏曲、民间演艺等非物质文化遗产，因为不再有较大规模的观众或者大量的用户需求，难以通过收入维持生计，加之学习艰苦，学习过程长，很少有年轻人愿意学习，这是非物质文化遗产失传的主要原因。

第三种是精神内容的耗竭，即文化遗产的精神内容损耗和失传的情形。通常，文化遗产所依赖的建筑石材、墙面、纸张等物质载体依然存在，但是色彩、绘画等会逐步褪去和消失。例如，很多壁画因得不到较好的保护，有褪色和损失的情形。对于非物质文化遗产，虽然很多传统戏曲和手工技艺有很多传习者，但是很多传统剧目散失、技艺与绝活失传造成非物质文化遗产传承中的内容缺失和原真性不足。

第四种是最为严重的情况，就是文化遗产资源整体的灭失，即文化遗产物质载体连同精神内容全部灭失，精神内容信息也没有用文字或者影像记录，造成文化遗产无法复建和再生的情况。例如，战争和种族冲突对一些世界级文化遗产的破坏和毁灭，造成一些珍贵的历史文化遗产彻底灭失。

第五种是资源使用价值的耗竭，即文化遗产虽然存在，但是已经不能作为资源加以利用。这种情况又可以分为几种不同类型：一是出于对文化遗产保护的目的，不宜再进行开发。例如，一些文化遗址如果过度地进行文化旅游开发将会面临损害和灭失的风险，或者现有技术条件不宜进行遗址发掘，需要加强保护。二是文化历史遗迹由于过度的开发，使得其物质载体虽在，但是精神内容已经丧失，并且难以恢复。例如，原本以民族文化生活和习俗为特色的地区，由于过度的商业开发，造成原住民的离走，古街被开发成商业街，老房子被改造成酒吧，建筑中的民族文化精神内容被全部置换，文化遗产已经面目全非，造成了不可恢复的致命损害。三是文化遗产中的精神内容逐步与当下的社会文化和生活习惯脱节，失去了大众需求，只能作为文化记忆的"文物标本"加以记录和保存。例如，很多地方都有长期积累的口传民间故事、文物遗址、民间工艺和民间习俗等，这些历史记忆往往并不能与现代社会发展需求相适应，其受众群体日益萎缩，逐渐失去资源利用途径，只能作为文化遗产的标本加以记录和保存。

## 四、文化资源的再生性

如自然资源使用殆尽后不可再生一样，文化资源的精神内容灭失或者失传，能够再生和复原的难度也非常大。按照资源是不是一次性的、能否重复利用，可将资源分为不可再生资源和可再生资源。可再生资源是指生产和消费过程中产生的废物作为资源可加以回收利用。通常，物质资源经过使用后，或多或少都有衰减和损耗，需要经过一定的技术加以再生、回收和利用。而文化资源的精神内容不会在使用中损耗，如果能够找到适合的途径，保持精神内容和其物质媒介的有机结合，就可以反复和持久地再生利用。

文化资源的再生性是指文化资源可以被重新生产出来并反复利用。文化价值是文化资源的存在基础，精神内容是文化价值的来源，物质载体是精神内容得以呈现的中介。精神内容和物质载体的结合，使文化资源具备了特定的文化形式。随着物质载体的损耗，精神内容的物质存在基础会受到威胁，文化资源也就存在灭失的危险。例如，古建筑长期被风化侵蚀，非物质文化遗产因后继无人而人亡技失。

再生是为了能够原真地复制出精神内容，以原来的形式重新复原精神内容与物质载体。文化资源保护除了保护好物质载体，延缓物质载体的损耗程度，延长物质载体的存续时间之外，更要关注如何进行资源再生。再生性是某一文化资源损耗后，可以被再次生产出来的可能性。不同类型的文化资源再生性有着不同的属性。

**案例【1-6】　　　　　战后华沙复建**

华沙这座世界名城，始建于公元 13 世纪，是维斯瓦河渡口上的一个中世纪市镇。二战期间，波兰古城华沙被夷为平地，全城 85% 以上的建筑被毁，富丽堂皇的古典建筑几乎荡然无存，到处是残垣断壁，一片焦土。有西方人士曾经断言："华沙不会重现在人间，至少 100 年内是没有希望的。"

战争一结束，波兰人民就着手重建华沙古城。苏联政府主张建一个崭新的、社会主义模式的新华沙。而许多华沙居民聚集在市政府前议论纷纷，华沙大学的师生们把战前画的老城市图纸拿出来展览，人们逐渐形成了一致的意见，要恢复华沙原有古城的风貌，并最终迫使政府改变了原来的决定。恢复华沙古城的消息传开后，流浪在国外的波兰人一下子归来了 30 万。波兰政府顺应了人民的要求，组织他们投身重建华沙的劳动中。整个波兰掀起高涨的爱国热潮，人民的家园得到重建，这就是二战后著名的"华沙速度"。重建的华沙不仅保持了中世纪古城的风貌，而且兴建了新市区，超过了战前的规模和水平。在重建过程中，保护和修复历史古迹的工作受到格外重视，战前市内 900 多座具有历史意义的建筑物，几乎都进行了修复和整饰，昔日的宫殿、教堂、城堡等显得更加巍峨壮观。1953 年 7 月 22 日举行了隆重的移交仪式。1963 年整个工程竣工。古城每座建筑物的外貌都保持了原来的建筑风格，而其内部结构和设施则是按照现代化建筑技术进行改建的。华沙古城作为特例于 1980 年被联合国教科文组织列入《世界遗产名录》。

案例探讨：

在物质建筑毁灭后，华沙还存在什么？为什么华沙能被原样复建出来？被复建的是什么产品？复建后的建筑又是什么产品？

## 五、文化资源的衍生性

文化资源的衍生性是指文化资源所包含的精神内容可以被提取、转化和反复利用，并将之与特定的物质载体和媒介结合，形成丰富多彩的文化产品和服务。文化资源的价值衍生性，最普遍的方式是通过知识产权的授权形成文化衍生品。文化衍生品是指以一项文化资产为基础，通过协议许可的方式，抽取基础文化资产的精神内容，作为另一个文化产品的重要组成内容。这一许可使用的精神内容，可以是基础文化资产的品牌、名称、形象等元素。例如，迪士尼动画成功的关键之一基于其动画 IP 的衍生品开发，《狮子王》这部动画电影在斩获了 7.8 亿美元票房后，它的衍生品收入更为惊人，高达 20 亿美元。

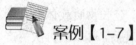

**案例【1-7】　　　　博物馆的文创品**

博物馆文创衍生品是指由博物馆的馆藏、展览、文化、建筑等元素演变而产生的产品。博物馆、美术馆的文化创意产品从日历到书签、笔记本到背包，以及化妆品、日用品等，种类十分繁多。例如，自 2001 年年底起，大英博物馆向观众免费开放。没有了门票收入，取而代之的是博物馆自身经营及衍生品的收入，而这项收入逐步成了如今大英博物馆的主要收入来源。2007 年，大英博物馆推出"秦始皇·中国兵马俑特展"，借展费用高达 30 万英镑，大英博物馆配合展览推出的兵马俑纪念品大受欢迎，轻松赚回了借展费用。北京故宫博物院是国内最大的博物馆，其馆藏的文物大部分是清朝宫廷留下的藏品，在设计师的手下，尘封多年的清宫都"活"过来了。雍正御批的"朕亦甚想你"折扇，以及"朕生平不负人""朕就是这样的汉子"的纸胶带等成为网红。

## 六、文化资源的可交易性

文化遗产作为资源具有使用价值，因而具有可交易性。文化遗产的可交易性是指文化遗产可以作为经济资源在市场上进行交易。文化遗产的需求方通过购买产权或者经营权等方式，获取文化遗产资源的投资与开发权利。

对不可移动和可移动的文物资源，除了一些文物可以通过拍卖和买卖的方式获得外，大部分文化遗产资源由于受到文化保护和传承的政策限制，其交易主要是通过经营权利授让的方式，获取投资开发权利。如一些古街、古镇、名人故居等古建筑在遵照国家文物保护法的前提下，可将其经营权售卖给私人，以鼓励个人维修、置换、购买古建筑。

对于非物质文化遗产来说，交易性是指传承者和非遗的生产机构可以非遗的相关产品进行市场销售。例如，手工艺品的市场售卖和表演类非遗售票观看等形式。

## 本章小结

本章从广义、狭义的"文化"概念界定入手，将文化资源的研究界定在狭义的"文化"范围，指出了文化资源是文化作用于社会经济生产的中介。文化的要素需要转化为精神产品，进而转化为文化资源。人类对于文化资源的认识、利用水平，随着社会生产力的发展而不断提升。文化资源的特征由其文化价值所决定。文化价值可以转化为经济价值，同时也是文化资源实现其经济价值的基础。文化资源的时间性表现在文化价值是在一定时间内积累的，精神产品要转化为文化资源也需要通过一定时间的价值积累，文化价值转化为经济价值也需要经历一个价值转化的过程。文化资源的空间性，表现在文化资源总是通过一定的形式在一定的社会时空中存在。文化资源的类型按照精神和物质的组成结构标准，可以分为精神文化资源和物质文化资源。在精神文化资源与物质文化资源基本分类的基础上，在把握文化资源的动态价值分析时，我们还应注意文化资源的精神内容在个体与集体之间流动形成了个体的、集体的文化资源分布形态，以及民俗非正式的和正式制度化的文化资源形态。

 **思考题**

1. 狭义的文化与广义的文化有什么区别？

2. 什么是精神文化资源？请举例说明。

3. 请举例说明纯精神文化资源与准精神文化资源的区别。

4. 什么是物质文化资源？请举例说明。

5. 请举例说明个体文化资源与集体文化资源的关系。

6. 请举例说明民俗文化资源与制度化的文化资源的关系。

7. 简述文化资源的基本性质。

8. 请举例说明文化资源的价值衍生性。

9. 什么是文化资源耗竭性？文化资源如何再生？根据文化资源的耗竭性和再生性，我们应当如何做好文化资源的保护和开发之间的平衡？

10. 请思考一下，一些研究中将文化资源按照有形的、无形的来分类，你觉得这样分类是否科学？为什么？本书中按照精神与物质关系分类，与有形和无形的分类方法有什么区别？

11. 请举出一个制度文化资源的例子，并说说它的特点，研究一下它是怎么形成的，以及它在社会发展、知识生产、经济生产中发挥了什么作用。

12. 请举出一个纯精神文化资源的例子，看看它是个体的还是集体的，分析一下这个纯精神文化资源是否可以转化为准精神的文化产品，怎么转化。

**参考文献与推荐阅读**

[1] 王晨，章玳. 文化资源学[M]. 南京：南京大学出版社，2014.

[2] 王晨，王媛. 文化遗产导论[M]. 北京：清华大学出版社，2016.

[3] 李向民，王晨. 文化产业管理概论[M]. 北京：清华大学出版社，2015.

[4] 麦迪森. 世界经济千年史[M]. 伍晓鹰，许宪春，叶燕斐，等，译. 北京：北京大学出版社，2003.

[5] BOURDIEU P. The forms of capital [M]//RICHARDSON J G. Handbook of theory and research for the sociology of capital. New York: Greenwood Press, 1986: 241-258.

# 第二章

## 文化资源价值论

 **学习目标**

1. 理解文化资源价值形成的基本条件。
2. 把握精神文化资源和物质文化资源价值生产和积累的原理。
3. 把握文化资源价值形成过程中个体与集体、民间非正式与制度正式之间的关系。
4. 理解文化资源的价值多元化构成。

 **导言**

　　文化资源价值论主要研究和阐释文化资源价值形成、积累和转化的机制。对文化资源价值的决定与构成，经济学、社会学、历史学和文化学等学科从不同视角形成了多种理论。这表明关于文化资源的价值形成不是一个简单的经济过程，而是一个复杂的社会过程和历史过程。我们在强调经济价值时，不能忽视文化资源存在的文化价值。文化资源价值论要从文化价值形成过程入手，理解文化资源价值的多重性及其决定因素。

## 第一节　文化资源价值形成的基本条件

　　文化资源的价值形成需要一定的自然条件和社会条件。文化资源是人类社会实践的成果，是社会生产的产物。某一时期的生产力水平由构成生产力的要素决定，文化资源的价值形成是由一定历史时期的文化生产力决定的。

### 一、文化生产力是文化资源形成的决定因素

　　文化生产是人类凭借一定物质劳动工具，运用一定技术进行精神产品生产的过程。

脑力劳动者、劳动工具和劳动对象是构成文化生产力的三个要素。

脑力劳动者是具有一定智力资源和人力资本的知识生产者。脑力劳动者从事精神产品的专业化生产，从而可以将自身的智力资源和人力资本转化为特定的精神产品，诸如作家、画家、作曲家、设计师、导演、科研工作者等。

文化生产的劳动工具是文化生产过程中所使用的劳动工具和技术。例如，以前作家借助的外部物质工具是笔和纸张，后来是打字机，现在是计算机和网络。当然，在写作过程中，作家可能还需要借助图书馆和谷歌图书资源库等获取知识信息。

文化生产中的劳动对象是指精神产品生产过程中被加工的资料，包括人类已经生产出的精神内容、劳动者从以往的文化生产和社会体验中获得的经历和知识，以及直接从自然界中获得的物质资料、经过劳动加工而创造出来的原材料等。例如，一个画家所使用的劳动工具是绘画工具，他加工的对象是颜料或者笔墨。在绘画过程中，画家的精神世界中不断加工的劳动对象还有其精神体验、构图、光和色彩等精神内容。对一幅画作真正起决定作用的，不是颜料的物理价值，而是画家脑中的精神活动。画家以其特有的经验和技术，将精神内容通过颜料表现在画布上。

一定时期的文化生产力对文化资源的形成和转化具有决定作用。文化资源形成的主要动力，来自文化生产力的不断提高与进步。

## （一）劳动对象是文化资源的基础原料

人类的精神生产以精神内容和物质材料作为劳动资料，生产出精神产品，进而将精神产品转化为文化资源。其中，投入生产中的精神内容，可以是劳动者所拥有的个人知识，也可以是集体公共知识；投入生产中的物质材料，可以是设备、耗材或作为内容的载体材料。例如，文学内容资源与纸张材料、印刷设备等通过出版产业生产出图书，而同样的文学内容在电影产业中，则是通过电影导演、演员的直接演绎，由摄像设备录制在胶片等媒介上。劳动资料作为基础原料在生产中通过一定技术和工艺手段被结合起来，构成了文化资源的基本形态。

## （二）劳动者的创造力是文化价值之源

在文化生产力的构成要素中，劳动者是最活跃的生产力要素。脑力劳动者的创意能力，来自劳动者长期创意实践和知识积累而形成的智力资源。例如，在美术、音乐、文学等文艺创作中，个体文艺工作者的脑力劳动，需要以一定的知识积累为基础，这些知识积累大部分是对已有的精神内容的吸收、消化后积累的个人的知识与经验，可以称为个人的人力资本投入。文化资源的开发利用需要与具备一定技巧和水平的人力资本相适应，劳动者的创造力是文化资源能够被有效利用的保证。同时，劳动者的创造力可以将智力资源在精神劳动中被创造性地转化，创造出文化价值，成为文化资源的价值源泉。

## 案例【2-1】 贝多芬的早年音乐学习和交往

一个作曲家不但要从遗留下来的各类音乐资源中习得所有的作曲和演奏技巧，而且还要具有多方面的文化素养。这些都要通过长期的教育才能习得。贝多芬在 12 岁时显示出音乐天赋，他拜师于管风琴师尼福（1748—1798 年）学习作曲，担任其助手。尼福是一位具有多方面天赋的音乐家，他扩大了贝多芬的艺术视野，使贝多芬熟悉了德国古典艺术的文化资源典范。尼福还引导他于 1787 年到维也纳就教于莫扎特，开始跟随莫扎特、海顿等人学习作曲。他先跟海顿学习，后来跟申克、阿勃列希贝尔格和萨利耶里等人学习。他在波恩通过同知识分子勃莱宁的交往，接触到许多著名教授、作家和音乐家。贝多芬早年的经历，使得他能够将当时最高水平的音乐资源和资产阶级革命进步思想等文化资源转化为其内在的创意资本和人力资本，成为其日后音乐创作的动力和源泉。

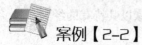

## 案例【2-2】 敦煌石窟造像艺术

敦煌石窟中很多石像形成于不同时期，呈现出明显的时代特色。每一时代的彩塑艺术，都会随着时代的变迁而显示出不同的艺术表现风格。敦煌彩塑艺术的发展和演变可以分为早期（发展期，包括十六国北朝）、中期（高峰期，包括隋唐）、晚期（衰落期，包括五代、宋、西夏、元）。五代、宋初的曹氏归义军时期，敦煌彩塑艺术开始走向程式化，有明显的衰颓迹象。宋以后各代新建洞窟很少，且多为重修前人作品；保留的彩塑也不多，且佛像呆板迟滞，缺乏活力。清代塑像则更居其下。盖因唐代以后，敦煌就脱离中原的控制，对于石窟造像上的热情和投入也大不如前，多为重修前人作品，工匠技艺和创造力自然也受到很大影响。

### （三）劳动工具提升文化资源价值转化效率

劳动工具是生产力中非常重要的推动因素。在文化生产中，通常会使用特定的文化劳动工具。笔墨纸砚是中国书画创作的工具，乐器是用于创作音乐这一精神产品的劳动工具。在数字艺术创作中，大量的数字化的素材库和应用创作软件，既是精神劳动的优秀成果，也是数字媒体艺术创作最重要的劳动工具。劳动工具是技术进步水平的体现，凭借着劳动工具，劳动者的智力资源与劳动资料才能有机地结合。过去做音乐，是在纸上记下乐谱，现场演奏录音，现在可以用计算机进行乐曲制作和合成；过去拍电影用胶片，现在电影制作从拍摄、后期到放映可以全部实现数字化。技术进步带来劳动工具的变革，极大地提高了文化生产力水平，加快了文化产品的生产速度，扩大了文化产品的生产规模，促进了文化资源的形成。

科技进步提高了文化资源价值转化的效率。文化资源要被开发，转化为文化生产力，需要依赖一定的手段和途径。随着物质生产力的发展，一些以前难以开发的文化资源能够被开发并制造出新的文化产品和服务，一些之前已经开发的文化资源可以被多用途地开发，制造出多种文化产品和服务。文化资源与先进的科学技术结合，使得文化资源所包含的精神内容能够更加快速、更加高效、更加多样化地被利用和开发。每次重大的科技进步，都会带来文化生产力的大幅提高。随着文化生产力的发展，人的创造性不断得到解放，生产技术不断进步，生产条件不断改善，生产技能不断提高，文化资源积累和规模不断扩大。例如，纸张和印刷术的发明推动了文化发展，大大提高了与语言文字相关的文学、宗教、社科、哲学研究等文化资源形成与积累的规模和速度。20 世纪 90 年代以后，随着互联网的出现，视频、音频、图书等知识资源的存储、积累等和创造的速度更以几何级的速度增长，产生了电视、电影、动画、游戏、网络文化等大量的文化产品，并使得精神内容能够以更低成本、更快速度传播到更加广泛的范围。精神内容不断以新的方式形成新的文化资源。

## 二、文化资源形成的基本条件

### （一）文化资源形成的自然条件

文化资源的形成需要具备一定的自然条件。首先，文化资源的物质载体是自然材料，文化资源是能够被保存下来的文化创造物。文化创造物作为精神产品应该具有一定的载体，这些载体适宜被长期保存。例如，与木质、陶瓷器件相比，石器、青铜器显然更经受得起自然环境的侵蚀和冲击碰撞；同样是不可移动的建筑物，长城比阿房宫更容易在战火中幸存下来。

其次，形成文化资源的劳动工具、劳动资料等都是物质的，也要由自然材料构成。劳动工具和劳动资料是决定文化资源的精神内容和物质载体结合程度和结合方式的关键要素。自然资源条件决定了精神劳动所能获得的物质材料，以及劳动工具所能使用的物质材料来源。

再次，自然地理和环境因素决定了精神劳动中精神内容与物质载体的结合形式。民族生活习性和文化发展与其所处的自然地理环境具有密切的关系，也会形成在内容、风格、形式、题材、使用材料等方面不同特点的物质文化遗产和非物质文化遗产。例如，地理的生态环境与人类文化发展具有密切的关系。人们的生产与生活会受到自然环境条件的约束。水草、河流、山川、土壤、气候等地理环境决定了地区生产与生活的资源状况。不同区域的地理环境孕育不同的文化和风俗，造就了不同的文化遗产。在河流冲积的平原地带，土壤丰厚，利于种植，易于孕育农耕文化，其遗留的物质产品和非物质文化必然反映了农耕文化的生活风俗、日用制品和审美习惯。同样是农耕文化，北方平原地区和南方的水网密织环境不同，其文化的器物、技艺等表现形式也有很大差异。在水草丰茂的草原，游牧民族终年随水草转移进行游动放牧，无固定住所，过着逐水草而居的生活，形成了不同于农耕文明的游牧文明。表现在音乐文化遗产方面，由于大草原的广阔空间，无论是过去草原上的匈奴、鲜卑族，还是今天的蒙古族和牧区的藏族人民，他们所创作的诗歌，音域节奏悠长，声调高亢激越，苍凉悲壮，内容多与畜群有关，就连蒙古族的乐器也是反映牧区特点的马头琴。

 案例【2-3】　云南民族文化多样性与地理环境的关系[①]

　　云南是一个多民族的省份，也是中国自然条件最复杂、生物多样性最丰富的地区。中国 56 个民族中，包括汉族、彝族、白族、哈尼族、壮族、傣族、苗族、回族、纳西族、藏族等 26 个民族在云南都有分布。云南境内，高山险阻，河流百转，山川俊美，林海茫茫。立体的地形和立体的气候造就了生物的多样性、民族的多样性和民族文化的多样性。由于地理环境的封闭性，惯于依靠优越的自然条件而又为多山的地理环境所封闭的云南古代民族，发展速度也参差不齐。这种状况一直延续到 20 世纪 50 年代。有处于封建社会的傣族，有处于奴隶制的小凉山彝族，有处于原始公社形态的基诺族、独龙族等民族。在泸沽湖旁，还有处于母系氏族阶段的摩梭人。云南高原蜿蜒起伏，高山峡谷相间排列，名江大川纵横交错，阶梯地势逐级下降，立体气候异常明显。在这样特殊多样的生态环境里，原来属于同一种群的人们，尽管其水平分布在同一海拔梯层，且居住区域的直线距离很近，但地理的隔绝和地形的"立体"将他们分割到一个个相对封闭的"小"生态系统中。这样，他们几乎失去了与外界的经济文化以及婚姻交流，久而久之，各自在语言、经济生活、文化以及心理素质方面，形成了"不同于外界而内部相同"的特色，进而发展成为不同的民族。生活在相对封闭的生态环境中的少数民族，即居住在高海拔地区的少数民族，其经济、文化发展较为缓慢；居住在地势较平及地形较开放的生态环境中的少数民族，其经济、文化相对发达。总之，云南生态环境的多样性和封闭性，既是云南形成多民族及文化的主要原因之一，又是影响到云南少数民族自身发展乃至造成云南少数民族经济文化发展极不平衡的一个重要原因。各种文化在这里长期并存，构成了一处世界上少有的多民族群体、多文化形态共生带。由于横断山脉和南向水系的分割，再加上各个民族"大分散，小聚居"的空间分布状态，云南形成了特有的"十里不同俗，百里不同音"、山山水水各见人间千秋的奇特景观。

（资料略有改动）

案例讨论：

　　举例说明上述案例中云南不同民族之间民俗、非遗、物质文化资源的差异性，以及造成差异的原因。

---

① 卢建林. 云南民族文化多样性与地理环境的关系[J]. 大众文艺，2008（6）：82-83.

最后，自然环境对文化资源的形成和持续具有较大影响。地理环境的改变会直接影响到人类社会的生活和生存条件，对人口、经济、政治、生活方式、风俗等产生影响，进而影响到文化遗产的生存发展环境。例如，庞贝古城曾经是仅次于古罗马的第二大城，公元 79 年 8 月 24 日，维苏威火山突然爆发了，厚约 5.6 米的火山灰毫不留情地将庞贝从地球上抹掉了。中国黄河在其中下游地区多次改道，造成村庄、城市毁坏和人口迁徙，原有的村落和古城建筑被废弃。经考古发掘，在这一带发现了历史上因改道而被毁坏的古村落遗址。

自然环境的人为改变，也会对人类社会造成重大影响。一方面，人为改变可以带来地方经济文化的振兴和发展。例如，隋代大运河的通航，使得大运河沿线的河南、山东、江苏、浙江的一批城市得到发展，促进了丰富多样的大运河沿岸不同地域的民俗民间文化的形成和发展，特别是江南地区的杭州、苏州、扬州、镇江等城市群的经济发展形成了江南地域特色文化。另一方面，人的活动也会造成生态环境的恶化，造成文化遗产受到侵害和灭失的情况。例如，内蒙古草原地区因为忽视游牧民族长期以来形成的人与自然共生的生态关系，以围禁、开垦、开发等方式破坏了草原生态，草原沙化造成游牧民族文化所赖以生存的环境遭受破坏，直接危害了内蒙古游牧文化遗产。再如，乡村在城市化和经济开发进程中，因山林、水土等生态环境的破坏导致农村风俗、古建筑等民间文化遗产消失。

 案例【2-4】　　鄂伦春族文化的传承困境[①]

世代居住在大兴安岭的鄂伦春族，衣食之源取自这片茫茫林海，住的是桦树杆搭成的"仙人柱"，过着狩猎和饲养驯鹿的生活，创造出独具特色的民族文化。如今在现代化建设中，森林发生了变化，鄂伦春族虽然仅仅是一个几千人的民族，但在长期与自然界和人的斗争中，鄂伦春人表现出勇敢和顽强的生命力。今天，在政府的扶持和兄弟民族的支援下，他们也和各民族一道迈上了繁荣富强之路。问题是，当他们所处的生态环境发生了变化之后，有些文化观念变得逐渐淡漠。现代化和传统文化之间产生的矛盾如何解决？在大森林中唱出的情调悠长、山林应声的民歌还能继续创新吗？如何在现代化过程中保持和发扬他们曾世世代代在大森林中所创造出来的文化优势？这涉及鄂伦春族及其文化的未来。这些问题都是民族学、民俗学工作者应当深入进行探索和研究的。

（二）文化资源形成的社会条件

文化生产力水平取决于特定时期的经济发展水平、文化资源积累、社会制度、技术进步程度等社会条件。文化生产是在一定的社会文化、经济和技术条件下进行的。

---

[①] 宋蜀华. 关于保护少数民族文化艺术遗产与保护生态环境的关系[EB/OL]. （2006-06-23）[2009-10-16]. http://old.ihchina.cn/8/11169.html.

1. 社会经济条件

人口、资本、产业经济结构、经济体制和经济政策等是重要的社会条件，是文化生产力发展的经济基础。

人口规模决定了一个国家和地区劳动者的规模，决定了可以参与文化生产的劳动力规模。人口素质和人口结构决定了劳动力的质量。通常，年轻化的人口结构受教育程度高，说明人口质量较高，也是一个国家和地区能够持续获得合格的、高素质的文化生产者的决定因素。此外，人口规模、人口结构、人口收入水平也是影响文化消费需求的重要因素。通过市场机制的作用，文化消费需求直接影响文化生产决策，即文化生产应当有效利用文化资源生产文化产品，以满足人们的文化需求。

资本的积累决定了文化生产的组织水平，尤其是电影工业、主题公园、数字内容产业等现代文化生产领域对于文化资源的有效开发和利用，通常需要很大的资本投入。大部分现代化文化产业、高科技研发等都是资本密集型的；而注入大剧院、美术馆等物质文化资源建设的投资都巨大；即使是纯粹脑力工作和不需要大型设备的人文社科研究，也正在改变研究模式，组织化的团队研究方式取代个体小作坊模式，大量资源、文献、考古证据等的保存、分析都日益数字化和网络化，特别是经济学、心理学、社会学等人文社科研究，越来越依赖大型数据分析和工具软件，投入要远远超过传统的精神劳动方式。精神产品具备了可以被用于生产开发的使用价值才能成为文化资源。精神产品的使用价值被广泛认同，要通过与物质载体结合，以及复制和传播，才能扩大其受众范围，这一过程中往往需要大量经济资本的注入。在现代文化产业中，创意生产和创意 IP 资源的形成，更加离不开资本要素的投入。例如，画家、作家可能还是沿用传统的创作方式，不需要很大资本投入，但是现代市场体系中很多画廊、经纪公司等签约画家、作家、导演、艺人的投入是很大的，创作生产的艺术资源要实现产业化，诸如巡展、出版、舞台制作、巡演、影视动画制作等，也需要大量的资本投入。

产业结构决定了文化生产的现代化水平，在传统以个体和手工作坊为主的农业社会中，对文化资源的开发组织程度不高，文化资源的利用水平也受到限制。随着现代化和工业化的发展，新产业、新业态不断出现，对文化资源的生产、利用和开发日益丰富，诸如历史名著、武侠经典和历史传说等文学资源，被不断地、多次改编成影视作品、动画作品、游戏产品，形成很长的产业链条。

经济制度是一个社会的生产组织方式，经济政策是政府对经济的管理措施，两者都会影响到文化生产方式。文化生产方式是精神劳动者对劳动工具和劳动资料的占有方式，以及文化生产中的劳动关系。例如，在工业化社会，很多文化产业的生产活动是通过公司制进行的，在国家则有公司法律制度、税收制度。由于文化生产领域各个国家的体制不同，文化管理体制也不一样，各国政府制定的文化经济政策是为了满足国家经济政治制度和文化经济体制发展的需要。

**案例【2-5】    唐代手工业的高度发展**[1][2]

唐代国家统一,长期安定,经济繁荣,手工业快速发展,手工业商品丰富多样,形制美观。经济发展促进了生产规模的扩大、生产技术的改进和手工业内部分工机制的加强,使这一时期官营和私营手工业都获得了显著发展,制瓷业、造船业、造纸业、染织业、印刷业、金银加工业都得到较大的发展。手工业商品不断创新,花釉瓷、绞釉绞胎瓷、釉下彩绘瓷及三彩釉陶等,都展现了唐代陶瓷装饰多样化的特点。瓷器普遍使用,各地多有制瓷窑,其中还有不少是名窑。邢州窑(包括《国史补》所说通行天下的内丘窑)与越州窑是唐朝南北诸窑的代表窑。绞缬、蜡缬、夹缬等印花工艺广泛使用,使唐代丝织品的纹饰色彩更加斑斓。精美富丽的金银器、铸造精良的铜镜等,都是具有代表性的唐朝手工艺文化遗产。

案例讨论:

根据上面材料进一步查找资料,举出具体的唐代手工艺案例,来说明社会经济条件发展促进了这一手工艺在唐代的发展。

2. 社会技术条件

技术进步水平决定了劳动工具的先进性,采取什么样的技术影响着劳动者对劳动资料加工的方式。精神劳动过程中,劳动者使用劳动工具以一定的技术和方法对物质材料进行加工,从而将精神内容与物质载体结合。第一次和第二次工业革命后,科学技术在社会生产力发展中的作用越来越重要。事实表明,科学技术、知识、创意、制度等精神因素在经济社会发展中的作用日益重要,已经成为第一生产力。随着社会经济的发展和科技进步,文化生产力水平不断提高,文化产业成为新兴产业和支柱产业,产生了创意设计、影视动画、网络文化等新的文化生产方式,著作权、商标权和专利权等精神内容成为新的文化资源,可以作为生产要素,产生巨大的经济价值。例如,知识的记录和传播,最重要的就是要有一个很好的载体。岩石是世界上最早的绘画材料,在岩石上刻画各种形象,除有敬畏、崇拜、祈求或占有的心理目的以外,最直接的效果就是传授知识,这构成了文字发明以前,原始人类最早的"文献"。岩画不仅涉及原始人类的经济、社会和生活,同时,还作为人类的精神产品,以艺术语言打动人心。古代埃及人利用尼罗河的纸草来记述历史;在古代的欧洲,人们还长时间地利用动物的皮(如羊皮)来书写文字;在古代的中国,在造纸术发明以前,甲骨、竹简和绢帛是供书写、记载的材料。但是甲骨、竹简都比较笨重,绢帛虽然轻便,但成本非常昂贵,也不适于书写。造纸术,尤其是东汉蔡伦改进的造纸术(又称"蔡侯纸"),是书写材料的一次革命,它便于携带,取材广泛,推动了中国、

① 王双怀. 盛唐手工业简论[J]. 陕西师范大学学报(哲学社会科学版),2000,29(1):106-113.
② 陶希圣,鞠清远. 唐代经济史[M]. 太原:山西人民出版社,2014.

阿拉伯、欧洲乃至整个世界的文化发展。印刷术使得文化成果能够被大量使用和复制，使书籍留存的机会增加，减少手写本因有限的收藏而遭受绝灭的可能性，并使得文化传播速度加快，传播的范围不断扩大，促进教育的普及和知识的推广，大大提高了文化生产力，也提升了文化资源的积累和形成速度。

### 3. 社会文化条件

社会文化环境包括人们的受教育水平、宗教信仰、文化价值观、习俗等，是社会继承下来的文化传统，是文化资源的组成部分，代表着一个民族和地区所继承的文化资源禀赋。首先，不同文化传统与文化背景的人，其受教育水平以及宗教信仰不同，决定了人们对社会生活中各种事物的态度和看法不同，也影响人们的文化消费习惯；其次，不同文化传统代表着不同的文化资源禀赋，直接决定了可以被利用的文化资源数量和性质，并且决定了文化生产者在从事脑力劳动过程中的精神生产方式和结果。比如，中国书画艺术家的思维是东方的，笔墨技法是中式的，其艺术创作理念、过程和结果都和西画有很大差别。例如，日本的二次元文化与美国的三维动画电影在文化上存在很大差异，表现在艺术风格、产业模式、产品特点、消费习惯等方面都存在很大不同。再如，欧洲历史上著名的大教堂，是绘画、雕塑、建筑等宗教艺术的荟萃，是重要的西欧中世纪宗教文化遗产。科隆大教堂是位于德国科隆的一座天主教主教座堂，是欧洲北部最大的教堂。它集宏伟与细腻于一身，被誉为哥特式教堂建筑中最完美的典范。它始建于 1248 年，工程时断时续，至 1880 年才由德皇威廉一世宣告完工，耗时超过 600 年。大教堂是欧洲基督教权威的象征，是哥特式宗教建筑艺术的典范。它为罕见的五进建筑，内部空间很大，高塔直向苍穹，象征人与上帝沟通的渴望。1996 年，在世界遗产委员会第二十届会议报告上，科隆大教堂被列入《世界遗产名录》。

 **案例【2-6】 钧瓷文化资源的形成与发展**

北宋时期，社会经济与政治环境相对稳定，为陶瓷艺术的繁荣提供了有利条件。花釉瓷经过长期探索，窑变技艺日渐成熟，窑变釉绚丽的釉色震动了朝野，受到文人雅士、王公贵族的喜爱。宋徽宗初年，朝廷下旨在禹州钧台附近建官窑为皇宫烧制贡瓷，这一经济政策为钧瓷艺术的全面发展提供了良机。钧官窑为皇家烧制贡品，只求器物精美，可以不计工时、不计成本，好的送入宫廷，坏的打碎深埋，不准流入民间，因而工匠们得以把最为动人心魄的窑变精品呈现出来。这些工匠在长期实践过程中，创造性地建造了结构合理、性能优良的双乳状火膛柴烧窑炉。这种窑炉火网面积大，能使柴质快速燃烧，升温迅速，火苗柔和，窑内温度分布均匀，有利于窑变效果的形成。同时，也研制了科学的钧釉配方，钧红釉的使用就是其中之一。宋代钧窑首先创造性地烧造成功钧红釉，开辟了新的美学境界。

宋钧官窑于北宋王朝灭亡的同时解体。禹州受战祸兵灾之苦，几至十室九空的境地，经济萧条，制瓷业（包括钧瓷）败落，技术失传。入明之后经济稍稳定，日用瓷器烧造逐渐恢复。清光绪初年，神垕陶瓷工匠受古玩商人高价求购钧瓷的影响，试图恢复钧瓷烧制，但因难度太大，大多一试即止。工匠卢振太及其子孙用当地原料，以氧化铜为着色剂，在氧化焰中烧出孔雀绿和碧蓝相间的仿钧瓷器，后又创烧在天青器上抹红，即飞红加彩仿钧制品。在仿钧的基础上，经过反复试验，最后用风箱小窑炉，采用捂火还原的烧成方法，烧制成功窑变钧瓷，钧瓷窑变艺术得以重生。1949 年，在周恩来的关怀下，老一辈的钧瓷专家通过对钧瓷的理论研究、生产实践和科学实验，于 1958 年在倒焰形钧瓷窑炉中用还原焰烧制出了绚丽多彩、晶莹如玉的钧瓷制品。至此，钧瓷艺术在原产地神垕镇全面恢复。1964 年，周恩来参加日内瓦国际会议，向有关国家领导人赠送的礼品中就有国营禹县神垕瓷厂的钧瓷艺术品。

钧瓷文化资源是长期文化生产成果积累形成的。在不同历史时期，经济、文化和技术条件对钧瓷艺术发展产生不同的影响。钧瓷文化资源在原料配方、釉色成分、工艺流程、温度控制、造型设计、创意等诸多方面都有较高的科技含量及严格的技术要求，是宝贵的非物质文化遗产。

案例讨论：

（1）钧瓷文化资源的核心组成要素是什么？

（2）思考钧瓷文化资源形成历史中经济、技术、文化等条件的影响。

# 第二节　文化资源价值形成与积累的机理

文化资源是精神劳动成果，是文化生产力的物化。然而，不是所有的精神产品都可以成为文化资源。人类所创造的精神产品很多会逐步流失。例如，我国每年生产将近 1.5 万集的电视剧，其中很多没和观众见面，真正既能实现票房好，也具备较高艺术价值和 IP 开发价值的影视剧很少。同样，历史上的名人经过的地方很多，但并不是他们停留过的居所都可以成为名人故居，也并不是所有的历史建筑、历史事件发生地都能成为历史文化名胜。因此，文化资源的形成具有其内在的机理。文化资源的价值形成取决于两个方面：一是文化资源中所包含的精神内容的价值属性，二是精神内容与特定物质载体的结合方式。

## 一、精神劳动是文化资源形成的前提

第一，精神劳动创造了文化价值。文化资源本质上是精神生产的产物，属于精神产品。精神内容是文化资源的核心组成部分，精神内容中包含的文化价值决定了文化资源的基本属性。劳动者的智力资源在精神劳动中转化为精神内容，是一种活劳动的价值创造过程。在形成精神内容的文化意义的同时，也创造了文化资源的文化价值。脑力劳动者的精神生产活动是创造性的，其在运用劳动工具将自身的智力资源和外在的物质载体结合的过程中，创造了精神产品的超额价值。

第二，精神劳动的价值创造是社会性的。精神生产虽然主要是脑力劳动，但是它不是孤立的，而是在特定的社会条件下进行的。脑力劳动者也不可能完全脱离社会进行文化生产。即使艺术家、作家等可以离群索居，独立地进行文艺创作，但是他们之前所获得的知识、经验和技能，都是从社会中习得的，带有时代的烙印。他们的文艺创作都是一种思想和情感的表达，是对社会和人性的反映。即使他们创作出的作品是精神内容，但是这一精神内容的价值最终也要进入社会，才能被认识和确定，才能转化为文化资源。因此，文化资源的社会性，决定了产生文化资源的精神生产也是社会性的。

第三，精神内容的独特性决定文化资源的价值。特定的文化资源中，精神内容具有特定的时代、地域和阶层等文化意义，决定了该项文化资源的独特性、差异性和稀缺性。当精神内容以精神产品的形态稳固存在和积累时，这些精神内容就可以长期积累、沉淀、保存，具有转化为文化资源的可能性。例如，不同时期的文学创作，其题材、形式和内容都会不同，具有明显的时代特征。在文学形式上，我国有唐诗、宋词、元曲、明清小说等不同的文学形式，这并不是说宋元清三代没有诗，元清两代没有词，而是概括了某一时代文化价值上具有代表意义的文学作品。这些精神产品长期被流传、诵读、学习和保存，形成了代表不同时期文学创作特色和高峰的历史文化资源。

## 二、精神内容与物质载体的结合方式是文化资源形成的必要条件

第一，精神内容与物质载体结合的方式，取决于一定时期的技术条件、可获得的物质材料。精神内容需要以精神产品的方式，稳定地、持续地积累和存续，才能转化为文化资源。精神内容的表达、记载和传承需要与特定的物质载体结合。在一定时期，劳动者可以运用的劳动工具、技术条件和可获得的物质材料都由生产力发展水平所决定，因而也就决定了精神内容与物质材料结合的可能途径。例如，早期农耕文化依水而居，泥土和水是最易获得的资源，陶瓷文化也就应运而生。到了夏商周，青铜冶炼和铸造技术得到发展，青铜器作为重要的礼器，承载了当时政治教化和宗教信仰等社会功能。如今我们在博物馆中研究这些文物，发现它们不但反映了当时的社会制度，而且也是精美的艺术品，其造型、工艺和铭文等都具有极高的研究价值，反映了当时的技术水平和文明发展高度。随着现代技术的发展，今天的设计师和工艺师们在制作各类造型器物时，可以通过计算机数字化设计建立模型，并用 3D 打印出样品，通过计算机模拟研究工艺、材料和构造之间的结合关系，将设计师和工艺师们的创造力和想象力凭借先进的技术发挥得淋漓尽致。

第二，在一定技术和物质条件下，劳动者的创造力对精神内容与物质载体结合的方式具有重大影响。劳动者的创造力不但体现在创造出精神内容，而且体现在创造性地将

精神内容与物质载体以特定的方式结合，从而将这一精神内容完美地表达出来，成为一种文化形式。例如，一个作家是以文字形式创作，这一文字在以前是笔与纸张的结合，最终呈现的是一个书稿的形式。对于一个完成的文化产品来说，出版商还要考虑封面、装帧、排版、插图等方面的设计，最终出版的图书呈现的是一个内容与形式有机结合在一起的整体。在 20 世纪 70 年代的香港，很多武侠小说则是以报刊连载的形式出现。作家的写作方式和写作状态也是不同的。在互联网条件下，网络文学作家可以改变写作方式，通过计算机终端和存储系统，在网络平台上完成写作，并以网络连载的形式陆续发布。对于画家来说，其创造力是被限制在画架上的一定尺幅内的，创造性地将精神内容通过颜料、色彩以一定形式表现在画布上，成为画家自我风格创新的重要方式。

第三，精神内容与物质载体的结合形式，决定了文化资源的表现形态。文化资源总是表现为精神内容与物质载体的结合。精神内容和物质载体的结合方式，决定了文化资源的基本形态。运用不同的技术和叙事方式，可以对同一个精神内容采取与不同的物质载体结合的方式，从而表现出不同的艺术样式。例如，同样一个故事，可以与文字、图画、纸张、印刷技术结合以图书的形式形成文学出版物，也可以通过光刻数字技术与光盘结合成为光碟，或者是以专业演出创作和表演者的演绎方式，以戏曲、音乐剧、影视艺术的形式存在。因此，选择什么物质载体，就会有什么样的艺术表达方式和表现形态。

第四，精神内容与物质载体的结合方式，决定了文化资源的物理特性。不同形态的文化资源，其保存、传播、复制的方式和难度都会不同。物质载体的物理特性不同，文化资源可以存续的时间长短、可转化性、可移动性、抗风险性都会有所差别。例如，以壁画、建筑、碑石等形式表现的精神内容，具有较为稳定的物质载体，可以经历较为长期的自然侵蚀而保持基本面貌；古籍和绢画等则容易腐烂。图书因为可以反复印刷，其刻板可以长期保存。现代技术使得数字化内容可以更为恒久和稳定地保存下来。

 **案例【2-7】　　青铜礼器作为制度的象征物**

1975 年在甘肃马家窑文化遗址中出土了一件青铜刀，距今 4000～5000 年，为最早的青铜制品。在偃师二里头遗址发现了最早的大型青铜冶炼铸造作坊，是中国进入青铜时代的重要证据，距今 3600～3800 年。而在四川发现的三星堆遗址（公元前 2800—公元前 1100 年），也出土了大量精美的青铜器。青铜时代，经历夏、商、周三代，至战国（公元前 475—公元前 221 年）中期逐步被其他金属取代，延续了约 1500 年之久。这一时期的青铜器，尤其是最具代表性的青铜礼器，以种类繁多、造型优美、纹饰华丽、制作精良、风格独特而著称于世，不仅为我国古代文明史谱写了一篇无与伦比的壮丽华章，也为中华民族留下了一笔宝贵的文化遗产。青铜礼器的出现和发展，是当时社会"礼制"的需要。从夏代晚期至周代，为了维护贵族统治秩序，贵族制定和逐步完善了森严的等级制度，规定了君臣、父子、兄弟、夫妇之间的上下、尊卑、亲疏、贵贱关系，要求各行其权利、义务，严禁混淆。这种反映"贵贱有等，上下有别"的等级制度，称为"礼制"。礼制体现在当时社会的各个方面，如在举行祭祀、丧葬、朝聘、宴飨、征伐以及各种典礼仪式上使用的器物，都被赋予特殊的意义，成为礼制的体现，称为"礼器"，这就是所谓"藏礼于器"。"礼器"这个名词内容广泛，凡是可以体现"礼"的器物都在范围之内。在青铜时代，礼器有了很大的发展，以青铜制品为主，也就是"青铜礼器"，成为"礼制"的象征。青铜礼器是商周贵族、奴隶主身份和地位的主要标志物，在当时的社会政治生活中起着非常重要的作用。鼎、爵、簋、瓻、编钟等器物具有更加重要的意义，奴隶主、贵族在使用这些青铜礼器时有着明显的区别，天子、诸侯、卿大夫和士要使用和他们地位相当的青铜礼器，不得僭越。礼器使用数量的多少、规格的高低，成为等级和地位的标志。西周中晚期形成列鼎制度，即用形状、花纹相同而大小依次递减的奇数的成组鼎来代表贵族的身份。

案例讨论：

请从精神内容特性、技术条件、材料特性等方面说明青铜器精神内容和物质材料结合方式对文化资源的表现形态、物理特性的影响。

## 三、文化资源价值形成与积累过程

精神劳动是文化资源价值形成的基本前提。价值创造首先表现为个体精神劳动，个体创造的精神内容如何能够转化为社会生产所需的文化资源呢？如果文化资源被当作一种重要的生产要素，那么必然是因为文化资源的使用价值被社会认识到，能够生产出被广大社会消费者所追求的产品。那么，文化资源的文化价值从个体脑中创造出来，是如何转变为被大众所接受和追逐的使用价值呢？

### （一）个体与集体的价值生产

文化资源的价值创造，起源于个体劳动者的脑力劳动与体力劳动的结合。纯精神内容是劳动者脑力劳动的结晶，是精神生产的直接产物。在一定技术和物质条件下，劳动者创造出来的精神内容与物质载体结合形成特定形式的精神产品，就是精神内容的物化过程。通常，精神内容的创造是内在的脑力劳动，是在劳动者脑中进行的。精神内容与物质载体的结合是外在的体现，是脑力劳动与体力劳动的结合过程。这两个过程往往同时进行，在同一精神生产过程中完成。例如，画家的绘画创作，在头脑中会预先形成构思和图像，这是内在的精神活动和脑力劳动创造精神内容的过程，我们无法观察到画家的心理活动。我们所能观察到的，是画家借助一定的物质工具和物质载体将其头脑中的思想以图像的形式表现在画布和纸张上，即我们所观察到的是精神内容的呈现过程和最终呈现结果。在精神产品的生产劳动中，劳动者的活劳动通过对自己掌握的先验知识材料和自身精神体验的融合、加工和创造，不但能创造出精神内容的文化价值，而且还将精神内容与物质载体结合，向外进行视觉、文字或者声音的传达，这一结合过程同时也注入了物质载体的价值。关于物质材料的选择，物质载体的形式、内容和材料结合的方式等，都需要劳动者付诸特定的技艺和创意，这些都是创造性的劳动，为精神产品增加了独特性、差异性和稀缺性，为文化资源创造了新的价值。在个体的脑力劳动和体力劳动的结合中，将劳动者的活劳动转化为精神产品，劳动者活劳动生产出超出其劳动自身时间价值的纯精神内容的价值。

个体劳动创造精神价值的过程并不是孤立的，而是具有社会性。个体劳动者创造的精神产品即使具有很高的文化价值，但是如果不进入社会，就无法转化为使用价值，也无法最终转变为文化资源。

第一，个体劳动者的知识、技能等智力资源主要来自集体和社会。个体的智力资源是文化价值的重要来源，这些知识和技能的习得方式都与集体有关系，主要来自自己的教育学习、社会实践和交流借鉴。个体学习的知识和技能，要么是前人创造的知识以集体知识的形式传承下来作为教育的资源被传授给下一代；要么是他人的经验和技能通过相互的交往，成为双方共同的知识；要么是自己直接参与社会实践，不断总结出经验和理论。

第二，个体与集体的知识转化，促成了文化资源的价值形成。个体知识通常是隐性的，与个体劳动者结合在一起。当个体劳动创造出精神产品，个体的知识就转化到精神产品中，表现为一定精神产品的结构和形式，成为外显的知识。这一外显知识通过精神产品的使用、消费，被他人认识，逐步转化为他人的知识，也就是成为一种可以被集体和社会知晓的精神内容。例如，传统手工艺传承人掌握的手工技艺，是不可见的隐性知识。传承人通过工艺制作劳动，创造出一件手工艺品，通过这一制作过程观察手工艺品，可以看到工艺过程和工艺品所表现出的技艺，使得人们能够了解到这些技艺部分的内容。这些显性的知识通过手工艺品被传达给大众，大量的手工艺品在生活中被使用、欣赏和收藏，使得这种技艺的显性知识被集体所共享，使得这种传统技艺被集体认识并且当作一种传统文化资源，乃至前几代传承者遗留下来的工艺作品都成为文化遗产资源。这是传统技艺从个体知识转化为集体知识过程中，成为文化资源的一种方式。

第三，个体的劳动通常是在一定社会生产和生活环境中开展的，其中包含个体劳动者与集体知识的转化。个体劳动者有的是直接在集体创作环境中进行精神生产活动。例如，在电影、戏剧、文学出版等现代文化产业中，个体创意工作者即使是独自一个人在家工作，也是嵌入整个创作群体和产业运作链条中的一个环节。即使是曲高和寡的传统艺术家，在保持高度创作自由的同时，也离不开各种市场因素，如画家与画廊、展览商、美术馆、美术批评家、收藏家和拍卖行构成的专业圈子，表演者通常会嵌入剧团集体创作中。

第四，个体与集体构成了非常特殊的创意圈子和阶层，不但提升了个体的创造力，也提高了集体创意资源集聚，个体成为集体的代表。比如，中国古代的画家和文人之间常常有雅集等文人圈子的交往，画家作为个体通常都与文人圈子有着较为深入、紧密的诗文、绘画方面的交流；文艺复兴时期著名的艺术家创作大量宗教题材的传世经典，多与教堂和教会的赞助有关。例如，凡·高是孤独的创作者，但是他也受到鲁本斯和日本浮世绘绘画风格影响，与罗特列克、贝纳、毕沙罗、高更等画家都是好友，成为印象派的代表人物，还通过弟弟提奥的赞助与巴黎的画廊保持联系，嵌入 19 世纪巴黎艺术生产的社会生态中。印象派、文人画等群体性的流派、画派和风格形成了独特的集体文化资源。所有这些个体的精神创造，最终不但代表个体的艺术成就，也代表其所处的时代的文化特色，它们既是个体的创造，也是集体的、社会的时代遗产。再如，中国历史上很多传统手工艺，无论是官营手工艺还是民间手工艺，都是集体生产，工匠个体要么参与集体的生产，要么在一定地区集聚形成特定工艺传承群体，像宜兴紫砂、景德镇陶瓷、苏州刺绣等中国的传统手工艺文化资源，都是工匠群体长期集中在一定空间和地域形成的集体的文化资源。

### （二）文化认同是文化资源形成的关键

文化资源是劳动者创造的精神成果，但是并不是所有的精神产品最终都能成为文化资源。精神产品要成为文化资源，必须先成为社会产品，而且能够作为社会生产的投入要素。也就是说，精神产品最初被创造出来，其初始的社会性是进入流通和消费领域，作为满足文化需求的一种消费品。但是，精神产品如何能够进入生产领域，并且从一件消费品转变为经济投入的生产要素呢？

第一，文化认同是精神产品的消费过程，是精神内容的传播过程。如果精神产品不能够为大众认识，其文化意义就不能被传播和被大众所知晓，个体创造的精神内容就始终停留在个体的范围，不能进入集体和社会层面转化为社会认同的文化价值，这种精神产品最终就会流逝。此外，一些精神产品以文化产品和服务的形式，被消费后并没有形成精神内容的传播和认同，慢慢就会流失和被忘记，难以形成社会记忆，也不会转化为文化资源。

第二，文化传播伴随着文化认同。文化资源的形成关键包括两个基本过程，第一个过程是个体的精神生产创造性地将智力资源转化为精神产品，第二个过程是文化认同的过程，就是这一精神产品在社会传播和消费的过程中，被大众所认知、接受和认同的过程。第二个过程既是一种文化意义的传播和消费过程，也是文化意义的再生产过程。在这一过程中发生两种集体层面的知识生产和转化：第一种是传播过程中人们对文化意义的理解、阐释和接受；第二种是传播过程中进行新的意义生产和注入，使精神产品的内容不断丰富。例如，一个画家创作的作品流入社会后，或者是经过经纪人之手进入画廊、拍卖行的艺术市场，或者是被美术馆或者个人藏家收藏。在这个传播过程中，这幅作品脱离了艺术家进入社会，被艺术批评者、藏家、同行艺术家以及大众所鉴赏、品评和重新阐释，又或与其他同类风格艺术家建立作品上的联系，载入艺术史成为一个风格类别或者流派，这都不是艺术家最初的设想，而是经历了一定时间传播和消费过程的社会文化生产过程。

文化在被人们阅读、欣赏、思考和消费的过程中，被大众所认同、记忆，使得精神产品具有了社会属性。

第三，文化认同促进了文化消费偏好的形成。随着人们对某一精神产品所包含的意义解读、认同，并且将这种意义所代表的价值趋向内化为集体的文化偏好，形成稳定的文化群体或者亚文化圈层，也就促使一种新的消费需求的产生。这一文化消费需求进而会扩大对某一类型、价值趋向的内容消费，这种内容可能是具有特定意指的符号或象征，对这些符号和象征消费通常是对特定产品或品牌的消费，为了支持这些产品和品牌的生产，必须投入能够将特定符号和象征与内容的意义联系的创意，从而使得这样的创意成为一种关键的资源。例如，新的时尚创意最初是从设计师、高端定制品牌时尚发布会上流出，凭借时尚产业强大的传播力，时尚元素迅速被社会认同和追逐，相关服饰、箱包、鞋帽等迅速吸收时尚元素推动了时尚潮流，进而对相关文创的外观设计、实用新型设计、专利资源，以及品牌资源的授权等产生大量的需求。

第四，随着时间的流逝，代表文化价值认同的物品，可以转化为一种历史文化遗产。这种文化经济现象被当作一种历史的样本记录，那么文化认同就附加上了时间的价值。曾经被作为历史文化符号的物品便会转化为文化遗产资源，被打上时代记忆烙印的精神产品和精神内容，便会被作为精神财富。

精神产品的生产与物质产品的生产不同。物质产品在完成制造之后，产品的价值已经定型，随后物质产品进入流通和消费过程，物质价值会随着产品的使用时间而损耗和折旧，发生价值的损失，最终报废。精神产品在精神内容传播和延续过程中，能够不断地吸引新的内容的注入，同质的内容得以不断积累，异质的内容能够不断与原有内容融合统一。文化产品被使用、消费的目标人群越多，文化内容被传播的范围就越广，精神内容就越容易得到社会的认同，这一精神内容所包含的文化意义就成为被广泛接受的群体意识，成为一种集体记忆和共同观念。此时，对这一精神内容的文化需求就会不断扩大，以至于激励这一精神内容的社会记忆的不断生产和积累，促成了精神内容转化为文化资源。

## 案例【2-8】　　　爵士乐的传播和主流化

爵士乐起源于 19 世纪末期至 20 世纪初期美国新奥尔良的非裔美国人的社区，黑人奴隶的哭诉是它的前身。最初，爵士乐在各种低俗的场所横行，这里是犯罪的温床，也是爵士乐生长的土壤。随着社会对爵士乐的接受程度越来越高，为舞蹈伴奏的爵士乐走向了娱乐业的前端。它汲取了蓝调、西非音乐、拉格泰姆以及欧洲军乐，并逐步被认可成为主流音乐的表达形式，被作为"美国的古典音乐"或者"引导美国的艺术形式"。"爵士乐"这个词因此而人所共知。在美国乃至全世界，爵士乐以多种形式出现在各种场合，其中包括夜总会、电视广告、剧场，甚至在地铁站和人行道上都有爵士乐表演。人们生活中的其他形式的音乐，包括乡村音乐、摇滚乐、说唱乐、流行音乐和古典音乐等，都反映出爵士乐的影响。爵士乐创作与表演人才、爵士乐队、经典爵士乐曲等成为流行音乐产业和休闲酒吧娱乐产业的重要文化资源。

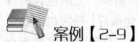 案例【2-9】　　　印象派的流行及其遗产

19世纪60年代的巴黎画坛，一群反对古典学院派的年轻艺术家探索出了一种新的画风。他们主张走出画室，描绘自然景物，在画面上以迅速的手法表达光与色的瞬间印象，使画面呈现出新鲜生动的感觉。这个大胆的举动，受到学院派的抨击，无法入选官方艺术沙龙展。学院派期望艺术家以神话、宗教形象、历史或者古典风俗习俗为基础，用一种把主题理想化的风格来创作作品。他们认为艺术是关于精准的东西。1874年4月15日，这批青年艺术家借用摄影家纳达的工作室，举办了一场自发性的民间展览"无名画家展览协会"画展，首次向世人展示了他们的绘画理念。展览在当时引起了较大的争议，一位观念保守的记者和评论家嘲讽莫奈的《日出·印象》笔触凌乱，犹如草图，甚至还用略带贬义的"印象"一词挪揄莫奈画风的离经叛道，"印象派"之名不胫而走。后来，也就约定俗成地把这种绘画风格称为"印象主义"。印象主义画家先后举办了8次展览，前两次均受到当时舆论界的猛烈抨击，以后逐渐成为具有很大影响力的美术流派，并扩大到其他艺术领域，造就了一大批大师和杰作，成为宝贵的艺术遗产资源。

 案例【2-10】　　花木兰文化资源的形成与价值开发

花木兰的传说，起源于北魏，原本是一个民间传说。最初以北朝民歌形式流传，后来《木兰辞》收录于《乐府诗集》，再后来又有历代文人以花木兰为题材创作诗词，如唐代韦元甫的《木兰歌》、杜牧的《题木兰庙》、白居易的《戏题木兰花》和清代纳兰性德的《木兰词》。可见，"花木兰"是纯精神文化资源，是在关于"花木兰"的传说故事和北朝民歌基础上，经过历代精神生产和劳动的不断创作而积累形成的。

在地方戏曲中，也有以花木兰为题材创作的大量的戏曲剧目，在京剧、豫剧、秦腔、粤剧、评剧中均可见到，这使得花木兰的传说更加广为人知和深入民心。在中国中小学的教科书中，《木兰辞》作为教学内容也被一代代的人所铭记。

1998年，这一文化资源被美国好莱坞"拿来主义"者不花一文地创作出《花木兰》动画电影，迪士尼创造的花木兰的形象生动、活泼、幽默，花木兰的故事被传播到世界各地，迪士尼更是在全球获得了3亿美元票房。《花木兰》还被列入迪士尼的《公主系列》作品之一，以典藏版DVD发行上市，各迪士尼乐园也曾推出与《花木兰》相关的游行和表演。

# 第三节　不同类型文化资源形成的基本特点

文化资源从构成要素的角度进行分析，可以分为精神文化资源和物质文化资源两种基本类型。在精神文化资源中，根据文化资源的精神内容与物质载体的特点，又可以将精神文化资源分为纯精神文化资源和准精神文化资源。本节依据文化资源的不同类型，分析其形成过程和特点。

## 一、精神文化资源的形成

### （一）纯精神文化资源的价值形成

纯精神文化资源是在长期的社会生产和劳动中逐步积累形成的资源。纯精神内容虽然是无形的，但是它可以被感知，如音乐、舞蹈、习俗、传说、制度、仪式、技艺、符号和概念等纯精神文化资源。

纯精神文化资源并不能以纯粹的精神内容方式独立流传下来，从个体和集体的维度看，纯精神文化资源可以是个体创造的，也可以是集体形成的。个体创造的精神产品需要通过文化认同的过程实现文化意义的社会传播和共享，才能形成文化资源。集体的文化资源，通常凭借人们共同约定的心理契约和行为方式，成为社会共同遵守和认同的一种仪式和传说，或者像技艺和传说通过代代相传而铭记于心，等等，才得以传承下来，成为非物质文化资源。例如，个人创作的歌曲和绘画作品，个人和某个团队的科学发明和理论创新成果，通过一定时间和范围的传播后，其文化价值和社会功用得到广泛的认识，这些个人的文化成就才能转化为文化资源，资源文化价值的重要性和资源的经济价值才能被大家认识到。

 案例【2-11】　　古希腊的历史文化传承

古希腊的《荷马史诗》就是当时古希腊游吟诗人的集体成果。荷马是古希腊的一位盲诗人，《荷马史诗》由他根据民间流传的短歌综合编写而成。与世界上其他民族一样，古希腊上古时代的历史也都以传说的方式保留在古代先民的记忆之中，稍后又以史诗的形式在人们中间口耳相传。这种传说和史诗虽然不是真正的史学著作，但是它们保留了全体希腊人记忆中的历史，具有重要的史料价值，已经具备了史学的某些功能和性质。

特洛伊战争结束以后，一些希腊城邦的民间歌手和民间艺人就将希腊人在战争中的英雄事迹和胜利的经过编成歌词，在公众集会的场合吟唱。这些故事由民间歌手口耳相传，历经几个世纪不断的增益和修改，到了荷马手里被删定为两大部分，成为定型作品。大约在公元前 6 世纪中叶，当庇西特拉图（Pisistratus，约公元前 605 年—公元前 527 年）在雅典执政时，它才被最后用文字固定下来。我们今天所看到的《荷马史诗》，是公元前 3 世纪—公元前 2 世纪由亚历山大的学者们编订过的作品。1795 年，德国学者沃尔夫沿着这一思路对史诗进行了细致的研究，从而断言，史诗的每一部分都曾作为独立的诗歌由歌手们演唱，后经多次整理加工，才成为我们今天看到的样子。

案例讨论：

从个体与集体的维度分析，作为纯精神文化资源的《荷马史诗》是怎样从个体创造的文化资源转化为集体文化资源的？

纯精神文化资源可以是集体的文化资源，诸如民族共有的历史文化遗产或者集体共有的文化传统等。纯精神文化资源的性质如果是个体的，那么这种个体的纯精神文化资源的价值虽然得到社会的广泛认同，但是要被加以利用，还需要看其个体创作者与这个文化资源的联系。如果是历史文化遗产，创造它的个体已经亡故，或者不可确认，那么这种文化资源就已经转为了集体文化资源，成为一国和民族共有的文化资源。例如，《荷马史诗》等。再如，民族音乐文化资源是人们在长期的文化生产和消费过程中积累起来并被大众所熟悉和流传的纯精神文化资源。一首《茉莉花》可以传遍大江南北，演绎出不同版本，并为世界各国人民所熟悉，成为中国文化形象的代表作品，受到各国人民的喜爱和传唱。这一资源具备了可以被开发和利用的潜质，它可以被灌录成为唱片，作为电影插曲、各种文化活动场合的演出节目等。

如果这种文化资源依然以一种个体的纯精神文化资源存在，那么它就与个体、家庭或者某几个个体传承者相联系。例如，传统手工艺的传承人，可能是由多个传承人分支组成的传承家族谱系或者传承人群体，这种手工艺的知识和技能，乃至它的价值转化为经济利益，都是与传承人相联系的，具有个体的性质。再如，发明专利，实用新型、设计专利和品牌商标等纯精神文化资源以专利权、商标权等知识产权的形式存在，这种权利是与个体联系，具有明确产权归属，可以通过授权形成新的产品形态，转化为商品并创造经济价值。

此外，人类的文化生产劳动不但对自然资源赋予文化意义，还可以对自然资源中抽取出的符号赋予文化意义，形成一种纯精神性的文化资源。例如，熊猫是生物界的珍稀物种，这一自然生物在中国被赋予了一定的文化意义，代表中国进行外交的文化形象，成为中国对外交流的礼物和媒介，并为世界各国人民所认识和喜爱。好莱坞则将熊猫这一形象赋予特定的性格和气质，通过动画电影《功夫熊猫》巧妙地使功夫熊猫成为其文化价值理念的代言人，功夫熊猫风靡呈现给世界的同时，好莱坞文化工业也赋予了熊猫这一名词全新的文化意义。再如，近年来青年群体对猫、狗等宠物的钟情，赋予这些宠物特定的象征和意义，形成一种萌宠的亚文化现象，围绕萌宠的创意形成了形象设计的 IP 资源，它可以被授权开发出很多创意商品创造经济价值，因而也是一种纯精神的符号资源。

### （二）准精神文化资源的形成

大部分精神文化资源以准精神文化资源的形态存在。准精神文化资源是将精神内容与一定的物质载体结合形成的，具有特定存在形态的、有形的精神产品。在这一文化资源的生产和形成过程中，精神内容和物质载体两方面因素的结合方式，影响了文化资源的价值。人类的文化生产活动将精神内容和物质载体结合，创造了资源的使用价值和价值。

例如，在远古时代，由于缺乏记录手段和工具，通常通过吟游诗人的传唱将历史事件记录和传播，这是人类脑力劳动对外部世界直接进行加工生产的纯精神产品，并逐步转化为纯精神文化资源。而在发明了书写工具后，便有人将这些歌谣和传说记录、整理、加工，成为一部原始书籍形态的文学作品。这是人类凭借一定劳动工具、劳动资料，对精神内容对象进行加工，使之与物质材料结合，创造出新的准精神产品的过程。原始书籍的出现，方便更多的人阅读和准确地传颂精神内容：一是稳定和固化了精神内容，使得其在传播和传承过程中不容易损失和错漏；二是加速其传播速度；三是扩大了其传播范围。因此，准精神产品逐步稳固和传承下来，成为以准精神文化资源为特点的历史文献资源。其实，像古希腊神话传说这样的纯精神内容，可以与不同的物质材料结合，形成多样的准精神文化资源，如雕塑家根据古希腊神话创造的人物雕像、画家根据神话传说创造的壁画和大规模宗教寺庙的造像工程等。这些准精神产品都是通过人类创造性的文化生产活动，将精神内容与特定物质材料结合形成准精神产品，从而使得精神内容得以长期存续，形成了宝贵的文物资源和人文景观资源。

精神内容和物质材料的有机结合能够促进准精神产品转化为文化资源：一是这些物质材料有利于更好地保存精神内容，使得精神内容得以固化；二是被固化的精神内容可以稳定地、准确地、直观地传达给受众，从而更加有利于精神内容的传播，有利于精神内容被大众所认知；三是被固化的精神内容更容易被传承，而且物质材料的持久性越强，精神内容传承的时间就越久，从而能够被更多时代的观众所接触和认知。这三个方面的原因，使得准精神产品容易超越时间和空间的限制、长期存续和发展，并成为可以被人们反复消费、研究、利用和开发的文化资源。

物质材料的特性，以及精神内容与物质材料结合的技术手段和工具，都增加了准精神产品的价值，是准精神文化资源价值的重要组成部分。例如，民族音乐的资源十分丰富，是纯精神文化资源。如果把这类资源整合并加以存储和编排，用特定的技术和存储设备，可以建设成一个音乐资料数据库，转化为数字化的准精神文化资源。这是利用现代科技使精神内容与特定物理介质相结合的数字化文化生产过程，这一数字化音乐资源的价值来自民族音乐文化遗产的精神内容价值，同时存储介质、存储手段、存储分类方法和检索手段等物质和技术方面的因素也是准精神文化资源的重要价值来源。

在准精神文化资源中，精神内容的价值始终具有核心地位，物质和技术的价值只不过是增加了附属的功能和特性。例如，音乐数据库以物质和技术手段完成精神内容的分类、保存、传播等；再如，文学书籍的价值取决于文学作品的文学价值，以及文学作品所包含的文学内容为大众所喜欢的程度，这是它的核心属性和效用。任何能够为文学内容及其呈现样式增加价值的劳动，无论是增加在纸质媒介的包装、设计上，还是对文学内容的编排方式乃至任何修改、编辑，都属于附属功能。

准精神文化资源的形成过程，可以有不同的形式和途径，大致可以分为以下几种方式。

### 1. 精神内容与特定载体结合

这类文化资源是将纯精神内容以一定格式加以整理、存储起来，并与特定介质和技术手段结合，精神内容因此被固定下来，成为稳定的、持久的存在和展现形式，并得以展现、传播。比如，在古籍善本中，各代的刻本非常多，是典型的文学内容以书籍的形式传承下来的例子。这类书籍往往成为珍贵的文物资源，具有极高的艺术价值和文物价值。例如，宋代刻本的价值尤其高，收藏界一直都有"一页宋版一两金"的说法。宋代刻本不但具有高超的刻印技艺，而且富有艺术风格，具有较高的学术价值和研究价值。再如，各地博物馆原先是通过实物展示的方式，将文物资源陈列展示；随着技术的发展，现在可以对文化遗产进行数字化管理，通过各种数字新媒体技术进行展示并实现互动，还可以建立数字博物馆。

### 2. 精神内容在特定形式载体上不断积累

精神内容在特定的载体上不断积累，经历一定时期，形成了丰富的文化资源。这类文化资源多为历史文化资源。例如，敦煌莫高窟开凿于前秦建元二年（公元 366 年），位于一片断壁山崖上，后经北凉、北魏、西魏、北周、隋、唐、五代、宋、西夏、元等时代连续修凿，历时千年，不断积累，由历代艺术家和能工巧匠累积完成，因而也呈现出不同时代的风格，形成了具有独特民族风格的敦煌石窟艺术体系。莫高窟现存石窟 700 余个，雕塑 3000 余身，壁画 4500 余平方米。窟内绘、塑佛像及佛典内容，为佛徒修行、观像、礼拜处所。敦煌石窟是融建筑、雕塑、壁画三者于一体的立体艺术，是中国古代艺术史的百科全书。

### 3. 精神内容与多种物质载体结合

纯精神内容包含多方面的文化内容和文化要素，其不同的元素可以与多种物质载体结合，表现为不同的形式。这些不同形式的物质载体，最终体现的是一个完整的文化资源。例如，少林寺历史文化遗产是包含少林武术、医术、佛教禅宗等多种文化资源要素的体系，这些资源要素与不同的物质载体结合，表现为寺庙、塔林、碑碣、壁画、拳谱、经书、禅乐、禅茶、秘传药方等多种形态，形成了丰富的少林寺文化资源系统。

## 二、物质文化资源的形成

物质性的文化资源是指通过人类文化生产劳动，将精神内容作为一种文化意义赋予某一自然物质，从而使得该自然物质资源具有文化象征物的特质。一些自然资源是人类生存发展所依托的自然物质资源和地理环境，在长期的生产劳动和社会发展中，人们赋予其特殊文化含义和精神内容。如泰山、黄河、长江，这些中华古文明的发源之地，被赋予特定的含义，已经成为一种民族文化精神的象征。

自然物质资源被赋予精神意义，转化为文化资源的过程，并不是一步到位地将精神内容和意义强加给一些自然物质，它必须经历以下几个阶段。

第一，发现自然物质和精神内容之间的关联。自然资源与其被赋予的文化意义必然有十分贴切的联系，能够通过某种形式的文化样式加以联系，从而被人们所认知和认同。任何牵强附会的人为加工都不可能得到大众的认可，也无法转化为文化资源。

第二，建立、固化并传播这一联系，即构造一定的故事、传说、符号和概念体系，以一定的方式将文化意义与自然物质关联，并使这一具体的联系得以通过一定的文化样式加以传播。

第三，认同并强化这一联系。仅仅一次关联，或者一件事关联还不足以让自然物质转化为文化资源，必须在同样的文化意义上，连续地，通过不同的事件、人物、故事去丰富文化内涵和强化文化意义认同，使得文化意义成为自然物质的内在组成部分，并在时间和空间范围内扩大传播范围，从而长期地、持续地对精神内容加以强化。

 **案例【2-12】　神女峰与神女传说的有机结合**

神女峰是三峡著名的自然与人文旅游景点。在重庆市巫山县城东约15千米处的巫峡大江北岸，一根巨石突兀于青峰云霞之中，宛若一个亭亭玉立、美丽动人的少女。与神女峰隔江相望的是神奇梦幻、深藏于大山之中的神女溪。传说，神女瑶姬及姐妹经常到溪中嬉水沐浴，故名神女峰。三峡大坝蓄水后，游人泛舟神女的石榴裙下，仍需仰头眺望，才能欣赏到神女的绰约风姿。

神女峰之所以闻名，是因为：一，神女瑶姬下凡助禹治水的传说；二，宋玉受到古老神话启发，创作了《高唐赋》《神女赋》，并在《神女赋》中虚构了楚襄王与神女幽会的故事。《高唐赋》《神女赋》问世之后，人们自然而然地把它的名字同神女峰紧紧地联系在一起。其后，诸多名人都写了关于神女峰的诗歌，进一步强化了这一联系，并使之广为流传。例如，唐朝李白、刘禹锡、元稹、薛涛、李贺、李商隐，宋代的陆游、范成大，明清的黄辉、张问陶等都写过关于神女峰的诗歌。毛泽东的一句"神女应无恙，当惊世界殊"更是广为流传。实际上，这是长期地、持续地通过名人诗词强化了神女峰与神女之间的关联，赋予了其丰富的文化内涵。

案例讨论：

神女峰为什么能够从自然资源变为文化资源？

除了典型的自然地理资源之外，还有很多具备特定功能的文化基础设施，诸如美术馆、博物馆、图书馆、音乐厅等，是典型的物质建筑构造，被赋予了特定文化功能，是精神内容的载体，属于物质文化资源。这些物质文化资源是经由规划设计，通过人类生产劳动建造出来的。

 **本章小结**

文化生产力是文化资源形成的决定因素。文化生产力包含劳动者、劳动工具和劳动资料三个关键要素。劳动对象是文化资源的基础原料，劳动者是文化价值的创造力之源，劳动工具是文化资源形成的重要技术手段。

文化资源形成的过程，是在一定自然物质条件和社会条件下，人类的精神劳动与文化生产力的三要素相结合，从而实现价值创造和转化的过程。在精神劳动中，精神内容和物质载体结合形成了文化资源的不同形式。在文化资源形成过程中，存在个体劳动与集体价值生产的结合，而文化认同是文化资源价值形成的关键。

不同的文化资源具有不同的形成特点。在精神文化资源中，纯精神文化资源以纯精神内容形式被个体创造出来，在集体层面传播并达成价值认同。准精神文化资源是通过纯精神内容与物质载体结合而形成的不同的存在形态。物质文化资源是人类将特定精神内容和意义赋予自然物质形成的具有具体物质形态的文化资源。

 **思考题**

1. 文化生产力构成的三要素是什么？文化生产力构成要素在文化资源形成中起着什么作用？请举例说明。

2. 请举例说明自然条件是如何影响文化资源形成的。

3. 哪些社会条件影响文化资源的形成？请分别举例说明。

4. 什么是文化认同？文化认同如何达成？文化认同在文化资源形成过程中起到什么关键作用？

5. 请举出一个纯精神文化资源的例子，分析其形成过程及其价值创造机理。

6. 请举出一个准精神文化资源的例子，分析其形成过程及其价值创造机理。

7. 请举出一个物质文化资源的例子，分析其形成过程。

8. 试以本章"印象派"和"印象主义"的发展过程，说明文化认同的过程。在这一过程中，形成了哪些文化资源？这些文化资源是怎么形成的？

9．请举例说明技术进步对文化资源的形成有何影响。

10．简述劳动者在文化资源价值创造和转化中的作用。

## 参考文献与推荐阅读

[1]　王晨，章玳．文化资源学[M]．南京：南京大学出版社，2014．

[2]　王晨，王媛．文化遗产导论[M]．北京：清华大学出版社，2016．

[3]　李向民，王晨．文化产业管理概论[M]．北京：清华大学出版社，2015．

[4]　李向民，王晨．文化产业：变革中的文化[M]．北京：经济科学出版社，2005．

[5]　吴圣刚．文化资源及其特征[J]．河南师范大学学报（哲学社会科学版），2002，29（4）：11-12．

[6]　李发平，傅才武．文化资源·文化产业·文化软实力[M]．北京：中国社会科学出版社，2011．

[7]　米子川．文化资源的时间价值评价[J]．开发研究，2004（5）：25-28．

# 第三章

## 文化资源经济学原理

 **学习目标**

1. 了解文化资源的基本经济属性。
2. 能够用经济学的基本原理分析文化资源的需求和供给问题。
3. 理解和把握文化资源的公共性、成本、垄断的概念。
4. 理解区域文化资源资本化、文化遗产开发与经营中价格策略等理论。
5. 理解文化资源经济价值评估的基本原理和方法。

 **导言**

文化资源蕴含着较高的文化价值，具有高度的稀缺性和独特性。如果大众对文化资源的稀缺性和独特性形成了较大的和稳定的需求，那么文化资源的经济属性便会凸显。对于文化资源经济属性的分析，有利于我们把握文化资源的文化价值转化为经济价值的影响因素和基本原理，并且保障文化资源的可持续发展。

## 第一节　文化资源的经济属性

文化资源的经济属性体现在以市场为中心的供求关系和文化生产过程中。文化资源的经济属性表现在其可以被作为经济要素投入生产中，生产出特定的产品和服务，满足社会需求。文化资源具有一般资源的稀缺性特征，文化资源的公共性又使其与一般的经济资源不同。文化资源在作为生产要素的经济生产过程中，发生着文化价值与经济价值的转化。

## 一、文化资源的稀缺性

经济学的核心问题是解决相对稀缺的资源如何科学地加以利用，以创造最大的经济价值，实现社会福利的最大化。资源的相对稀缺性在经济学中的含义是指，相对于人类的需求来说，资源总是稀缺的。经济学假设人类的本性总是自利的，人类的需求是多样的和无穷无尽的，而可以用来满足人类不断增长的需求的资源总是有限的。因此，如何将有限的资源用于最佳的用途，以创造最大的经济价值，实现最大化的社会福利，就是经济学的根本问题。

文化资源是人类历史上创造的物质和精神财富，既包含丰富的文化价值，也具有很高的经济价值。文化资源无论从经济资源利用还是从文化发展角度而言，都具有稀缺性和独特性，其具体表现在以下几方面。

一是文化资源具有时间价值的稀缺性。文化资源是经历一定时间积累起来的。精神产品在消费过程中，精神内容得以传播和被大众接受，并逐步形成集体的文化认同，即在社会层面逐步形成对某一文化价值和文化意义的共识和需要。这一时间性不但是文化资源形成的基础，而且常常是不可逆的和难以复制的。例如，漫威动画电影的 IP 资源十分丰富，可以被用来开发很多衍生周边产品，但是这一 IP 资源是经过几十年通过一部部漫威题材动画电影逐步积累起来的，是非常稀缺的和难以复制的文化资源。这是文化的特殊性造成的资源本身绝对的稀缺性。再如，对于文化遗产来说，其文化价值是经过长期历史积淀，由特定历史时期的社会、经济、文化和技术等多方面因素共同作用而产生的。由于形成特定文化遗产的历史条件不复存在和时间的不可逆性，文物一旦被毁坏，就不可能再生。由于文化遗产资源在时间意义上的不可再生性，使得文化遗产具有民族文化身份象征和历史记忆的重要意义。此时，文化意义和社会意义要远远大于经济利益，文化的稀缺性要超过经济资源的相对稀缺性。在文物资源利用的实践中，很多古城、古镇、古街和名人故居等历史文化遗迹，常常成为争相开发的文化旅游资源，然而大量的游客常常使得旅游景点不堪重负，过度商业化开发造成了历史遗迹的损害。

二是文化资源具有空间价值的稀缺性。因为区域地理条件和区域文化的差异，形成具有鲜明区域特点的非物质文化遗产资源，具有地域文化和地理条件上的不可替代性和稀缺性。例如，云南少数民族非物质文化遗产，以其独特的民族和地域特色，成为非常稀缺的文化遗产资源；黄山、泰山等自然与人文双重遗产，不但其独特的自然地理条件具有不可复制性和稀缺性，而且这一独特的地理条件吸引了无数文人墨客和历史名人对其注入了丰富的精神内容，进而形成了时间上的稀缺性和不可替代性。

三是文化资源作为经济资源的相对稀缺性。文化资源的文化价值如果得到社会的认同，引起了社会的普遍需求，文化资源就成为可以开发的经济资源。正如自然矿藏，一旦被人发现其具有可以利用的价值，就会成为人人争相获取的经济资源。此时，文化资源与自然资源一样具有资源经济用途上的相对稀缺性。文化资源的相对稀缺性与绝对稀缺性不同，绝对稀缺性是指资源的存量十分有限，并且不可能再生；相对稀缺性是指文化资源相对于人类需求的多样性和无限性的稀缺。例如，同一文化资源，既要满足文化传统保护和继承的教育、研究、传播、展示等公共需要，同时也存在经济利用的多种开发需求。例如，随着名人故居和民间传说的价值被人们所认识，各地对名人故居资源和民间传说发源地的争夺，很大一部分是为地方争取文化旅游资源。

## 二、文化资源的公共性

文化资源不是一般的经济资源，它含有特定的文化意义和文化价值。文化价值和文化意义在集体层面具有广泛的认同性和影响力，因而文化资源具有公共属性和意识形态属性。例如，文化遗产资源蕴含了民族和国家的文化传统，是文化身份的象征，关系到文化传承与发展的国家利益。文化资源通常具有一定程度的公共产品性质。

所谓公共产品是相对于私人产品而言的。社会产品按照竞争性和排他性的属性，可以分为私人产品和公共产品。所谓竞争性，是指物品如果被某个人消费了或者占据了所有权，其他人就不能再消费该产品。所谓排他性，是指为使用某物品付费的人可以占有该物品并且排除没有付费的人消费该产品的能力。

私人产品是指既具有竞争性，又具有排他性的物品。例如，私人购买了一台计算机，所有者就对这台计算机拥有了资产权利，别人无法同时购买这台计算机。购买者可以独占这台计算机而排除他人使用。其他人若要使用这台计算机，必须得到主人许可。这台计算机具有完全的竞争性和排他性。

公共产品是指在消费过程中具有非竞争性和非排他性的产品，是任何一个人对该产品的消费都不减少别人对它进行同样消费的物品与劳务。例如，空气、国防资源，我们在享有时，并不能排斥他人同时享有。再如，当文物资源在国家博物馆免费展示时，是为了向广大社会公众提供普及教育的公共服务，每个公民都可以免费参观，不具有竞争性和排他性。

在现实中，很多文化产品是具有一定程度非竞争性或有限的非排他性的公共产品，如政府兴建的公园、美术馆、博物馆、剧场、文化遗产等都属于准公共产品，既具有一定公共产品的性质，也具有一定的营利性。准公共产品的营利性体现在一个人的使用不能够排斥其他人的使用，在消费上可能存在着竞争或者"拥挤效应"，过度地使用会造成资源被毁坏，或者准公共产品具有明显的排他性，由于消费"拥挤点"的存在，往往必须通过付费才能消费。例如，西藏布达拉宫、黄山等历史文化名胜景点，因为具有一定的旅游负荷量，需要以控制每天人流量的方式，保证文化遗产不被破坏。

文化资源的公共性还体现在其文化意义和社会公益层面。一是文化资源的经济价值建立在其文化价值基础上。对文化资源的文化价值的持续保护往往超过其经济价值的开发，尤其是很多文化遗产很难再通过收费的方式获取可以维持其生存发展的资金，特别是传统戏曲和手工艺等非物质文化遗产，已经与现代社会的生活方式、社会理念和生活习惯相差很远，因而不能用普通私人产品的市场标准来衡量。例如，很多传统戏曲的观众已经非常少，难以像流行演唱会那样收取高价门票获得利润，这些传统戏曲剧团靠自身的经营不能维持生计，但是传统戏曲具有非常重要的历史文化价值，因而应当由政府投入加以保护。再如，一些经典的红色文化资源，具有重要的文化教育和传承价值，虽然可以转化为影视剧、动画、演艺、文化旅游等文化产业产品，但是不能随意改编和破坏，具有明显的准公共产品特征。

二是虽然文化资源有可能通过产业开发的方式获得经济收益，但是，由于文化资源特别是文化遗产资源具有不可再生性，不能因为过度开发而造成遗产的毁坏和灭失。例如，很多不可移动的历史文物属于国家和全民族的历史资产，广大人民具有了解、认识这些遗产的权利。这些文化遗产可以作为旅游开发的资源，但是这些资源首先是文物，需要按照文物保护的要求确定其建筑结构、样式，建筑群的空间关系不可因产业开发而改变。很多地方在经济开发中，为了追求经济利益而擅自对历史建筑进行改造，引入商业经营，虽然创造了可观的经济效益，但是对文物造成了严重的破坏。更有甚者，将国家重点文物保护单位作为营利资产进行经营权出售，或者变相出租给私人，作为会所和俱乐部等进行随意改造和商业经营，这不但对文物资源造成极大损害，而且也是对公众利益的侵犯。

## 三、文化资源的成本属性

文化资源的成本属性，是指文化资源和一般经济资源一样，在经济利用过程中需要通过一定的生产方式和一定的资本、劳动力和其他生产要素的配合，会发生一定的经济成本，具有成本特征。文化资源的成本主要是指文化遗产资源在进行经济开发时，所发生的维护成本、开发成本。受到文化资源本身的不可再生性影响，文化资源维护和开发不同于一般的经济资源，要兼顾到文化资源的完整性和可持续性。

文化资源的维护成本是指文化资源进行存放、修缮、维护的投入成本。例如，不可移动的建筑、雕塑或自然和文化双重遗产资源，长期受到自然因素的影响而逐步损耗，对这些文化遗产的修缮、保护措施，需要专业技术人员以及固定长期投入的维护成本；对于可移动的文物在博物馆等固定的场所以特定方式存放和展示，需适时加以修缮和维护，会发生场所建设投资、展示费用、修缮材料、修缮人员劳务等费用；对于非物质文化遗产资源，是依靠具体传承者进行传承和展示的，由于传承者会生老病死，因而需要对传承者和学习继承者加以扶持，包括生活补贴、培训投入等，这些投入是非物质文化遗产的维护成本；对于 IP 知识产权资源，则需要有前期的知识产权注册费和每年维护费，以及内容的数据存储和维护费用。例如，好莱坞电影制片公司建立的电影库，是巨大的数字内容数据库资源，在电影的数字化投入和版权维护的法律服务方面支出比较大。

开发和运营成本是指对文化资源进行产业开发的投入费用。开发和运营成本视文化资源的类型和开发模式而有所差异，涵盖了科研成本、固定成本投入，以及经营中发生的流动成本等。其中，科研成本包括对文化资源本身进行学术研究、产品技术研发的各项投入，这些投入有时候可以在财务上处置为投资，并将投资额作为文化遗产的增值，转化为资产价值；固定成本是为了开发文化遗产所投入的各种设备、建筑物的建设投资；流动成本是文化资源开发过程中的各项人员费用、材料费用、管理费用、营销费用等。

通常，对一项文化资源进行产业开发，需要将开发成本和维护成本与文化资源开发预期收益相比较，来确定一项文化资源开发项目的经济效益。对文化资源的经济开发必须遵循国家相关文物保护法律，重视对文化资源进行保护和维修，不能因为追求经济效益而忽视或者减少文化资源的保护和维修投入。只有在资源可持续经营的原则下，才能正确评估一个文化遗产开发项目的社会效益和经济效益，实现对文化遗产的科学合理开发。

## 四、文化资源的外部性

由于文化资源具有准公共产品性质，文化遗产在作为经济资源开发的过程中会面临外部性。"外部性"（Externalities）一词，在经济学文献中有时又被称为"外部效应"（External Effects）或"外部经济"（External Economies），是指一个经济主体（生产者或消费者）在自己的活动中对其他人的福利产生的一种有利影响或不利影响。这种有利影响带来的利益（或者说收益）或不利影响带来的损失（或者说成本），都不是生产者或消费者本人所获得或承担的。外部性可以分为外部经济（或称正外部经济效应、正外部性）和外部不经济（或称负外部经济效应、负外部性）。外部经济就是一些人的生产或消费使另一些人受益而又无法向后者收费的现象；外部不经济就是一些人的生产或消费使另一些人受损而前者无法补偿后者的现象。

我们对文化资源进行开发和消费时，会产生正的外部性（外部经济），或者负的外部性（外部不经济）。例如，对于非物质文化遗产的保护和扶持，使之能够得以被保存、展示和普及，社会公众能够以较低的价格甚至免费的形式了解、学习和欣赏非物质文化遗产，这是政府将文化遗产作为公共产品提供给社会大众，对社会具有正的外部性。

对文化资源过度开发也会造成负的外部性。例如，历史旅游景点的客流量超负荷造成的卫生问题和旅游品质下降的负面影响，是对文化遗产的过度消费带来的外部不经济。此外，对文化资源保护也会带来新的问题。再如，对历史古街的原真性保护理论提出要原封不动地保留原住民的生活，但是居住在街巷中的居民也存在要改善生活的要求，如果不对街区的卫生、排水、水电等设施进行合理、科学的改造，原住居民的生活质量就会受到影响，老街区的改造需要在保护与合理开发间取得平衡。

案例【3-1】 文化遗产的正外部性：南京博物院新馆的建成开放 [1]

南京博物院新馆作为江苏文化建设的重点工程，投资总额为 10 亿元。新馆自 2009 年 4 月开工，于 2013 年 10 月底完工，扩建后的南京博物院在原有历史馆、艺术馆的基础上，新增了特展馆、数字馆、非遗馆和民国馆。新馆修建前，南京博物院展出的文物有 5000 件左右，还有大量的文物存放在库房难以和公众见面。新馆建成后，展出文物增加到 4 万多件。在办好基本陈列的同时，南京博物院每年还举办数十个临时展览，包括院藏文物专题展、其他省市的文物精品展、当代艺术大师的作品展，以及在国外有影响的文物及艺术品展等。此外，南京博物院也是众多学校、驻宁部队的素质教育基地，积极开展形式多样的社会教育活动。"我们的节日""南博元素，我的灵感"等主题活动每年举办近百场；儿童趣味体验室、国内首家残疾人数字体验馆满足了特殊群体的参观需求；定期邀请金陵剪纸、扬州雕版印刷、宜兴紫砂、秦淮灯彩、南京金箔等非遗传承人现场展示非遗魅力；小剧场和老茶馆安排有木偶剧、杂技、南京白局、苏州评弹等展演。所有服务或活动均注重对博物馆及藏品的宣传，以及公众文物保护意识的提升，让观众特别是青少年在互动中体会中华传统文化的精髓。

案例讨论：

思考如何利用好文化资源的正外部性推动文化发展。有没有负的外部性？它有什么影响？举例说明之。

## 五、文化资源的产权属性

文化资源作为经济资源，对其利用和开发必须建立在文化资源所有权的基础上。只有对文化资源拥有相应的产权，才能在法律上具有开发和利用的权利。文化资源的产权是指文化资源作为资产的所有者对文化资源的占有、使用、收益和处置的权利。

有的文化资源是个体文化资源，属于某个人、某几个特定自然人或某个组织，具备私人产权性质。有的文化资源则是集体共有的，或者国家所有的公共财产。例如，文化遗产的产权归属根据遗产特点的差异而有所不同。对于不可移动的文物，有的是地上建筑物或者自然与文化遗产，有的是考古发掘的地下文物，大部分为国有性质。对于出土的可移动文物或者不可移动文物，地下遗存丰富的国家一般都会规定地下文物为国家公共财产。在美国和英国等一些国家，也有根据出土文物所在土地的性质归土地所有者。按现行中国的财产所有权界定分类来说，大致分三大类，即国家所有（全体人民所有）、集体所有或股份制所有（部分人民所有）、私人所有（个人所有）。对非物质文化遗产，主要表现

---

① 根据南京博物院网站官方宣传资料整理。

为传统技艺和知识等形式的精神内容，由于非物质文化遗产传承与传承人具有密切关系，其产权主要为传承者所掌握的私有知识产权。再如，文化创意的著作权应当归属于著作权人，但是通常各国法律都有一定的有效期，过了一定年限，就会为社会共享。

 **案例【3-2】    宗教文化遗产的产权问题**[①]

由于受所有制形式的制约，我国的宗教财产出现了比较复杂混乱的情况。宗教财产问题的复杂性，引发了宗教财产中的文物问题的复杂性，特别是佛道教财产中的文物问题。在我国的汉族地区，佛道教寺观在历史上具有社会公共性质。僧道人员管理使用的寺观除少数由个人出资修建外，绝大多数是信教群众捐款修建的，所以除了宗教活动外，一般还具有庙会、读书、休闲、住宿等功能。在民主革命时期和新中国成立以后，个别机关占用了一些寺观为临时办公场所，寺观为中国的革命事业尽了力。由于寺观的社会公有性质，1952年11月中共中央转发的《中央宣传部、中央统战部关于成立佛教协会的指示》中规定，佛道教"寺庙产权为社会所公有，僧尼一般有使用权，但不论僧尼或佛教团体均无处理寺庙财产之权。如确系私人出资修建或购置的小庙，仍可归私人所有"（《宗教政策法律知识答问》，中国社会科学出版社，2005年12月增订本第165-166页）。在同一时期，中央对天主教、基督教的教堂规定为"天主教、基督教教堂为教会所有"，对伊斯兰教清真寺规定为"信教群众集体所有"。20世纪50年代就出现了五大宗教，它们有三种财产所有制形式，一直延续至今。宗教财产中的文物，根据《中华人民共和国物权法》的规定，首先是宗教的财产，确定为文物并不能改变它的财产归属；作为宗教活动场所被确定为文物保护单位，不能改变其宗教活动场所的财产属性与宗教职能。因为确定文物或者文物保护单位，只说明宗教活动场所和宗教文物的历史文化价值，不能表明它的财产归属和宗教活动场所的属性和职能。

宗教财产中的文物，分为不动产文物和动产文物两类。不动产文物，就是被政府确定为"文物保护单位"的寺观，有全国、省（自治区、直辖市）、市、县级等不同级别的文物保护单位。这些文物保护单位保护的对象是寺观的土地、殿堂房屋建筑、壁画、碑、塔、墓、石刻、石窟、园林等。宗教文物中还有许多动产文物。例如，有历史文化价值的佛舍利、佛教祖师肉身舍利、各种佛神塑像、历史名人字画、名人题匾，宗教活动用的各种法器、香炉、鼎、钟鼓等。

（资料略有改动）

案例讨论：

文化资源的产权属性对于文化资源的保护和利用会有什么影响？

① 徐玉成. 厘清我国宗教财产中文物问题的复杂性[EB/OL].（2016-09-09）. http://www.pacilution.com/show Article.asp?Article ID=7125.

# 第二节　文化资源的需求和供给原理

人们出于对文化资源的观光、展览、收藏、教育学习、经济利用等多方面的需要，形成了对文化资源的需求。围绕着文化资源的利用，可以形成文化资源相关的产品和服务的提供。由于文化资源在稀缺性、公共性、外部性、成本属性和产权属性等方面的特点，文化资源的供给和需求不同于一般产品。个体的、私有性质的文化资源和集体的、公共性质的文化资源，在供给方面具有不同的方式。

## 一、文化资源的供给

### （一）文化资源存量是影响供给的重要因素

文化资源的形成需要一定的周期。一定时期文化资源的供给，首先取决于可以提供的文化资源的种类和数量。例如，对于文化遗产来说，是历史遗存之物，只有达到一定历史时期的时间标准，才能称得上是文化遗产。虽然文化遗产可以通过不断的考古发掘、统计整理等被加以发现和登记，从而增加可供利用的文化遗产的数量，但是总体上文化遗产现存的种类和规模是有限的，可以向大众提供的最大的数量（即潜在供给水平）是有限的。在短期内，文化遗产供给的实际能力和水平受到文化遗产的所有权形式、具体形态、维护水平、生产能力以及消费者需求等多种因素的影响。

对于非遗产类的文化资源，它可能是物质的，也可能是精神的。其中，精神文化资源主要表现为文化创意、科学研究成果等，其供给水平取决于一定时期内国家科技创新力和创意阶层的规模。对于非遗产类的物质文化资源，典型的如文化艺术场馆等文化基础设施的规模，主要取决于地区的经济生产水平和投入水平，受设施的建造周期、地区文化发展规划等因素的影响，在短期内也是相对稳定的。

存量文化资源的所有权性质，也会影响文化资源的供给水平。从个体文化资源和集体文化资源的不同性质来看，现存的文化资源可能存在所有权集体共有和私人所有两种不同情况，造成文化资源供给的形式也会有所差异。对于集体的、共有的文化资源，具有典型的公共产品性质，是全民共享的文化成果。这类资源如果具有实物载体，具有一定的准精神文化资源或者物质文化资源的特性，那么它的供给通常由政府提供维护、建造和运营的投入，或者由集体委托给某个机构经营。对于文化遗产来说，国有文化遗产供给取决于国家授权的收藏部门和管理部门的管理措施，以及这些机构对文化遗产的收藏能力和维护能力。博物馆虽然收藏的文物很多，但是由于服务设施、人员和能力所限，馆藏条件能够对公众展出的文物数量是有限的。地方上不可移动的历史文物是否对外开放，也取决于在不造成对文物损害的前提下，这一文物保护状态和条件是否允许其能够对外接待大量的游客。比如，敦煌石窟经常因为维护和防止壁画的损坏而关闭一些洞窟。例如，大多以名山大川形式存在的自然与文化双重遗产，由于受到气候条件的影响，通常在冬季会封山关闭，不对游客开放。但是，我们也可以看到，像民间传说等纯精神的非物质文化资源，因为其并没有实质、稳定的物质载体，而且不受使用条件和法律方面的限制，其供给的市场范围不会受到限制。再如，美国好莱坞可以取材任何地区和民族的民间传说资源，因而花木兰、熊猫等中国文化资源和符号可以被其利用并改造为动画电影，在全世界获得极高的票房。

对于私人占有的文化资源，其供给水平不但取决于私人的供给意愿，而且取决于相关开发、生产和销售等供应能力。例如，文艺工作者创作的精神产品，一方面取决于作者是否愿意提供给出版机构发表和销售，另一方面取决于相关出版、发行企业的能力。再如，大部分文物资源的私家收藏者对文物资源的展示和利用都只局限于小范围的鉴赏活动，平时则不示人。对一些不可移动的、个人所有的历史建筑，常常会修葺成为私家园林，只供自己使用或者成为少部分亲朋好友的游乐之所。这种因个人收藏而造成的文化资源市场供给量的减少，是文化资源的私人产权性质和所有者的个人偏好造成的；对于非物质文化遗产资源，一些属于个体掌握的手工艺类技艺，有的是手工产品制作周期长、工艺考究、供应数量本身有限，有的因是国家级的手工艺大师的作品而价值不菲，让一般消费者望而却步；对于属于仪式类的文化遗产，有的因文化习惯和惯例，只在特定的节日和场合才举行。例如，作为中国传统节日的元宵节保留着观花灯的风俗，其中南京秦淮灯彩等遗传下来很多彩灯制作的技艺，被列入了非物质文化遗产，相关民间手工艺产品大多是在元宵节灯会才会大量供应。此外，非物质文化遗产的传承者作为非物质文化遗产的产品生产者，其人数和生产条件决定了非物质文化遗产的供应情况。如果某种非物质文化遗产的传承者和学习者很多，那么这类非物质文化遗产最终可以提供的产品数量就会比较多；而有的濒临绝迹的手工艺非物质文化遗产传承者寥寥无几，其生产制作的产品数量就十分有限，供给的水平就比较低。

## 案例【3-3】　　　　传统戏曲的市场培育 [①]

现代社会的娱乐方式日益多样化和快餐化，对传统戏曲的生存空间不断挤压，造成传统戏曲的观看人群日益老龄化。通过演出来培育市场，是传统戏曲在日益萎缩的观众需求困境下的生存策略。这种策略的基本思路是通过国家和社会的扶持，提高传统戏曲演出的供给，让大众能够接触、观看和欣赏到传统的戏曲艺术，逐步培养起观众的观演消费习惯，是通过提高供给创造需求的办法。这种增加供给的策略除了增加演出之外，还包括在中小学生中增设传统文化课程和与传统戏曲相关的课外业余活动，在广大的农村通

---

① 有关材料来自南京艺术学院文化产业学院课程实践调研报告，由作者本人整理。

过送戏下乡和扶持民间剧团的方式，扩大传统戏曲剧团的演出供给。昆曲、京剧、越剧等传统戏曲一度生存艰难，近年来，在政府、民间、专业团体几股力量的联合推动下，通过送戏下乡、演出补贴等多种方式增加演出场次，逐步培育了一些稳定的观众群体，对传统戏曲的保护和传承起到了推动作用。例如，江苏昆剧院每年演出场次由 2001 年的 100 场增加到 2015 年的 600 多场。

### （二）创意开发能力是文化资源供给的决定因素

文化资源可以被直接用来提供给消费者观光、鉴赏、收藏、学习和娱乐。文化资源是作为投入要素，生产和供应方要从中提取精神要素和文化意义，加以重新设计、组合和转化，形成丰富多样的文化产品。从这一方面来说，文化资源存量虽然是有限的，但是对文化资源精神内容的开发可以形成丰富多样的产品。此时，对文化资源进行利用和开发的能力，决定了文化遗产相关产品和服务提供的规模和水平。

第一，开发与设计水平决定了对文化资源价值发现的能力，可有效扩大对潜在的文化资源的供给量。比如，石油、矿藏等自然资源的价值发现，取决于人类科技发展对自然资源有用性认识的扩大和开发能力的提高。人类对文化资源开发利用水平的提高，也提高了人类对文化资源的价值发现水平和利用能力。例如，在某些地区流传甚广的民间传说和历史人物，可能在当地已习以为常，并没有将其视为一种可以利用的经济资源，即使加以开发，也受文化视野、技术水平、创意能力和营销水平所限，难有好的成绩。好莱坞电影工业则凭借其强大的创意研发与生产营销能力，将之作为一种文化资源进行了开发。再如，以前宠物可能并不会成为一种文化现象，而随着养猫、狗等宠物人群的日益增多，已形成一种亚文化现象，具有丰富想象力的创意工作者和创意公司，就会设计开发出萌宠形象，使其成为一种深受大众欢迎的文化 IP 资源。在日本动漫强大的创意和完善的动画产业体系支持下，日本创造了很多动画 IP 资源。

第二，开发设计能力提高，可以有效扩大文化资源的用途。随着科技的进步，以知识为核心资源的生产方式已成为经济增长的主要驱动力，一项文化资源的文化价值和精神内容可以被提取出来并用于不同的途径，形成多样化、系列化的产品开发。例如，古城、古镇等历史文化遗迹，可以在较好的修复和保护的基础上，作为文化旅游的核心资源而加以利用，形成地方旅游经济的支柱。面向大量的观光游客，还可以围绕古镇建筑和历史文化进行文创设计，形成服饰、日用品和文具等旅游纪念品。同时，可以依托旅游资源开发旅游演艺活动，像乌镇依托古镇建筑空间形成剧场策划乌镇国际戏剧节，丽江围绕民族文化观光旅游内容开发《印象·丽江》实景演出，等等。再如，对可移动的文物，除了通过博物馆展示满足教育、学习和鉴赏的需求之外，还可对文物造型、结构、色彩、文本等要素加以提取和利用，形成丰富多彩的文创产品。近年来，博物馆文创品成为热门话题，如印有乾隆"朕知道了"书法字样的胶带和"钦定一甲第一名"系列笔袋和笔记本等，一直深受好评。随着出版技术和互联网数字技术的发展，网络文学平台极大地推动了文学创作水平和规模，大量网络文学 IP 资源应运而生；现代文创设计、工艺和材料技术发展，可以激活传统手工艺非遗资源的现代化再设计，形成符合现代时尚和社会生活口味的文创产品。例如，近年来国家级非物质文化遗产云锦工艺传承机构除了云锦工艺品销售外，还请国外知名设计师设计了具有云锦主题特色的时装和文创品，传统的剪纸工艺、蓝印花布的图案也被移植到服装、家居用品上。

### （三）文化资源供给管理的主要内容

文化资源依据其公共产品的性质、程度和文化资源所有权的具体情况，应当采取不同的供给管理模式。一方面，文化资源的公共性依据资源个体性、集体性的维度而有所差别，通常个体的文化资源具有私有性，集体的文化资源具有较强的公共性；另一方面，从精神和物质两大类文化资源来看，精神文化资源不受载体限制，其内容更容易被复制，而物质文化资源有特定的物质载体。从个体与集体两类文化资源入手，根据精神性和物质性的程度不同，文化资源的提供可以有如下方式。

#### 1. 个体文化资源的提供方式

个体文化资源通常具有私有产权性质，一般采取市场化的供应方式。在个体文化资源中，个体创造的文学、艺术、科学研究等精神内容，既是个体文化资源，也是纯精神文化资源，通常属于特定个人的知识产权，或者依据法律规定属于个体所在单位的知识产权。这种法律上明确的产权关系，为文化资源的市场流动和有效开发提供了保障。因此，建立和完善相关知识产权保护法律体系，是促进个体创造力发挥和保障文化资源有效利用的重要管理机制。

对于个体所有的实物形态文化资源，诸如个人或者某机构的收藏品、私人美术馆等，通常也是按照市场的规则提供。按照公共产品的性质，从法律上看，有的是非营利性的机构，如美术馆、艺术教育机构、非遗传习所等；有的是营利性的私人企业或者个体工商户，需要按照不同的法律主体属性适用不同的市场管理法律。

#### 2. 集体文化资源的提供方式

集体文化资源大多具有较强的公共产品性质，可以分为集体的精神文化资源和集体的物质文化资源两大类。其中，属于纯精神文化资源的，诸如思想、科学知识、民俗等，是公共的知识、共享价值观或共同的文化传统。集体的纯精神文化资源没有特定载体，像土地和空气一样滋养着民众的精神，决定着族群的文化习惯和个体行为。这类文化资源大多为公共知识资源，主要由公共文化和教育服务机构以非营利的方式提供。

集体的物质文化资源，主要是指文化基础设施和有物质载体的文化遗产资源，它们都是公共文化产品。对集体的物质文化资源的供给管理通常采取以下四种方式。

第一种是公共供给，即由政府授权公共部门向社会供给文化资源的相关产品和服务。公共供给是为了满足社会大众普遍的文化需要，具有公益性，通常是免费的，或者是以极低的价格弥补机构运转的必要成本。大部分公共供给的成本难以通过向大众收费弥补，需要政府从其财政资金中给予支持。虽然各国的经济体制不同，但是世界各国政府都设立了专门机构对此类公共性较强的集体文化资源进行管理，并向社会公众提供相关的服务。这些机构的运作资金通常通过政府财政资金和社会捐赠资金来维持。例如，各国的国家博物馆建设及其在文物保护、展示和普及教育方面的投入，我国由国家认定的国家级和各省市级的重点文物单位对历史建筑进行修缮和保护等，其运转资金的来源主要是政府的财政投入。

第二种是私人供给。公共产品并不一定都要由政府设立专门机构来生产和提供，政府也可以通过采购的方式，委托私人企业或者社会机构生产和提供公共产品的服务。在这种方式下，政府并不直接生产和提供，而是通过财政资金补贴或者采购的方式，由私人企业按照指定的标准和规范提供。由于私人企业是追求利润的，所以通常此种方式下，一种情况是文化遗产的相关开发和经营可以为企业带来利润，如文化遗产资源进行旅游开发的投资项目；另一种情况是通过政府提供的补贴方式，如民营的传统戏曲剧团可以从政府获得演出的补贴。

第三种是允许私人企业或者非营利组织进入开发领域，直接向社会公众提供文化遗产的维护、展示、教育普及和研究等相关服务。所谓非营利组织，是指这些组织不同于企业经营谋取利润的目标，它们的活动不以营利为目的，组织经营所得应用于更好地提供文化服务。例如，国家博物馆可以在全年的展览项目中将私人展览机构或私人藏家的展览作为内容，以政府采购的方式用公共财政资金采购这些展览服务，使得公众能够欣赏到更为丰富的文物资源。同样，政府行政部门也可许可私人成立非营利性质的私营博物馆和文化遗产服务机构，开展各项服务，政府相应地会通过补贴、贴息和免税等多种方式给予私营博物馆资金扶持和政策扶持，以促使私人更好地向公众提供服务。

第四种是采取公共供给和私人供给混合的方式，以促进文化公共行政部门和私人供给者之间的良性竞争，以提升提供的水平和质量。相对社会公众多元的、规模巨大的文化需求，仅仅依靠行政部门的公共供给方式无法有效地满足。因此，采取通过私人和公共供给的混合方式，可以有效地扩大文化资源服务的规模，提高服务水平，更好地满足公众的利益。例如，在美国，政府主办的联邦、州、县等博物馆只占到25%左右，大量的博物馆是私人建立的非营利博物馆，占到60%以上，政府管理部门对这些私营博物馆进行审核和管理，并提供资金支持。这种公共提供和私人提供多元混合的供给结构，有效地保障了文化遗产的供给规模和服务水平。

 案例【3-4】　英国对历史建筑文化遗产的管理[①]

大量的历史建筑属于不可移动的文物，是重要的文化遗产。这些历史建筑除了一部

① 刘爱河. 英国文化遗产保护成功经验借鉴与启示[J]. 中国文物科学研究，2012（1）：91-94.

分重要的文物属于国家直接拥有和管理之外，很多是属于私人所有的财产。英国政府设有文化、传媒及体育部（Department for Culture, Media and Sports，DCMS），并于1984年成立了英格兰遗产委员会（English Heritage），英格兰遗产委员会管理着从巨石阵到铁桥等400多座英国历史名胜，其中有些建筑更是直接由英格兰遗产委员会持有。英格兰遗产档案馆也是由英格兰遗产委员会维护、运营的。英格兰遗产委员会的一项重要职能就是对历史文化建筑进行登录、注册和监督。与国家重要文物的在册管理不同，很多私人所有的历史文化建筑依据其文物价值采取登录制度。登录的财产所有人必须对这些历史建筑进行保护。通常，大量登录的、属于私人的历史建筑的重要级别低于在册的文物，得不到英格兰遗产委员会的资金资助，要依靠私人的投入来进行维护和再利用，政府通过减免增值税、收入税和遗产税的形式给予私人投资者一定的优惠和补贴，以减轻其经济压力，鼓励其对文化遗产保护和利用的投资行为。

（资料略有改动）

## 二、文化资源的需求

文化资源的需求来自消费和生产两个方面。文化资源的消费需求，是指消费者以对文化资源的了解、学习、教育、收藏、鉴赏、娱乐、利用与开发等为目的，而产生的对文化资源的需求。对文化资源的生产需求，来自文化生产将文化资源作为投入要素的需求。

### （一）文化资源消费需求规律及其影响因素

经济学将物品的需求量和价格之间的反比关系视为需求的一般规律，即对于某一物品的需求量，在其他引起人们需求变化的因素不变的情况下，总是随着该物品价格的上升而下降，随着该物品价格的下降而上升。这一需求规律对于文化资源同样适用。对于文化资源的消费需求，不论是消费市场上的普通消费者，还是生产要素市场上的企业对文化资源的生产需求，都会受到价格规律的影响。这里的文化资源的价格是指，在获得某一文化资源实物，或者其相关内容的使用权，或者购买其衍生的相关产品和服务时，需要付出的资金成本。通常，当其他条件不变而价格升高时，对文化资源的需求量就会降低；价格降低时，对文化遗产的需求量就会增加。例如，博物馆的门票如果涨价，那么参观的人数通常会明显减少，如果其收费较低或者让人免费参观，人数就会很多，也就会让更多的民众享受到文化公共服务。在价格因素之外，对文化资源的需求还会受到多方面因素的影响。通常，对文化资源需求的影响因素来自两个方面。

#### 1. 消费者的需求偏好

消费者对文化资源的需求，源自对资源所包含的精神内容直接体验的需要，因而产生的购买、收藏、观看和体验的需求。文化资源的需求受到消费者偏好的影响。所谓偏好，是消费者个体对一种商品（或者商品组合）的喜好强于其他同类商品的程度，这种偏好反映了消费者个人的需要、兴趣和爱好。文化资源的消费是消费者借助器物、建造物和活动等文化载体和活动仪式等，对文化精神内容的鉴赏、品评和体验，以达到心理满足和精神愉悦。消费者文化偏好的形成，受到其人生经历、教育程度、家庭环境、文化背景、经济实力等多方面因素的影响。通常，受教育程度越高，对文化的需求也会相应地增加，因而对于文化方面的了解、学习和收藏的需求也会增加，对文化资源越容易产生持久而深厚的兴趣；优越的家庭环境使得个人从幼年能够接触到某一文化活动和精神产品的机会，可以在早年就培养起一个人的文化兴趣和文化消费习惯，而兴趣和习惯一旦养成，一般会保持终身。例如，20世纪70年代以前的消费者自小的文化娱乐主要是听戏、说书、歌曲等，对传统戏曲的接受和偏好程度就远远要大于20世纪70年代以后的消费者。随着经济发展和城市建设步伐的加快，20世纪80年代以后成长起来的青年一代，从小接受的是现代文化娱乐消费方式，对传统戏曲、手工艺和民间活动接触不多，因此更偏好现代的文化娱乐方式。

2. 社会经济发展的总体水平

社会经济发展的总体水平影响到人们的经济消费能力和文化消费需求，也对文化遗产的消费产生较大的影响。

第一，对于任何物品的消费取决于人们能够为占有和消费这一物品所能支付的能力。只有消费欲望，但是没有经济实力，是不能够形成购买力的。消费者的收入水平决定了消费者的支出水平，在消费者的收入中减去必须开支的以维持生活的基本费用之后，是消费者可自由支配的收入，这些收入决定了消费者的购买能力和消费水平。通常，可支配收入与社会经济发展总体水平相对应。如果要了解某个地区的消费水平，通常从该地区经济统计部门发布的统计公告数据中调查该地区的国民总收入或者地区生产总值，以及人均收入水平、人均可支配收入的水平，这些数据可从宏观上代表一个地区的总体收入水平和消费水平。

第二，消费者在一定可支配收入条件下，其支出的结构也是不一样的，即消费者的偏好所引起的消费结构差异。经济学研究表明，随着收入的提高，消费者支出的结构也会发生变化。经济学中著名的恩格尔定律表明，一个家庭的收入越少，家庭收入（或总支出）中用来购买食物的支出所占的比例就越大；随着家庭收入的增加，家庭收入（或总支出）中用来购买食物的支出份额则会下降，用于服装、交通、娱乐、卫生保健、教育方面的支出和储蓄占家庭收入的比重就会上升。推而广之，一个地区或国家越穷，每个国民的平均收入（或平均支出）中用于购买食物的支出所占的比例就越大；随着国家的逐步富裕，这个比例呈下降趋势。即随着家庭收入的增加，购买食物的支出比例则会下降，对文化和文化遗产相关服务的消费，会随着人们收入的不断增加而扩大。例如，随着收入水平的提高和生活条件的改善，人们开始更多地关注如何提高生活质量，将收入和时间花费在历史文化观光旅游、文化教育、博物馆参观、文玩收藏等方面。

第三，随着一国和一个地区人均收入的提高，当人均收入水平超过一定程度，对于文化的消费需求将会快速增长，文化产业将成为该地区的新兴产业和新的经济增长点。在这样的发展背景下，人们对文化遗产相关产品和服务的需求也会随之增长，与文化遗产相关的博物馆、美术馆服务、文化旅游、手工艺产品销售、文化活动等也面临着较好的发展机遇。例如，随着我国国民经济发展和人们家庭收入的提高，国内艺术品投资收藏市场迅速发展，兴起一股古玩收藏热；随着中国艺术市场的扩大，中国艺术品在全球的认知度也已经有了显著的提高，国际主要拍卖公司也先后进入中国。2013 年，佳士得在全球共创造了 71 亿美元的交易额，在亚洲有近 10 亿美元（以香港春秋两季拍卖为主），其中60%～70%的客户来自内地。

第四，文化消费还与消费者的闲暇时间有关。对文化资源的消费，很多是以花费一定闲暇时间为特点的，并不一定会发生货币支出。例如，很多公共博物馆、美术馆都是免费的，消费者参观、学习需要耗费较长时间去深入了解文物的历史；历史文化遗迹旅游虽然需要支付货币价格门票，但是相对耗费的旅行时间来说，时间消费是更重要的指标。因此，消费者的闲暇时间的消费结构是影响文化资源消费的重要因素，闲暇时间的消费结构受到消费者的个人偏好、收入水平、职业特点、家庭状况、教育水平等多方面因素的影响。

### （二）生产要素市场对文化遗产资源的需求

企业对文化资源开发的需求，是将文化资源作为生产投入要素而产生的对文化遗产使用权、收益权的需求。这类需求是将文化资源作为生产要素的市场需求。生产要素需求是派生性需求，即随着经济社会发展，消费者对科技、文化含量高的产品需求日益增加，对文化体验的消费需求不断扩大，产品市场的竞争日趋激烈，产品创新对科技创新、文化创意、工艺改进等的投入力度日趋加大，造成消费品市场的文化需求。

文化资源的开发需求可以因生产者和投资者的开发方式和经营模式不同而具有不同的需求特点和交易方式。例如，展览公司和美术馆通过展览、纪念品等形式向公众提供与文化遗产相关的产品和服务，这些藏品多为可移动的文物资源，这些机构通常需通过拍卖会公开购买藏品，或者通过画廊、个人等多种渠道的投资收藏活动获得藏品。博物馆和美术馆之间也会经常通过租借的形式互借藏品举办专题性的展览；很多文创企业往往需获得文创知识产权的授权使用后，进行影视剧、游戏、纪念品、玩具和日用品的开发。再如，生产制造业将古代绘画、工艺品等图案、文字和造型等运用到家居日用品和装饰品的造型图案设计中，通常企业可以与文化遗产产权的所有机构采取合作开发的方式获得文化遗产的开发权，如台北"故宫博物院"与专门的创意设计公司合作进行的台北"故宫"纪念品的开发。

如果资源稀缺程度较高，开发后的预期经济效益较好，那么投资者也就会较多；反之，则较难有需求。例如，各地对名人故居的文化旅游开发，是以名人资源为核心的不可移动历史建筑，名人的名声越大，稀缺性越强，越能吸引游客，相对投资开发者就会较多。再如，近年来的古镇、老街和古城开发热，正是基于这类文化遗产资源的不可复制性和稀缺性，使得这类资源开发利用后可以带来文化旅游相关产业的发展。此外，对于这些文物资源，还取决于国家政策和法律的有关规定是否允许开发。投资生产者开发文化遗产，首先要得到相关管理部门的许可，获得对不可移动文物资源开发的投资权利和经营权利，在文物得到良好保护的前提下进行开发利用。

对于文化资源的生产开发需求，主要是对文化资源中精神内容的利用，并不一定像一般制造业要完全地占有资源，可以通过授权、租借、合作经营等多种方式获得文化遗产的开发权、使用权和经营权。

## 三、国家文化管理对文化资源需求和供给的影响

文化资源的价值必然与某一地区、国家和民族的历史传统、政治制度、族群身份相联系。文化资源的供给和需求，都与利用和开发有关。不论是生产方面对文化资源蕴含的精神内容的提取、转化，还是需求方面对文化资源的使用和消费，都要遵守国家文化意识形态管理、文化遗产保护、文化传承与发展等方面的要求。国家文化管理的主要职责之一，就是对文化价值的保护和引导，防止因对经济利益过度追求而造成对文化意义的歪曲和文化价值的破坏。例如，对红色文化资源，涉及历史英雄人物和革命历史遗迹，以教育、学习为主，但是也存在着影视剧改编、文化旅游、文学出版等多种文化产业的利用途径，其对文化资源的有效利用，不但可以创造良好的经济效益，而且能够扩大红色文化的影响，由于红色文化资源意义的特殊性，必然不能随意加以改编和歪曲。

例如，文化遗产代表着国家、民族身份和历史记忆，文化遗产的保护和传承是国家和民族要面临的文化任务，国家部门对文化遗产的发掘、追缴、收藏等保护传承工作，形成了目的性较强的需求。国家设立的博物馆、美术馆、非物质文化保护机构等公共文化机构，在接受政府资助的条件下，开展文化遗产的发掘、收集、整理、研究、展示、教育普及等公益性的事务。这些文化遗产有的是未曾发现，有的是濒临灭绝，或者是流失海外。这些文化机构通过登记、购藏、追缴、设立文物保护单位等多种方式获取和回收这些文化遗产，对其进行保护和整理。比如，很多流失国外的文物需要回归祖国，政府文物部门一般不能直接出面采购，通常需要民间和相关文化机构在海外通过私人藏家捐赠或交易、拍卖会购买等方式使之回归祖国。再如，对于濒临灭绝的非物质文化遗产，政府会成立专门的保护机构，搜集非遗的信息，通过研究整理建立文献档案，并对非遗传承人进行登记，采取扶持保护政策，等等。这些政策，都是国家部门文化传承目的和行动对文化遗产需求最终体现的具体行动。

案例【3-5】 埃及政府和文物部门对流失文物的追缴 [①]

2011 年 1 月，埃及爆发大规模反政府游行示威活动，整个国家处于无政府状态，安全防范松弛混乱。埃及国家博物馆 54 件珍贵的馆藏文物被盗，金字塔地区 2 座文物仓库被武装分子抢劫，萨卡拉、阿布·希尔和米特·拉黑那地区文物保护地被侵占，上埃及地区古墓频频被盗。联合国教科文组织近期在对埃及博物馆和古迹考察后指出，所有对古迹和文物保护地的改变，都是对人类历史和埃及文物的野蛮犯罪，必须予以纠正和根治。

之后，新政府表示将加强对埃及文物场所的保护，采取各种必要措施，加大对被盗文物的追缴力度。同时，埃及文物部会设立 80 万美元专项奖金，直接发给归还埃及博物馆被盗文物者，或发给能提供任何被盗文物准确信息的公民。

为追讨散落于瑞士境内的文物，埃及政府甚至不惜威胁将中断与瑞士大学、博物馆馆际的科技与文物交流。最终，瑞士巴塞尔博物馆归还埃及一幅第五王朝时期的石灰岩壁画，该壁画有着 4200 年的历史，是通过非法途径离开埃及的。而针对流失到德国的埃及胡夫大金字塔工程师哈姆·尤努塑像，埃及政府表示仍将付出不懈努力与德国方面磋商，直至塑像回归埃及。这尊塑像有真人般大小，具有极高的艺术价值，是前政府赠送给德国考古学者的，这位考古学者曾参与了 20 世纪在大金字塔西侧的考古发掘工作。这座塑像现存放在德国海德海姆，埃及一直坚持要求德国归还这座塑像，并要求各国归还所有非法离境的埃及文物。

此外，埃及还与美国会谈，就一系列合作计划提出建议。其中包括：美方向埃方提供卫星传送影像，帮助埃方监测闯入考古区的非法活动；美国政府限制对埃及文物的临时进口；通过培训计划和提供资金支持来提高埃及文物保护区的安保水平；提供高质量的地图、调查和监测文物区的技术等。美方为埃及所有文物区提供培训和资金支持，通过国际微型贷款的方式，鼓励在文物景区附近的小型企业的发展；鼓励使用环保技术，把文化遗产地打造成"绿色环保景区"等，建设文物库房。

（资料略有改动）

## 四、文化资源的垄断问题

文化资源的保护、利用与开发中，关于文化资源产权的配置决定了文化资源是否可以被授权用于开发与经营，以及是否可以被授权用于哪些方面的开发。除了物质文化资源的产权与实物载体不可分割之外，大部分文化资源的核心要素是精神内容，对文化资源开发的主要方式是对精神内容要素的提取和转化，并不一定要占有其物质载体。因此，与精神内容相联系的知识产权就成为关键资源。

① 埃及新政府加大流失文物追缴力度[N]. 中国文化报，2011-05-24.

因为文化资源的稀缺性、不可再生性，容易形成对文化资源的垄断，即文化资源及其相关的核心知识产权被某个人或者某个组织所独占，从而对文化资源及其相关产品和服务的供给和需求产生较大的影响。所谓垄断，就是资源集中在少数几个机构和私人手中，由少数几个机构和个人决定整个市场和社会的生产供给、消费和价格。由少数几个机构或者私人对资源进行垄断和集中，容易造成资源使用效率的降低，形成定价过高损害消费者的行为。

垄断的形成有多种原因，对于文化资源的垄断，主要表现为对稀缺文化资源经营开发权的独占经营。第一种造成垄断的原因是政府对文化遗产资源经营权具有独家许可授权，如国家博物馆、重点文物保护单位、国有单位专营的文化景点等，大量文化遗产属于国家所有的历史文物，由国家授权的特殊部门进行收藏、保护和经营。这些资源的垄断经营，带来的问题是经营者具有较强的价格制定权，消费者处于被动的价格接受者地位，容易造成价格制定偏高而损害到消费者享有民族历史文化遗产的权益。例如，世界级文化遗产、著名的历史风景名胜区和古城，都是国家部门垄断性的文化遗产，向游客收取门票之后，还要收取一定的古迹维护费，但是如果服务水平和服务设施并不提高，就难以使得游客满意。另外，由于行政部门条块分割，一些资源被某些单位独占形成垄断，垄断部门和单位对这些资源的现代化开发可能并不具备相应实力。比如，传统工艺的现代化在设计、文化遗产资源数字化等方面，由于资源垄断，社会上具有实力的投资机构和开发机构无法介入，造成资源因无法流动而被闲置的现象。

第二种造成垄断的原因是对于文化遗产的私人垄断。例如，知识产权制度本身就是出于对著作权人的创新鼓励而建立的产权保护制度，但是也形成了著作权人对知识产权的垄断。在完善制度方面，应建立相应的促进知识产权交易和转化的市场机制，以防止市场制度不健全造成知识产权的闲置。一些文物因为存世数量较少，被私家大量收藏后，容易形成对该文物资源的私人垄断。非物质文化遗产需要通过具体的传承者习得掌握而传承下去。由于传承者以此为谋生手段，通常独占了某一文化遗产的诀窍和技艺而不传授给他人。随着社会发展，这些文化遗产难以作为传承者的谋生手段，无法挣得较好收入，愿意学习和继承者也越来越少，传承者也很难轻易将这些技艺和诀窍公开，从而造成非遗濒临人亡技亡的困境。

## 第三节　文化资源的经济利用

文化资源的经济利用是在特定空间的经济范围内展开的。文化遗产在特定区域中的经济现象和问题包括区域文化资源配置、产业利用等。对文化资源的经济利用的核心问题是对文化资源的文化价值加以提取、开发和转化，形成特定的产品和服务，以满足市场

的需求，创造良好的经济效益。

## 一、文化资源经济利用的基本驱动力

政府、市场、科技和文化等不同方面的因素共同推动文化资源的经济利用，这些驱动力是保证文化资源得以持续发展和有效利用的保障。

### （一）政府政策推动力

文化资源具有公共性，文化价值传播和文化遗产保护与传承是政府不可推卸的责任，在文化资源开发方面，政府通常通过相关的政策发挥重要作用。

第一，在文化遗产保护和可持续发展方面。文化遗产完整性、历史性和原真性的保护，是对文化遗产资源利用与开发的前提。对文化遗产保护的投入成本通常较高，需要具有持续性，不具备营利性，不可能由企业去独立承担，需要政府发挥更大作用，从政策与资金方面给予扶持。

第二，在文化资源的产权保护方面，政府发挥不可替代的作用。在文化资源的知识产权确权、注册登记、产权交易等方面制定法律政策体系，并设立相关支持服务机构。对于一些文化价值尚未被社会普遍认识的文化资源，政府有义务建立文化保护和孵化机制。例如，很多传统手工艺资源面临后继无人的困境，政府在资源保护方面应积极支持设立传统工艺的传习所，建立传承人保护机制，积极推动产学合作。在对传统工艺的知识技艺保护基础上，进行现代化的开发和再设计，推出新产品和新工艺，使得这些传统技艺重新回到人民生活中并焕发生机。再如，对于不可移动的历史文化遗迹的投资与经营权、可移动文物交易法律与政策、非物质文化遗产的知识产权保护、文化遗产相关内容的授权等方面，国家都有明确和完善的法律政策体系。

第三，政府在文化资源的利用与开发中，发挥着重要的管理和服务作用。很多文化资源的经济利用与开发，与当地的文化产业、旅游产业、现代服务业的发展密切相关，是地方经济发展的重要增长点，政府会提供相关管理和服务，以促进文化资源的科学和有效利用。例如，在利用与开发过程中，要平衡好文化遗产保护与经济发展的关系，一些大型历史文化遗迹、古镇、古建筑在文化旅游方面，都需要政府在拆迁安置、整体规划、配套设施、经营定位、招商引资、旅游宣传等方面给予政策与资金扶持。

### （二）市场需求驱动力

对文化资源的市场需求是拉动文化资源经济利用与开发的根本动力。这些需求不仅来自大众对文化资源的观光、体验、娱乐、鉴赏、收藏和学习等直接需求，还来自对与之相关的各类衍生文化活动、文化用品的需求。随着人们经济收入的增长和生活水平的提高，人们对生活美学的审美需求将会不断扩大，将提取的文化资源的精神内容运用到日常生活用品的设计开发中，具有十分大的市场空间。文创设计和科技的内容日益成为产品创新的核心要素，成为产品附加值的重要来源，这一市场需求可以有效地推动文化资源的利用与开发。对文创资源的获取、创意研发的投资和吸引高端文创人才，成为企业文化资源投资的重要战略。

### （三）文化发展驱动力

文化遗产的可持续利用是国家和民族文化传承与发展的重要方面。文化发展的驱动力来自政府、企业、非营利组织和社会大众等多个层面的合力，主要包括政府部门发展文化公共事业和非营利文化组织参与文化建设的重要推动力量，以及企业对文化赞助和大众参与文化建设等。这些社会文化发展与文化事业建设的参与者，可以为文化遗产的经济利用与开发提供信息、资金、项目、人才、管理等方面的支持，形成促进文化发展和推动文化遗产保护与传承的重要驱动力。

### （四）科学技术驱动力

从广义上讲，科技进步是人类文化发展的重要组成内容。从狭义上讲，科技进步为文化资源的保护、利用带来了更多的方法、手段和途径。每一次重大技术进步，都推动了文化生产力的巨大提升，也推动着文化资源的不断积累和快速丰富。例如，造纸和印刷出版技术大大促进了知识传播和知识生产；电影和广播电视技术的发展推动了广播电视产业的发展，大大推动了影视动画和音乐类型文化资源的形成；互联网技术的发展推动了网络文学和视听资源的极大丰富，文化资源多元化的、跨界的、衍生的利用范围和规模都前所未有地得到发展。再如，在文化遗产利用方面，通过数字化技术，可以有效地对文化遗产进行保护，包括数字扫描、数字档案、文化遗产数字修复、数字博物馆等，已经成为文化遗产保护的重要技术手段。科技进步也大大扩大了文化遗产的经济利用的途径，诸如数字遗产的交互式文化体验，数字遗产展示、传播等新用途，正成为未来发展的主要趋势。

## 二、文化资源经济利用的基市模式

文化资源经济利用可以由来自政府、市场、文化与科技等方面的驱动力推动，在对文化资源进行利用与开发的过程中，通常有政府、企业、社会组织、非营利部门等重要的主体，形成了不同文化资源利用与开发策略。

### （一）以政府为主导的模式

很多重要的文化遗产，尤其是世界遗产和国家重点文物保护单位，需要在政府部门的统一协调和规划部署下，才能得以实施。这种以政府为主导的模式，通常是因为文化遗产具有很重要的文化价值，对文化遗产完整性和原真性保护的要求十分高，私人无法承担文化遗产保护投入成本（因无利可图而不愿意投入）。如果任由私人进行商业开发而不顾及对文化遗产的保护，就会造成对文化遗产的破坏。例如，对于古镇的开发，是一项较为复杂的文化工程，要求对古镇进行完好的保护，一方面，企业很难承担巨大的对古镇保护的成本；另一方面，如果放松对古镇保护的条件，为了商业盈利而任由进行商业开发，必定会对古镇造成破坏。因此对这类文化遗产的开发，必须由政府进行古镇的完整性和原真性保护、古镇居民安置、古镇经营业态等工作的统一规划，再将可以经营的空间委托给企业按照规划的商业业态经营，从而做到文化遗产保护与经济利用两方面利益的平衡。

在政府主导的模式中，政府可以通过财政补贴、财政专项拨款设立专项资金，也可以用发行债券、抵押、担保等多种方式，为文化遗产的保护与利用进行融资。

此外，政府也可以采取公私合营的方式，给予私人投资者相应的政策扶持作为补偿，如税收优惠、贷款担保，给予民营企业沿线土地优先开发权等。通过实施这些政策与私人企业合作共同开发文化遗产。这种方式通常叫作公共私营合作制（Public Private Partnership，PPP），使政府部门和民营企业能够充分利用各自的优势，即把政府部门的社会责任、远景规划、协调能力与民营企业的创业精神、民间资金和管理效率结合到一起。

## （二）以企业为主体的模式

以企业为主体对文化资源进行投资开发，是一种常见的以市场化为主导、以营利为目的的经营方式。企业是独立经营、自负盈亏的投资主体，要独立承担投资风险。企业的使命是充分、高效地投入资源，以满足社会的需求并获取利润，为投资者和社会创造价值。21世纪以来，科技资源、文化资源和人力资本成为企业价值创造的动力。企业对无形资产的战略性投资和高效使用，成为企业竞争力的来源。对研发投入、专利、著作权、品牌、商标、内容资源的战略性投资，以及对掌握关键技术、诀窍和客户资源的关键员工的激励，成为企业管理的核心工作。以企业为主体的文化资源经营模式，就是通过企业对关键性文化资源的战略投资与管理，以及对关键智力资源的人力资本战略的投资和激励，高效地实现文化价值的创造和转化，实现产品、服务和商业模式创新，支撑企业持续地发展。例如，在视频领域，关键是如何对内容版权资源的投资和经营。百事达采取的是线下实体店租片并收取滞纳金的模式；网飞公司找到市场发展机遇，采取线上租片会员制模式。随着流媒体技术的兴起，网飞公司在艰难打败百事达之后，毅然将流媒体业务从线上租片业务中分离出来，实行战略转型内容资源的流媒体运营模式，并且在电视剧《纸牌屋》项目上将科技与文化资源融合，开启算法营销模式。取得巨大的成功之后，网飞再接再厉，大力投入自制资源的制作，投入巨资吸引全世界内容创意与制作团队，积极和当地的优秀导演、演员合作，深入挖掘当地的优秀创意团队，由当地的优秀人才来拍摄网飞想要的内容。2017年，网飞为自制内容投入超过63亿美元，而用户数量也超过了美国有线电视的用户总数；2018年，网飞一年的原创内容已经超过700部，市值一度超越了迪士尼。

**案例【3-6】　腾讯音乐在音乐文化资源方面的经营战略**

在腾讯股票上市之前，为了获得大唱片公司的独家版权，腾讯音乐付出了不菲的代价。腾讯音乐借鉴声田（Spotify）资本模式，允许唱片公司持股，三大唱片公司（环球音乐、华纳音乐和索尼音乐）均持有其股权。在首次公开募股（IPO）之后，腾讯于 2019 年 12 月收购环球音乐 10%的股份，2020 年 6 月收购华纳音乐部分股份，自此形成不可分割、彼此交融的战略格局。这种战略格局的好处不言而喻：它不仅代表了对版权价值的真正认可，更可通过深度的商业战略合作关系，获得更加优厚的合约条件。以环球音乐曲库的版权为例，同行只能签约 2 年，而腾讯音乐则可签约 3 年；若以 10 年为期，且基于音乐市场不断扩大情况下每次涨价式续约，则同行须续约 4 次，涨价 4 次，腾讯音乐仅须续约 2 次，涨价 2 次。现在对有版权优势并经营多年的腾讯音乐而言，反而能更加从容地通过版权，用战略投入换取时间，再用时间兑现策略，在一个版权周期内构建真正的产业生态。2020 年 5 月，腾讯音乐与环球音乐的独家版权合作到期后，采取开放式授权形式，只要按价付款即可，这堪称整个行业的标志性事件。至此，环球、华纳、索尼三大唱片公司高价卖独家版权的时代结束了；互联网音乐平台围绕独家版权建立的商业模式，也结束了。过去三年，独家版权模式令行业从用户规模到营收再到内容生态，已形成全方位的差距，腾讯音乐旗下平台已完成全面领先的战略布局。

交叉持股带来的好处不止于此，腾讯音乐还通过这层关系，拓展了更多业务：2018 年，腾讯音乐与索尼音乐联合推出电子舞曲音乐品牌（Liquid State）；2020 年，腾讯音乐又与环球音乐合资打造潮流音乐厂牌。腾讯音乐通过与各大唱片公司共建厂牌，从购买版权模式完成了向音乐内容文化资源创造者模式的转型升级。以腾讯音乐旗下的 QQ 音乐、酷狗音乐、酷我音乐和全民 K 歌为代表的互联网音乐平台，以用户为基础，连接上游内容生产，并逐步渗透至下游演出市场，成为整个音乐生态的枢纽，包括唱片公司、音乐创作者在内的产业上下游均因此获得了更大的发展空间。腾讯音乐也日益成为诸多唱片公司和音乐从业者的首选合作伙伴。

（资料来源：音乐走出版权时代，破局者为何仍是腾讯音乐？[EB/OL]．（2020-08-11）．https://www.huxiu.com/article/374640.html.）

**案例讨论：**

（1）企业进行文化资源开发的动机是什么？

（2）盗版对腾讯的音乐版权资源投资与开发有何影响？

### （三）以非营利部门为主导的模式

博物馆、美术馆、剧院、国家艺术基金、国际非遗传承研究中心、图书馆等机构，是非营利性的公共文化服务部门，以公益的方式向社会公众提供公共文化产品和服务。这些部门的运行经费主要来自政府补贴、社会捐赠，以及以成本价格提供公益性文化产品和服务的收入。这些部门活动所获得的收入，也必须作为公共服务的投入，不能用作分红。非营利文化机构通过这种方式，能够有效地将集体的公共文化资源有效地用于满足社会公众的文化需求，实现促进文化事业发展的目标。例如，博物馆是国家文物收藏、保护、展示、研究和教育的重要机构，其资金主要来自政府事业经费投入和社会捐赠。近年来，随着大众对文物鉴赏的需求日益增加，国内博物馆开始通过文创设计博物馆衍生品，这不但很好地向公众传播了博物馆馆藏文物知识，也为博物馆开辟了新的收入来源，这些收入将会投入博物馆的事业发展中。

在非营利文化机构经营模式中，有很大一部分是经营公共性较强的集体文化资源，其中又以文化遗产为主。在经营文化遗产时，与企业经营模式不同，主要从文化价值保护传承的社会效益优先原则出发，在保持文化遗产的原真性、历史性和完整性的基础上，对文化遗产加以展示、传播和宣传，利用市场、政府、科技和社会文化发展等方面的驱动力，促使文化遗产能够与社会生活和大众的文化需求相契合，成为可以加以利用的文化经济资源，进而将这些文化资源作为文化项目的生产要素。文化资源在开发过程中与资本相结合，转化为文化资本以持续地创造经济价值，实现社会效益和经济效益的统一。文化遗产的原真性、历史性和完整性是文化遗产文化价值存续的基本前提。将文化遗产转化为文化资源，并不是要将文化遗产改头换面，而是要能够发现文化遗产的历史文化价值与现代文化需求之间的关联性，并找到将文化遗产以某种产品和服务的形式满足大众需求的路径。例如，历史文化遗迹在保护完好的前提下，作为文化旅游资源加以利用；历史传说非遗可以改编成影视剧或者转化为某种消费者日常使用的实用纪念品；等等。当文化遗产能够与某种市场特定人群的文化需求和生活需要相结合，文化遗产的文化价值就可以转化为满足市场需求的文化产品经济价值。再如，意大利、法国等欧洲国家文化遗产的旅游观光，是将文化遗产作为核心要素，在政府和各界合力加强修复和保护、保障文化遗产的完整性和原真性基础上，进行旅游业的利用，为当地旅游业带来机会，进而带动文化衍生品以及与旅游相关的餐饮、住宿、零售等产业的发展，这不但促进了当地的经济发展，增加了当地居民的收入，而且也为文化遗产保护提供了资金来源。这使得文化遗产得以可持续地利用，并转化为当地社会经济发展得以依赖的重要的文化资本。

## 三、文化市场培育促进文化资源利用

通过培育和发展文化市场不断扩大文化消费需求，可以引导社会大众对文化资源中蕴含的精神产品的学习、鉴赏、利用等需求，从而可以有效地促进对文化资源的保护与利用。培育文化遗产的消费需求，是文化管理部门的重要目标，不但会通过有关政策影响到当前的文化生产供应，而且会影响到未来的、长期的文化消费市场需求。

一是引导和提升社会大众对优秀文化的鉴赏力。大众的文化消费口味不是一天就养成的，消费者一方面受到教育经历、家庭背景、职业等影响，另一方面受到市场流行趋势、现有文化产品的供给水平和质量的影响，在长期文化产品消费过程中逐步形成消费偏好和文化口味。作为政府引导主流文化价值的考虑，会通过政策影响当前文化市场的产品供应，来影响未来的市场消费偏好和引导社会文化发展方向。这必然也会影响到社会生产部门对文化资源利用、开发的投资决策。例如，大量戏说古装剧充斥市场，一些影视剧对历史传说和故事以戏说的方式加以编造，歪曲历史或对内容生搬硬套的庸俗化，让消费者产生了错误的理解和认知，造成了一味追求商业利益而对文化遗产的破坏。国家广播电视总局出台政策限制对古装剧的立项审批，并对历史人物和重大事件的戏说、鬼怪穿越剧进行限制。一方面，会造成历史文化传说和历史题材文学资源改编影视剧生产需求的下降；另一方面，也促使影视制片单位提高古装剧质量，通过历史剧的精品化引导大众对历史文化的正确理解，提升大众文化消费品位，从而影响到文化消费市场的需求发展。随着经济水平的发展，人们的文化消费需求不断扩大，文化产业面临较好的发展前景，为文化资源利用和开发提供了良好机遇。培育文化资源消费需求，就是要充分地利用市场发展的机遇，对文化资源进行合理的利用，通过提供文化遗产相关的产品和服务，扩大文化资源的消费市场，获得较好的经济和社会效益。例如，对文化遗产的利用，应着重让大众通过消费的方式更多地接触和了解文化遗产，博物馆除了举办展览之外，还可以通过举办沙龙活动、公开课，开发博物馆纪念品等方式提供多样化的产品和服务；历史文化建筑可以通过文化旅游、文创纪念品等多种方式提供旅游观光产品和服务；传统手工艺可以通过纪念礼品开发进行现代时尚化的再设计，使其成为人们家居生活的时尚用品。

二是培育大众对文化遗产的消费偏好。文化消费偏好是长期不断地、反复地接触文化遗产的相关文化内容，从而养成的一种文化兴趣和消费习惯。比如，从小接受传统戏曲或书画训练的人，在不断地接触、学习中，养成了对传统戏曲和书画的特殊技能和兴趣爱好，自然会形成稳定的消费习惯。即使是非专业的普通大众，长期接触和欣赏某一传统文化艺术，也会逐步形成对某一艺术形式的鉴赏能力和消费习惯。很多文化遗产之所以到了濒临灭绝的危险境地，一方面是人们对文化遗产的重要性不了解而造成主观意识上不够重视，容易被经济建设利益驱动而造成对历史文化遗迹的破坏；另一方面是消费者对文化遗产所包含的精神内容较为陌生，对文化遗产的相关产品和服务不感兴趣，使得文化遗产保护和传承较难获得社会销售收入或者公众赞助。通过对文化遗产的宣传和教育普及，使得大众能够长期地接触、鉴赏乃至动手学习和研究某一文化遗产，是培育文化遗产消费市场、实现文化艺术传承的重要措施，这需要国家在文化遗产的普及教育和文化遗产的公共服务等方面大力投入。例如，政府通过扶持博物馆、美术馆、剧院对公众的公共文化服务，让大众能够以较便宜的价格，甚至是免费的机会，获得文化遗产相关的服务。再如，文化遗产的教育和传习机构通过传统艺术进校园等方式，在中小学和大学开设传统文化的公共选修和兴趣课程等，这些措施可以在长期中提高全民族的文化遗产传承意识、文化兴趣和消费习惯。虽然经济发展为文化资源的开发带来了有利条件，但是也要防止因过度开发而导致对文化遗产的篡改、歪曲和毁坏。例如，一些地方以开发为名，将原有文物拆除并造出成片的新建仿古建筑，新建筑千篇一律，缺少历史内涵和年代层次，对文物遗址造成不可挽回的破坏，这不但没有让人们深入了解并认识文化遗产，反而使人们形成了肤浅刻板的认知。

## 本章小结

本章运用经济学的基本原理，分析了文化资源所具有的稀缺性、公共性、外部性和产权属性。文化资源在经济利用中会发生维护成本和开发成本，其成本特性与文化资源的类型和特征有关。文化资源的供给因资源形成周期而受到存量资源规模的影响，更重要的是受到资源开发与设计能力的影响。文化资源的需求主要来自商品市场消费需求及其派生的生产要素市场的生产需求。国家和私人对文化资源的垄断，会影响到文化资源要素的供给和开发模式。本章从个体与集体的角度，分析了个体的、私有性质的文化资源与集体的、公共的文化资源在供给、投资和经营方面的差异，通常受公共性、外部性的影响，文化资源经济利用与开发有政府、市场需求、科技进步和文化发展四方面驱动力，形成了政府主导、企业主导、非营利部门主导和混合方式四种不同的提供模式。

## 思考题

1. 什么是资源稀缺性？文化资源的稀缺性有哪些特征？请举例说明文化的稀缺性和经济的稀缺性有何不同。

2. 什么是公共产品？简述文化资源公共性的特点，并分别举例说明纯精神文化资源、准精神文化资源、物质文化资源的公共性。

3. 什么是外部性？文化资源的外部性有哪些表现形式？

4. 文化资源经济利用的成本包括哪些？这些成本有什么特点？

5. 简述文化资源产权的含义。文化资源产权所有性质会对文化遗产的经济利用产生什么影响？

6. 影响文化资源及其相关产品供给的因素有哪些？请从个体与集体、精神与物质两个层面分析不同类型文化资源的供给方式，通常有几种模式？具有什么特点？

7. 文化资源的市场消费需求和生产要素的需求有何不同？分别受到哪些因素影响？

8. 请举例说明如何培育文化遗产的市场需求。

9. 什么是对资源的垄断？对文化资源的垄断形式有哪些？会产生什么样的后果？请举例说明。

10. 试述对文化资源经济利用和开发的驱动力。通常这些驱动力会形成几种不同的开发模式？各有什么特点？请举例说明。

## 参考文献与推荐阅读

[1]  王登杰，周锦．文化遗产经济学研究综述[J]．文化产业研究，2009（6）：227-239．

[2]  顾江．文化遗产经济学[M]．南京：南京大学出版社，2009．

[3]  周锦，顾江．文化遗产的经济学特性分析[J]．江西社会科学，2009（10）：75-78．

[4]  王云霞．论文化遗产权[J]．中国人民大学学报，2011（2）：20-27．

# 第四章

## 精神文化资源：观念、民俗、公共知识 和知识产权

 学习目标

1. 掌握精神文化资源形成过程中观念的生产和价值生成原理。
2. 掌握观念如何在个体与集体之间传播，以及观念如何转化为精神文化资源。
3. 了解民俗文化资源保护与利用的基本原理。
4. 掌握知识产权的基本概念、类型和特征。
5. 了解影响知识产权价值的因素，掌握知识产权价值经营的基本原理。

 导言

　　精神文化资源可以分为纯精神文化资源和准精神文化资源。纯精神文化资源是没有物质载体，以纯粹精神内容存在的观念和知识形态。纯精神文化资源本质上是观念生产与价值转化。在第一章中，我们梳理了民俗、非遗、文物等概念之间的交叉关系，因民俗的核心和主要部分为民间继承的观念、思想和信仰，非遗则是通过一定媒介和载体体现的纯精神观念，所以，我们针对纯精神文化资源重点论述观念、民俗、公共知识和知识产权，将非遗作为准精神文化资源在下一章进行分析。本章对纯精神文化资源的分析，首先从观念的生产、价值转化和资源化开始，进而分类阐释民俗文化资源、公共知识资源和知识产权资源三类最重要的纯精神文化资源的保护、利用和开发的基本原理。民俗文化资源是民间的、非正式的观念，是行为及其物化结果的总和，公共知识资源是人类观念生产的系统化和理论化成果，知识产权资源是最重要的文化经济资源。

# 第一节　观念的生产与价值转化

观念，是人们在社会生产和生产实践中形成的认识。观念是人类意识活动的结果，它是无形的、纯粹的精神内容。观念可以文学、艺术、科学、宗教、法律等诸多知识形态存在。观念和文化资源有什么关系呢？观念如何能成为文化资源呢？这些纯精神文化资源如何实现它们的价值转化和创造呢？

## 一、观念与文化资源的关系

精神文化资源最初是以观念形态存在的，在辩证唯物主义看来，观念作为劳动的产物，这一精神内容来自人的劳动实践，是意识对自然的反映，观念经过系统化后形成了思想，又反作用于人的实践和对自然的改造：在一定思想观念引导下，人类对物质世界的改造就是思想观念物化的过程。实际上，它是对物质的东西注入特定的观念，赋予其文化上的价值和功能。例如，当我们赋予一个未来的建筑以"公共的剧场"这个观念时，我们才会在社会公认的观念引导下，认为它应该具备舞台、观众席、后台演员化妆间等基本构造和功能，最终我们也这样把它建造出来。无论是精神文化资源，还是物质文化资源，它们都来自劳动实践，起始于观念。它们的性质由观念决定。

观念必须具备稳定、持续的生产性和社会性，才能成为文化资源。首先，观念随生随灭，个人的意识活动在念起念灭之间并不常驻。当观念稳定下来并成为一种固定的心理认识时，它才可以反复地、稳定地发挥作用，可以影响到人的行为，并且通过持续、稳定的行为，长期地影响人的社会活动。观念在一定时期稳定地、持续地存在和产生作用，才具备成为资源的条件。

其次，稳固下来的观念还需转化为社会成员全体的集体意识，才具备转化为精神文化资源的基础。观念如果不能在集体层面达成文化认同，就不能在社会层面发挥作用，而只能表现个体的态度和行为。个体的文化创意虽然是创造性的，但是也是个体观念的表达形式，如果只是一时兴起，无非就是一个主意或者一件自娱自乐的创意产品，难以成为资源。只有当这个文化创意在社会层面被传播、认识和接受，可以运用于生产活动，创造大众所需的创意产品，才成为一种社会性的、生产性的、精神性的资源。那些在一定时期内相对稳定的，并且能够影响人类社会生产活动的观念，能够被人们用来指导实践的纯精神的、无形的思想与观念，可以转化为纯精神文化资源。

## 二、观念转化为资源：个体与集体的观念生产

观念可以是个人的认识，也可以是集体共有的认识。观念起始于个体，存在于集体之

中，观念要稳定下来，必须在个体和集体之间形成积累和稳定的形态。

在个体层面，观念来自生活体验和在生产实践中产生的认识和看法。个体的观念是隐性的、非系统化的、具体的和非正式的。对观念的进一步系统化、理论化建构，形成了概念、方法和理论，也就是个体层面的思想，它是正式的、系统的、一般的、显性的。

在集体层面，观念是一种集体意识，在社会层面它可以是民俗，表现为族群成员习以为常的心理认同和共同行为，也是隐性的、具体的、非正式的。在集体层面对思想和观念的系统化和制度化，形成了集体的思想体系和意识形态，成为社会的上层建筑。

文化资源价值通过个体的认识形成一定的思想、方法、技术和诀窍，这一知识只有被大众所认同，才能被社会所利用，才能具备资源的使用价值。否则，它只能被闲置或者灭失。观念最初可能形成于个体，是个体劳动创造的精神产品，当观念最终成为一种系统的、共享的认识，就可转化为集体的精神资源，并对社会群体的价值观念、生产行为和生活方式产生影响。

观念最初诉诸文字、语言，它的功能是实现群体的沟通和促进共同生产活动，今天被当作重要的民俗文化资源。在各民族传说中，文字和语言或由某个先祖和智者创造，实现了观念与一定书写载体的结合，这一载体可以是甲骨、陶器、玉石、竹简等自然界容易获取的材料，使得观念以文字和图像形式得以传播，最终促进了族群集体意识的形成。

原始的图腾、宗教观念是原始部落的集体意识，它可以表现为祭祀仪式和器物，进而影响族群内部关系和行为，形成族群的共同信仰以及习俗。纯精神文化资源虽然以观念、思想的方式存在，看似缥缈无形，但是可以作为社会经济发展的基本动力，通过提高个人和整个社会的人力资本、创意水平，对社会和经济产生深远的影响。马克斯·韦伯在《新教伦理与资本主义精神》中指出：工商界领导人、资本占有者、近代企业中的高级技术工人，尤其是受过高等技术培训和商业培训的管理人员，绝大多数是新教徒。新教的宗教思想观念作为一种公共的、社会纯精神文化资源，成为一种集体意识，引领和指导人们合理地计算收支、有条理地安排生产经营活动。现代理性资本主义的经济行为与新教徒井井有条、系统安排的人世禁欲主义生活方式是完全一致的，从而成为现代理性资本主义兴起的精神动力，也是现代资本主义得以产生的重要条件之一。

艺术作为重要的观念表达形式，最初是从原始图腾和宗教中分离出来的。绘画、雕塑等艺术形式运用不同材料媒介传达艺术家的观念；音乐、舞蹈通过声音、身体去直接演绎思想和观念。艺术最初来自个体创作，创作者借助特定技艺作用于媒介材料创造艺术文本，并在这一过程中创造了文化资源的最初精神材料：一是特定艺术技艺知识，它是观念与特定材料、媒介结合的技术和工艺，或者观念借助人的身体条件传达的技艺，这种技艺可以成为个体独特的技术诀窍，也可以成为一种共同知识资源进行普及和传授；二是观念本身作为一种创新的内容和审美意识，得以通过艺术作品的展示、演绎而被传播，成为集体的文化资源。伟大的艺术家通常能将这两种资源结合起来，在个体的观念创造力和观念的集体认同之间很好地平衡，从而塑造自身的艺术地位。在个体和集体的交互过程中，技艺和观念有时在艺术家生前，大部分在艺术家生后，被广泛地认识和保存下来，并被当作一种宝贵的资源记入艺术史册。

科学研究是复杂的精神劳动过程，要借助各种科学仪器和工具。科学规律的发现为科技发明奠定了坚实基础。通常，科学发现的真理和规律最终会成为人类共享的集体知识，被用作科学普及、教育和生产实践应用的知识资源。科技发明则是个体和某个拥有科技发明的机构为创新的产品谋取商业利益。这里，我们可以看到作为科学原理的集体文化资源和作为科技发明的个体知识产权资源之间的差别。

从科学、艺术、宗教等社会文化主要方面考察，我们可以发现个体的观念生产与集体的观念认同之间的内在关系，以及其对文化资源形成的重要作用。观念作为一种纯粹的精神内容必须以一定的方式保存下来，才能够被人们所认识、理解和利用。观念如果以无形的、纯粹的精神资源方式转化为可被利用的文化资源，必然要借助个体的知识生产和知识在集体中的传播，从而能够以集体的共同知识得以传承下来。

通常，具备独特性的、能够更有利于个体制造差异性的知识，或者能够产生巨大商业利益的知识，会通过师徒制、家族、企业组织的方式传承下来，作为一种功利性的、私有的文化资源。例如，非遗的手工技艺通过师徒制度和家族传承方式世代相传，成为立业谋生之本；企业的技术专利则受到法律保护，成为企业谋取商业利益的工具。

相对而言，具备较强公共性的知识，通常对于社会和大众具有更大利益，也更容易作为公共知识资源，通过图书馆、博物馆、公共教育、公共文化传播机构等方式保存下来。例如，电磁学科学发现在全社会共同认识、协同推进后才能创造更大利益，则容易快速传播成为集体知识；而电灯、电话、收音机、电视机等科技发明最初是个体基于一项科学原理进行的知识创新和产品创新，可以为个体带来巨大利益，则会选择专利方式进行商业转化，成为一种个体的文化资源。

再如，凡·高、塞尚等艺术家的作品是个体的，但是这种绘画的新技法及其所表达的艺术新观念，是艺术家希望得到社会认可并获得传播的，因为只有这样，艺术家的作品价值和艺术地位才能被认可。很多艺术家生前潦倒也是因为其艺术风格难以被接受，身后成名也是因为其艺术风格被发现、研究和认可，载入艺术史册成为集体的文化资源。

## 三、观念的物化

观念作为人对社会、自然的认识，代表着人类认识和改造自然的能力。这种能力在个体身上表现为个体独特的认知能力，是个体的智力资源。这种个体内在的智力资源被个体运用并通过一定的劳动工具和劳动资料，以脑力劳动和体力劳动相结合的方式，转化成为一定的外在表现形式。这种外在的表现形式是个体创意、技术和材料的结合，成为观念的物化形态。这种物化形态成为个体与集体、社会进行对话、交换的媒介，也是个体观念向外传播的媒介。

例如，一个手工艺者掌握着手工艺的技艺诀窍，可能是家族世代相传的、由个体掌握的特殊知识，这样的知识蕴含着一种文化传统，表达了民间手工艺特殊的人与自然的关系和审美意识，这种观念通过手工艺者的劳动，体现在将特定材料加工成为具有特定造型、色彩、图案的手工艺品。这样一件工艺品或者是为了迎合社会风俗观念和习俗的需要，如剪纸与年画，是用在过年时的窗花和贴门画，为了驱邪。这件工艺品也可能是工匠独特的技艺和艺术观念的创新的产物，其被大众热购使得这项技艺或观念得到传播，如钧瓷的窑变技术得到宋代皇家的认可，经过历史的演变和积累，成为独特的文化遗产资源。

观念的物化形态和物化传播过程，在艺术、科学领域普遍存在。但是，我们不能把物化的东西当作观念本身，因为观念本身是无形的纯精神内容，是纯精神文化资源。普通人可以去鉴赏和品味一件手工艺品，但是无法从这件作品中习得制作的技艺，因为这一诀窍和技艺是手工艺人个体的智力资源，它是隐性的知识，并不会直接展示给观者。同样，我们从一台 iPhone 手机中可以使用苹果创新的成果，它是无线通信、触屏和内容服务等科学技术和艺术创意的物化成果，真正的核心技术和创意通过一系列专利被苹果公司个体所有，这一系列专利是无形的观念和知识，是纯精神的，使用者或者其他公司不能获得。

## 四、观念转化为精神文化资源的具体形式

观念作为纯精神文化资源，可以有不同的存在形式。无论是在个体或者集体层面，这些形式都会通过一定机制使得观念被稳固下来。

在个体层面的观念，首先，它可以被系统化后成为个体技艺、方法和诀窍，依托一定的道具和物质材料，转化为具有一定表现形态的非物质文化遗产，成为准精神文化资源。它与个人结合得最为紧密，是个人的专有智力资源。这一智力资源通过个体之间师徒的、家族的生产和传承方式稳固下来。这种稳固的、系统化的观念以技艺、方法和诀窍等非正式的形式存在。其次，它可以通过正式的制度化，成为一种制度化的知识产权资源。例如，创意作为一种观念，当它被个体所发展和系统化转化，成为一种具体的形态和内容后，不论是文学的、设计的、音乐的或者综合的艺术形式，它们都可以通过知识产权制度和机制的设计，成为一种正式的、制度化的纯精神文化资源。

在集体层面的观念，首先，它可以直接表现为民俗形式。民俗是通过家族、族群成员之间互动而达成的共同观念。民俗观念影响到社会成员的行为，它是非正式的、约定俗成的，它与社会成员的生活息息相关，并深深地印刻在成员心里和行为中，成为协同成员一致行动的内在动力。其次，它可以是正式的、制度化的公共知识资源。公共知识是科学研究与发现所形成的系统化的、理论化的知识和思想，它被当作对社会发展有用的公共产品和教育资源，供社会成员学习和使用。

观念转化为精神文化资源，可以有民俗文化资源、知识产权资源、公共知识资源三种基本形态。民俗文化资源可以分为技艺与诀窍等为个体所有的文化资源，以及社会习俗形式的集体文化资源；知识产权资源是个体所有的、制度化的观念形态；公共知识资源是公共的、制度化的观念形态。

# 第二节　民俗文化的资源化及其利用

民俗即民间的习俗，是与官方的、学术的、制度化的文化相对应的，与公共的学术知识、官方的制度文化所不同的民间的文化传统。

## 一、民俗文化的类型

在民俗学的标准定义中，民俗文化是非常庞杂的体系，涵盖了民间文化的所有范畴。在中国的传统词语中，民俗即风俗、习俗和民风之意，是历史形成的民族观念及其态度和行为，可随时间而变化。在西方的外来词语中，英国学者汤姆斯最早使用"Folklore"一词，意指"民间知识"。早期的民俗研究对象是观念直接表现的"语言"形态，集中在民间传说、俚语、歌谣和故事等，这些口头文学记载了人类最初的活动和观念形成。随着民俗学研究的发展，对于民俗文化更为广泛、深入的研究扩大到民间生产和生活所有领域。从广义的文化方面，它包括物质生产、节庆、礼仪、生活习俗、社会交往关系等一切方面。1890 年，英国著名的民俗学学者高梅氏（Sir Lourenme Gomne）在其主编的《民俗学手册》中，将民俗界定在历史传承的观念及其精神内容形态层面，主要有：观念和信仰、传承的风俗、民间文学、民间成语四类。后来，民俗学学者进一步拓展，将其与文化人类学融合，其中较为代表性的分类有：英国的班恩女士（C. S. Burne）在《民俗学手册》中大致把民俗按精神领域、行为领域、语言领域划分为三类。法国的山狄夫在《民俗学概论》中提出三类：①物质生活，主要为经济生活的衣食住行以及乡村生活、城市生活的方法、习惯和物质遗存等；②精神生活，主要为非物质的方言、俚语、民间艺术、民间巫术、宗教等；③社会生活，主要是社会组织的形态，包括家族、社团、各种民间组合和秘密组织等。这些分类基本包括了民间文化生活的所有方面。

回到民俗最初的原点，观念是根本的源头。如高梅氏所定义的，民俗最初应该是遥远祖先的观念和信仰，被后来者继承下来成为一种集体的观念，在这一漫长的过程中，被继承的观念已经成为集体的稳定的态度和行为，并在日常生活中发生作用和影响，生产出社会生活的各个方面，这些观念生产的结果，也被一代代地继承下来。民俗文化本意上是历史的、继承的观念及其产物，它不是平板一块，而是以观念为核心的一系列观念形态和观念物化结果汇集而成的文化系统或文化生态。

观念是最初的、最本源的动力。首先，我们在谈及精神文化资源时，关注的是观念形态的、纯精神的民俗文化，这些精神层面的内容，包括宗教、信仰、巫术、道德、礼仪等，是纯精神内容，也是观念的原初形态。

其次，观念通过集体和个体所表现的非物质文化遗存，以口承语言民俗和艺术文化形式为特点，包括民俗游艺、民间艺术、民间传说、神话、歌谣、谚语、节日岁时习俗、生活礼仪习俗等。这些都是观念在个体和集体中发生作用的结果。例如，族群审美意识和价值观是集体继承的观念，这种审美意识通常是个体传承者继承的技艺或者集体共同进行的游艺活动，并且在特定日常生活场景中被消费和娱乐。在民俗文化中，那些没有物质载体、非物质的习俗，是纯精神的文化资源，包括山狄夫所说的精神生活和社会生活；那些具备特定载体的造存，是民俗文化观念的物化形式，即山狄夫所说的物质生活部分，可归属为准精神文化资源。本章讨论的主要是民俗文化的纯精神内容，即以观念、行为、语言等无形方式存在的民俗文化。

再次，观念在集体的、社会层面的积累形成组织化、结构化的文化形态，即社会化的民俗。社会化的民俗包括家庭、亲族、村落、社团等，是观念的具体社会化形态。观念的差异可以造成社会化民俗形态的不同。例如，由于观念差异和变化，导致东方和西方的社会风俗差异，以及在家庭、亲族、村落的社会结构方面的形态差异。

最后，观念的物化形态，即继承下来生产的方法以及物质遗存。这是典型的物质文化遗产。从这些物化的形态中，我们可以寻找到观念的源头。

## 二、民俗文化遗产、非物质文化遗产和文化资源的区别和联系

民俗文化遗产与非物质文化遗产有很多交集，但是又不完全重合。在联合国教科文组织于 2003 年通过的《保护非物质文化遗产公约》中提出的非物质文化遗产不同于传统意义上的民俗。

### （一）民俗文化遗产与非物质文化遗产的区别与联系

首先，"非物质文化遗产"是族群和社会共有的无形文化遗产，主要是从载体形态方面来区别无形和有形之文化资源，而民俗文化多与官方的、精英的、制度化的文化相对应，主要是民间与官方之区别。一项非物质文化遗产可能是民俗的，也可能是官方的、宫廷的，如宫廷手工艺、文人画、正统的宗教艺术等，并不属于民俗文化。而一件民俗文化资源则可能是物质的，也可能是非物质的。例如，民俗文化中包含大量的物质生产遗存、社会组织方式等，并不一定是非物质文化遗产的范畴。

其次，民俗文化强调历史继承的、过去的观念及其表现形态，重视过去的、继承的文化原生状态，而非物质文化遗产强调过去与当下、未来的结合。从保护文化遗产的角度看，非物质文化遗产更重视对文化的保护、活化和发展。

### （二）民俗文化遗产与文化资源的区别与联系

民俗文化是族群继承下来的历史遗产，至今人们仍然自觉地践行着其中的观念。民

俗文化遗产与文化资源是有一定区别的。文化遗产是从历史文化的认同、保护和传承角度，定义一项人类创造的遗存物。文化资源则更多是从经济生产的投入产出价值最大化的角度，定义可以被当作生产投入品的文化要素。

第一，文化遗产可以成为文化资源，但并不是所有的文化遗产都可以成为文化资源。文化遗产只有被大众所需，才有被加以利用并创造经济价值的前提条件。有些文化遗产并不具备经济利用与开发的条件。例如，很多传统戏曲被列为国家非物质文化遗产，因社会发展新兴文化娱乐方式层出不穷，青年观众已经不再对这些文化形式感兴趣，传统戏曲的市场需求日益萎缩，不具备以市场和产业的方式进行经济开发和利用的可能，只能作为民族文化的宝贵遗存加以保护。

第二，对濒危的民俗文化遗产保护比资源开发更重要。一些文化遗产虽然具有非常高的价值，但是处于濒危状态，具有不可再生性，过度地进行经济开发，必然会对文化遗产造成毁灭性的损害。对此类民俗文化遗产，首要任务是对它们进行完好的保护和修复，使其得以延续。我们在实践中，应当区分文化遗产和文化资源，不能将文化遗产直接等同于文化资源。科学合理地区分文化遗产与文化资源，可以避免单纯地追求经济效益、忽视文化遗产保护的错误。

## 三、民俗文化遗产的资源化

### （一）民俗文化遗产资源化

民俗文化遗产中蕴含着核心价值观念。这些观念是通过各类非物质的和物质的民俗文化遗产体现的。民俗文化遗产要转化为资源，关键是看这些从历史继承的观念在当代是否还有广泛的需求，是否能够作为生产、生活的精神要素被加以利用。

民俗文化遗产的资源化前提，就是要将其所蕴含的观念从其表现形态中被真实还原。所谓资源化，就是对这些观念及其历史继承的表达形态之间的关系加以梳理。

民俗文化遗产资源化的核心要义，是对民俗文化遗产的活化利用。所谓活化利用，就是能够将民俗文化遗产中原真性的观念、意义和价值要素，在当下的语境中寻找到新的应用场景，寻找到新的材料结合方式，创造出符合当代审美需求和消费需求的产品，或者能够形成大众感兴趣并且广泛参与体验和娱乐的活动。

民俗文化遗产资源化的目标，是在对遗产活化利用基础上的可持续发展，不是对民俗外在表现的造型、色彩、文字等形式的简单利用，而是要将内在观念与外在形式结合起来，是观念的资源化。这一资源化是民俗文化遗产的观念价值在当代的重新发现，以及对观念的丰富和发展。例如，花木兰是民间传说文化资源，传统的花木兰人物形象表达的核心观念是古代巾帼英雄的忠孝节义。这个观念从古诗《木兰辞》到各个时代、各地方戏曲的改编，都保持这一人物形象的观念内核的稳定继承。进入当代以后，随着好莱坞电影工业的介入，迪士尼动画电影《花木兰》对花木兰人物的内涵做了当代的、国际化的重新阐释。在保持花木兰勇敢智慧的女性观念内核不变的同时，对人物形象、语言（台词风格）的重新设计以符合国际传播的要求，获得了较大成功，使得花木兰这一民俗文化遗产成为世界性、现代性的文化符号。2019 年，好莱坞耗巨资推出新一版的电影《花木兰》，其初衷是为"花木兰"注入女权主义的元素，但是在影片叙事和部分情节上较为生硬，与观众期待差距较大，不但票房不理想，而且评价也颇有争议。从"花木兰"这一民俗文化遗产的资源化案例可见，一项民俗文化遗产资源可以持续、反复地加以利用和开发，建立在对其原真性的价值观念的发掘基础上，并使其与当代审美趋向和价值需求有机结合，只有实现创造性的转化，才能使得民俗文化资源不断持续发展。

### （二）民俗文化资源的利用

民俗文化资源的利用，在于观念的资源化转化。通俗地说，民俗文化所继承的观念，能够通过恰当的方式与一定材料、媒介或者传承者结合，呈现出人们喜闻乐见、乐于体验和消费的对象。

一是民俗文化的继承和直接利用。有些民俗依然存在较好的民间基础，具有广泛的需求。例如，茶道、端午节、七夕节、赛龙舟、元宵灯节、傣族的泼水节等，具有很好的民间基础，成为大众休闲娱乐和节庆活动的重要内容。一些民俗文化节庆活动与旅游业结合，可以创造很好的演艺旅游、节庆旅游的经济效益。对这些民俗文化遗产资源应加强原真性保护和利用，让大众能够直接参与其中，以促进民俗文化的体验。

二是对民俗文化资源的转化利用。民俗文化资源的转化利用，就是针对民俗文化原有的生活场景已经不复存在的情况，在当代生活中找到新的应用场景，或者采取一定的移植方法对民俗文化资源加以转化利用。例如，采取博物馆保存的方法展示民俗文化，通过博物馆展览、研究、教育的方式，使得民俗文化遗产能够在博物馆这个新的空间中与大众接触。再如，剪纸、年画等，因为现在城镇居民居住环境的变化，很少能在高楼和社区里贴门画、窗花，可以将剪纸和年画的图案重新移植到冰箱贴、手机壳、文身贴等新的场景中。这些移植的方法，较为原汁原味地保留了民俗文化本来的观念含义及其表现形式，是一种整体性的移植保护和利用方法。

三是民俗文化资源的创意开发。对民俗文化资源观念加以分析和提取，或者借用其表达方式，采取变形、嫁接、改编、重构等艺术创意方法，运用新技术、新材料等创新路径，使之与新的材料、载体、媒介结合，创造出符合大众审美心理和消费需求的新形式、新内容和新产品。例如，在《乐队的夏天》等网络综艺节目中，一些摇滚乐队创造性地运用民族方言，将民间歌谣改编为摇滚歌曲，这些改编后的新曲可以借助综艺节目、网络迅速传播和流行。

# 第三节　公共知识资源的利用

公共知识资源是官方的、学术的、制度化的知识资源及其服务体系。公共知识资源是与民俗文化资源相对应的一种文化资源，它通常是理论化的、制度化的，具有明显的公共产品性质。在现代社会中，对这些知识资源的学习和获取，成为广大社会公民的普遍需求。知识资源作为公共资源，既可以政府统筹安排方式纳入国家的科学与文化公共服务体系中，也可由社会企业、非营利机构等对公共知识资源加以编撰、出版、开发，作为知识产品提供给大众。

## 一、公共知识资源的类型

公共知识资源是指有利于社会成员沟通交流或者关系人与社会发展公共利益的知识。它可以按照知识的类型加以分类形成不同学科和领域。从专业性或社会普及程度而言，公共知识资源可以分为社会常识、公共基础知识和专业学术知识。

社会常识是社会成员之间普遍知道的、经过长期社会实践所证明的知识，或某一时期约定俗成、无须解释或论证的观念。社会常识随着社会形态不同和时代进步而不断丰富和变化，它是同一个社会共同体之间沟通、协商、协作的基本前提。

公共基础知识主要是指系统化、理论化的，应当提供给普通大众的、基础的科学与人文知识。公共基础知识是人类长期实践积累形成的知识资源，也是为了社会成员在现代社会中享受基本社会权利的需要，所应当提供和普及的知识。例如，义务教育应当完成的、普及性的公共基础知识，公共基础卫生防疫和公共基础法律知识，等等。

专业学术知识是指科学、人文艺术的实践和研究所形成的系统的、理论化的、专门的知识。专业学术知识对普通人有一定门槛，需要投入一定时间和精力去学习和研究。

## 二、公共知识资源的利用和开发

一般性的常识是每个普通人应该具备的基本知识，通常是社会成员共有的，可在家庭、社会族群中和人与人交往中自然习得。严格意义上，社会常识并不是一项资源，本无须谈及资源利用。但是由于不同国家、地区、阶层之间的文化差异，当人们在跨文化、跨地区、跨族群、跨阶层交流时，需要了解这些差异和常识。通常，社会常识可以通过图书馆、出版物，以及跨文化服务机构等公开的知识服务机构获得。例如，在进行"一带一路"沿线的经济文化合作中，由于沿线民族众多、文化风俗差异大，需要了解和尊重不同民族的风俗常识和生活习惯，尤其要注意不同文化风俗的一些禁忌。

公共基础知识、专业学术知识通常由教育、公共文化服务等公共知识服务部门提供。对于公共基础知识，基本通行的做法是采取义务教育、社会普及教育等方式。对于专业学术知识，可以由高等教育、公共文化服务、社会培训教育机构等多层次、多元化的知识服务体系提供。

虽然公共知识资源的公共性质决定了大部分公共知识资源可以公益性的方式提供，但是对这些资源有效的发掘和开发，也可以通过市场化的、产业化的方式进行，以提供新的知识产品。例如，大量与基础教育有关的辅助出版物和服务等，是经过专业研究开发出来的教育教学实践内容，是可以通过市场的方式来提供的。公共图书馆、博物馆承担着公共知识资源的传播和利用责任，其基本服务是免费的，但是基于这些公共知识资源开发的博物馆纪念品、出版物等，可以收取一定的成本费用，作为公共文化事业费用的补偿。再如，随着互联网信息技术的发展，在知识信息爆炸的时代，大众对知识学习的需求增加，人们有限的时间、精力与爆炸的知识之间必然会产生矛盾，知识搜索引擎、专业知识数据库、英国广播公司（BBC）纪录片、《TED演讲集》、"喜马拉雅"电台、有声读物等知识资源付费新业态涌现出来，以满足人们特定的知识需求。

公共知识资源的利用所包含的范围较为广泛，既可以是对公共知识资源的开发，也可以创造出新的知识产品。例如，围绕《红楼梦》开展的红学研究、知名专家讲授的《百家讲坛》节目，以及知识付费类产品，都与私人拥有的科技发明、专业知识、创意知识一样，是具备知识产权的。

# 第四节　知识产权资源

## 一、知识产权的概念

知识产权是在科学技术、文学艺术等领域中的发明者、创造者对其智力劳动成果所依法享有的专有权利，通常是国家赋予创造者对其智力成果在一定时期内享有的专有权。1994年关贸总协定缔约方通过的《知识产权协议》草案中界定知识产权包括专利权、商标权、著作权、集成电路布图设计权、地理标志权、商业秘密权等。其中：

著作权和邻接权。著作权，又称版权，是指文学、艺术和科学作品的作者及其相关主体依法对作品所享有的人身权利和财产权利。邻接权在著作权法中被称为"与著作权有关的权益"。

专利权，即自然人、法人或其他组织依法对发明、实用新型和外观设计在一定期限内享有的独占实施权。

商标权，即商标注册人或权利继受人在法定期限内对注册商标依法享有的各种权利。

　　商业秘密权，即民事主体对属于商业秘密的技术信息或经营信息依法享有的专有权利。

　　植物新品种权，即完成育种的单位或个人对其授权的品种依法享有的排他使用权。

　　集成电路布图设计权，即自然人、法人或其他组织依法对集成电路布图设计享有的专有权。

　　商号权，即商事主体对商号在一定地域范围内依法享有的独占使用权。

　　从文化资源学理论角度，主要是著作权、专利权、商标权三种建立在智力资源和知识资源基础上的权利关系。我国知识产权法是由《中华人民共和国著作权法》（以下简称《著作权法》）（含有邻接权）、《中华人民共和国商标法》（以下简称《商标法》）和《中华人民共和国专利法》（以下简称《专利法》）三部法律构成。

## 二、知识产权资源的价值特征

　　知识产权资源因为与特定文化资产相连接，所以和一般资源具有不同的价值特性。

### （一）价值关联性

　　知识产权资源是由某项或者某几项智力成果资产所产生的相关权利连接。知识产权资源的各项权利与财产所有权相关。精神产品中决定版权资源的关键部分为其无形的精神内容，而精神内容一旦被创造和公布后，不会像物质产品那样逐渐因损耗而消失。知识产权资源一般不容易因原始精神产品消亡而损失。一项知识产权的存续与否，取决于其所关联的资产所有权在法律上所规定的存续期限。

　　例如，通常各国都会对著作权法律保护的存续期限做出规定，一般在其所关联的精神产品的创造者和首次发布者死亡后 50 年以内。《著作权法》规定的权利的保护期为作者终生及其死亡后 50 年，截止于作者死亡后第 50 年的 12 月 31 日；如果是合作作品，截止于最后死亡的作者死亡后第 50 年的 12 月 31 日。再如，通常一项文化版权经过转让后，由作者转让给其他人，这项版权资源的价值也就随之部分或者全部转移。

### （二）价值可分割性

　　在法律意义上，知识产权是一组权利，这些权利可以被分割开转让和分配，因此一项知识产权价值可以被分割成不同权利单元的组合分配给不同的人享有。例如，作者可以将出版权转让给出版社，将表演权转让给表演团体，将录制权转让给音像公司，将播放权转让给广播电台，等等；在出版权中，作者可以将不同语言的翻译权转让给不同出版社。

　　知识产权转让也可以是分地域的或者有期限的，即价值可以按照地区和时间的不同方式进行分割。例如，将知识产权授予不同地区的代理商，或者设定一定期限，到期之后重新授权签订授权协议，等等。

### （三）价值可复制性

与知识产权相联结的多位精神产品，其精神内容的价值可以低成本地无限复制，即精神内容可以被毫无损耗地授权后重复地使用。知识产权授权使用是知识产权资源价值实现的最主要方式。通过授权，可以对知识产权所联结的精神内容资源进行批量的规模化复制，以创造巨大的经济价值。因此，知识产权是具有较高资源再生性和持久性的文化资源。例如，全世界范围内，卡通形象授权是巨大的产业。在日本，卡通形象知识产权的买卖占全年卡通消费的一大半。以小狗形象史努比（Snoopy）来说，它在全球有超过 2 万种与其相关的商品，包括 0～4 岁婴儿装，浴巾、挂毯等家用纺织品，卡通钟表，主题公园等。

除了授权使用知识产权外，知识产权转让也是价值实现规模化复制和价值转化的主要方式。知识产权转让和授权是将知识产权所联结的全部或部分财产权有偿或无偿地移交给他人所有的法律行为。这种转让通常可以通过买卖、互易、赠予或遗赠等方式完成。与授权许可他人使用作品不同，转让知识产权的法律后果是转让人丧失所转让的权利，受让人取得所转让的权利，从而成为新的所有者。

### 案例【4-1】 美国沃尔特·迪士尼公司诉北京出版社等侵犯著作权纠纷案

1994 年 1 月 27 日，美国沃尔特·迪士尼公司向北京市第一中级人民法院提起诉讼，诉称被告北京出版社、北京少年儿童出版社、新华书店北京发行所未经原告许可，出版、发行、销售的《班比交朋友》等 9 本"迪士尼的品德故事丛书"中复制迪士尼公司的卡通形象，侵犯了迪士尼公司的版权。

北京市第一中级人民法院经审理查明：北京少年儿童出版社对外是北京出版社的复牌，实际是北京出版社的一个编辑部，负责发行少儿类图书，并非独立法人。北京出版社（实际上是以"北京少年儿童出版社"名义）分别于 1991 年 8 月、1992 年 11 月和 1993 年 11 月 3 次印刷出版《班比交朋友》等 9 本书。书中的卡通形象与原告提供的英文原版完全相同，封面上均有米奇老鼠的形象，并标有"迪士尼的品德故事丛书"字样。

迪士尼公司与麦克斯威尔公司于 1987 年 8 月 19 日签订协议，约定："迪士尼公司仅授予麦克斯威尔公司出版汉语出版物的非独占性权利，只能在中国出售以迪士尼乐园角色为体裁的故事书，本协议所给予的许可权不得以被许可方的任何行为或通过法律程序进行转让，合同期限自 1987 年 10 月 1 日至 1990 年 9 月 30 日，自期满之日后有 180 天的全部售完期限。"麦克斯威尔公司与北京出版社于 1991 年 3 月 21 日签订了《转让简体本合同》，约定："麦克斯威尔公司经迪士尼公司授权，拥有迪士尼儿童读物中文的专有出版权，并有权代理该读物的版权贸易业务，麦克斯威尔公司将迪士尼公司的授权转让给北京出版社。"同日，北京出版社与大世界出版有限公司为落实《转让简体本合同》签订了协议书，约定北京出版社委托大世界出版有限公司将迪士尼儿童读物文字进行定稿、发排、制版，大世界出版有限公司保证提供合格的中文简体字彩色版制成软片，大世界出版有限公司负责向北京出版社提供外方确认的迪士尼丛书版权合同书，作为北京出版社在中国境内享有版权的合法依据。

北京市第一中级人民法院认为，根据《中美知识产权谅解备忘录》的规定，美国国民的作品自 1992 年 3 月 17 日起，受中国法律保护。麦克斯威尔公司在其最后销售期限即将届满之时将迪士尼公司作品的出版权和发行权转让给北京出版社的行为，一方面侵犯了迪士尼公司的权益，另一方面是对北京出版社的欺诈，该合同在法律上属无效合同。麦克斯威尔公司用欺骗的手段与北京出版社签订《转让简体本合同》是发生这一侵权事件的主要原因，因此麦克斯威尔公司是主要责任人。鉴于迪士尼公司未对麦克斯威尔公司提起诉讼，且麦克斯威尔公司已于 1993 年 7 月破产，故对麦克斯威尔公司在本案中的责任不予追究，但考虑到本案侵权责任系多因一果关系，因此，应相应减轻本案各被告人的赔偿数额。

北京出版社以营利为目的 3 次出版的"迪士尼的品德故事丛书"，属于对美国作品的"商业规模的使用"。由于北京出版社第一次出版行为发生于《中美知识产权谅解备忘录》生效日之前，故不予追究。北京出版社的第二次和第三次出版行为均发生于《中美知识产权谅解备忘录》生效日之后，其行为已构成侵权，应当承担侵权责任。

新华书店北京发行所参与了北京出版社第二次和第三次出版的"迪士尼的品德故事丛书"的销售。在签订销售协议时，虽然已经注意到了国家有关部门的规定，但并未对北京出版社是否获得了版权管理机关的登记号做实际审查，应当认定新华书店北京发行所在主观上是有过错的，新华书店北京发行所对其发行侵权图书的行为应当承担侵权责任。

从某种意义上说，大世界出版有限公司与麦克斯威尔公司属恶意串通，未尽保证人应尽之审查义务，应对在这一侵权事件中北京出版社因承担赔偿责任所发生的经济损失承担一部分责任，其所获得的不法利益也应予以收缴。

北京市第一中级人民法院于 1995 年 5 月 18 日做出判决：（一）北京出版社和新华书店北京发行所于本判决生效之日起立即停止出版、发行"迪士尼的品德故事丛书"；（二）北京出版社于本判决生效之日起 60 日内在一家中国出版的、全国发行的报纸上向原告沃尔特·迪士尼公司公开赔礼道歉；（三）北京出版社于本判决生效之日起 15 日内向原告美国沃尔特·迪士尼公司一次性支付赔偿费人民币 227 094.14 元；（四）大世界出版有限公司于本判决生效之日起 15 日内向北京出版社支付赔偿费人民币 90 837.66 元；（五）驳回原告沃尔特·迪士尼公司的其他诉讼请求。

（资料来源：李德顺.《改革开放 30 年十大经典著作权案例分析[J]. 科技与出版，2009（4）：25-30.）

### 三、主要知识产权的特征

#### （一）著作权资源的特征

著作权，也可称作版权（copyright），是知识产权资源中最为重要的一类文化资源，是由自然科学、社会科学以及文学、音乐、戏剧、绘画、雕塑、摄影和电影摄影等方面的作品组成。

##### 1. 著作权构成

著作权是通过法律建立的一种对文化资源的权利关系，这一法律规范使得有关文学、艺术、科学作品等知识资源被制度化。其将这些资源看作资产，形成一组可以授予和交易的权利。著作权的构成需要满足三个条件：①具有某种精神方面内容，即作品要具有某种思想或者美学方面的精神内容；②精神内容需要通过一定的形式表达出来，停留在大脑里的构想是不可感知的纯精神内容，不能称作作品，必须有具体的表达；③要具有独创性，即是通过个体的智力劳动完成的作品。

著作权要保障的是纯精神内容的表达形式，而不是保护纯精神内容本身。文化资源的核心内容来自某一观念或纯精神内容，但是版权所要保护的是这一观念和内容的表达形态，即精神内容与特定载体结合后表现出来的精神产品。同样的主题、观念、创意点子可能会以不同的形式表现出来。例如，在影视剧中，采用同样的历史题材这一公共文化资源，通过创意的方式表达爱国主义、英雄主义的故事，需要编剧、导演创造性地参与，并以文学剧本、影视剧方式表达为具体的精神产品。版权保护的是文学剧本、影视剧这种特定的精神产品形态。

虽然，版权保护的是纯精神内容物化后的某一种具体精神产品形态，但是，纯精神内容具有可以被反复利用的特性，一项纯精神文化资源可以通过精神内容不同的外在表达方式，形成多样化的精神产品，因而也就可能具有很多形式的版权。比如，故事内容可以文学剧本的形式存在，如果版权只保护文学剧本的形式，那么就容易使得精神内容的创作者失去使用这些内容产生其他形式的精神产品的收益权。版权保护会对在一项具体形式的精神产品保护基础上，扩大到保护由此而可以延伸的其他权利。例如，文学剧本的版权，包括对剧本延伸进行的电影与电视改编权，图书出版、动画、游戏等相关其他精神产品的权利。

版权是一项复合型的财产权利，是多项与精神内容相关的人身权利和财产权利，包括发表权、署名权、修改权、保护作品完整权、复制权、发行权、出租权、展览权、表演权、放映权、广播权、信息网络传播权、摄制权、改编权、翻译权、汇编权等至少 16 项相关的权利。

## 拓展知识　与版权相关的 16 项权利

（1）发表权，即决定作品是否公之于众的权利，属于著作人身权，包括发表作品与不发表作品两方面的权利。发表作品权，含何时发表、何地发表、以何种方式发表作品。出版，公演，广播电台、电视台播放都是发表的形式。不发表作品权，指作者对其作品享有不公开的权利。发表权的行使只有一次，作品的发表，应当是首次向社会公开，如果作品已经出版或者将作品展览过，说明作者已经行使过发表权了。

（2）署名权，即表明作者身份，是在作品上署名的权利，包括是否署名决定权，以署其本名、笔名、别名或假名的署名方式决定权，署名排列方式决定权等。

（3）修改权，即修改或者授权他人修改作品的权利。

（4）保护作品完整权，即保护作品不被歪曲、篡改的权利。

（5）复制权，即以印刷、复印、拓印、录音、录像、翻录、翻拍等方式将作品制作一份或者多份的权利。

（6）发行权，即以出售或者赠予方式向公众提供作品的原件或者复制件的权利。

（7）出租权，即有偿许可他人临时使用电影作品和以类似摄制电影的方法创作的作品、计算机软件的权利，计算机软件不是出租的主要标的的除外。

（8）展览权，即公开陈列美术作品、摄影作品的原件或者复制件的权利。

（9）表演权，即公开表演作品，以及用各种手段公开播送作品的表演的权利。

（10）放映权，即通过放映机、幻灯机等技术设备公开再现美术、摄影、电影和以类似摄制电影的方法创作的作品等的权利。

（11）广播权，即以无线方式公开广播或者传播作品，以有线传播或者转播的方式向公众传播广播的作品，以及通过扩音器或者其他传送符号、声音、图像的类似工具向公众传播广播的作品的权利。

（12）信息网络传播权，即以有线或者无线方式向公众提供作品，使公众可以在其个人选定的时间和地点获得作品的权利。

（13）摄制权，即以摄制电影或者以类似摄制电影的方法将作品固定在载体上的权利。

（14）改编权，即改变作品，创作出具有独创性的新作品的权利。

（15）翻译权，即将作品从一种语言文字转换成另一种语言文字的权利。

（16）汇编权，即将作品或者作品的片段通过选择或者编排，汇集成新作品的权利。

2．邻接权

邻接权，即作品传播者权，指与著作权相邻近的权利，是作品的传播者在传播作品的过程中，对其付出的创造性劳动成果依法享有的专有权利的统称。在一些英美国家，邻接权通常作为著作权看待，欧洲大陆法系国家则严格区分著作权与邻接权。邻接权的基本内容包括：出版者权利，表演者权利，录音、录像制作者权利，广播电台、电视台对其制作的广播电视节目享有的权利。

出版者权，是指书刊出版者与通过合同的约定或者经著作权人许可，在一定期限内对其出版的作品所享有的使用权。

表演者权，包括表明表演者身份、保护表演形象不受歪曲、许可他人从现场直播并有权收取一定的报酬、许可他人为营利目的录音录像并获得报酬。

录音、录像制作者权利，是指录音录像制作者享有许可他人复制发行其录音录像制品并获得报酬的权利。录音录像制作者权的保护期限为50年。

广播电台、电视台对其制作的广播电视节目享有的权利，包括广播电台、电视台对其编制的广播电视节目或依法取得的音像节目的播放权利，以及许可他人播放和复制并获得报酬的权利。

需要注意的是，法律在明确规定邻接权所有人权利的同时，也明确规定了邻接权所有人应当履行的义务。

3. 主要著作权资源的特点

著作权资源可以按文化成果的作品形式加以分类。通常可以受版权保护的作品包括小说、诗词、散文、论文、速记记录、数字游戏等文字作品；讲课、演说、布道等口语作品；配词或未配词的音乐作品；戏剧或音乐戏剧作品；哑剧和舞蹈艺术作品、绘画、书法、版画、雕塑、雕刻等美术作品；实用美术作品；建筑艺术作品；摄影艺术作品；电影作品；与地理、地形、建筑、科学技术有关的示意图、地图、设计图、草图和立体作品。根据版权资源的种类特点，主要对以下类型的资源利用加以介绍。

1）文字作品版权资源

文字作品版权资源指所有与文字相关的纸质和非纸质文字作品，包括以文字形式出现的各种体裁的文字作品。这些是精神内容最早的版权形式，在中国有700多年的历史，在欧洲有200多年的历史。中国南宋绍熙年间（1190—1194年）刻印的四川眉州人王称所著《东都事略》，目录页上有"眉山程舍人宅刊行，已申上司，不许覆板"的声明，这是最早的文学作品版权声明。现在，文学作品版权的范围已经非常广泛，不但包括传统意义上纸质媒体的图书，而且包括网络和手机等新媒体传播的网络文学、数字游戏内容，以及通过口传的民间文学、讲演和课件等作品。

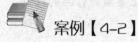 案例【4-2】　　　　　　《乌苏里船歌》①

《乌苏里船歌》在被著名歌唱家郭颂传唱了40年之后引发了一起著作权纠纷案。起

---

① 北京法院"首例"案件之《乌苏里船歌》著作权纠纷案，中国知识产权网 http://www.ciplawyer.cn/，2018年8月29日。
　该判例具体案号为（2001）二中知初字第223号、（2003）高民终字第246号。

因于"1999 年南宁国际民歌艺术节"开幕式晚会：在郭颂演唱《乌苏里船歌》之后，中央电视台的一位节目主持人说："《乌苏里船歌》明明是一首创作歌曲，但我们一直以为它是赫哲族人的传统民歌。"南宁国际民歌艺术节组委会将此次开幕式晚会录制成 VCD 光盘，中央电视台认可共复制 8000 套，均作为礼品赠送。赫哲族乡政府代表赫哲族人民向北京市第二中级人民法院提起诉讼。该案争议的焦点是：这首歌曲到底是改编还是原创？若是原创，则为何该歌曲竟和赫哲族的民间歌曲《想情郎》等曲调基本相同呢？其隐藏在本案背后更深层的问题是：什么是民间文学艺术作品？《著作权法》如何保护民间文学艺术作品？

一审北京市第二中级人民法院在审理过程中，根据双方当事人的申请，委托中国音乐著作权协会从作曲的专业角度对音乐作品《乌苏里船歌》与《想情郎》等曲调进行技术分析鉴定。鉴定报告结论是：《乌苏里船歌》是在《想情郎》等赫哲族民歌的曲调基础上编曲或改编而成。据此，一审法院经审理认为《乌苏里船歌》主曲调是郭颂等人在赫哲族民间曲调《想情郎》的基础上改编完成的作品。郭颂等人在使用音乐作品《乌苏里船歌》时，应客观地注明该歌曲曲调源于赫哲族传统民间曲调并经改编。判定郭颂、中央电视台于本判决生效之日起三十日内在《法制日报》上发表音乐作品《乌苏里船歌》系根据赫哲族民间曲调改编的声明，并各支付黑龙江省饶河县四排赫哲族乡人民政府因本案诉讼而支出的合理费用 1500 元；北京北辰购物中心立即停止销售任何刊载未注明改编出处的音乐作品《乌苏里船歌》的出版物。一审宣判后，郭颂、中央电视台提出上诉。北京市高级人民法院认定的事实和理由与一审相同，认为一审法院所作判决是适当的，应予维持，判决驳回上诉，维持原判。

案例探讨：

乌苏里船歌是否是民俗文化资源？思考并讨论民俗文化资源与知识产权资源的关系。

2）音乐表演作品版权资源

音乐表演艺术作品版权资源涵盖所有以音乐、表演形式为主的文艺作品版权资源，主要包括歌曲、戏剧、歌舞、曲艺等音乐作品的表演权、复制权、广播权、网络传输权等财产权利和署名权、保护作品完整权等精神权利。音乐表演作品涉及曲作者、词作者、演唱者（歌手）、音乐制作人、音乐改编者、配乐者、演奏者、歌曲译配者、音乐作者的继承人以及相关的邻接权，如音乐出版者、录音者的邻接权。应当注意，表演者权与表演权不同。表演是使用他人作品进行演绎，表演者权产生的前提在于著作权人将其作品的表演权许可给表演者行使，表演者权的设定有利于维护表演者利益，因为表演者权由表演者享有，而表演权却属于著作权人。

与其他种类的作品相比，音乐作品更容易传播和获得，音乐作品的使用具有零散、广泛、大量和即时的特点。音乐作者个人无法掌握音乐作品的使用情况并对之进行监督和控制。尤其是随着互联网的出现，大量未经授权的数字音乐复制和传播，一方面加速了音乐的传播，使得音乐创作者和表演者更容易被推广；另一方面也出现了严重的盗版问题。

3）美术作品版权资源

美术作品版权资源，是指所有以美术作品形式存在的版权资源。人们对美术作品的理解随着时间的推移而发生变化。国际公约已将美术作品的英文表达从"Fine Arts"修改为"Works of Visual Arts"，即只要是视觉艺术作品都可以纳入《著作权法》保护。它既包括传统意义上的绘画、书法、版画、雕塑等美术作品，也包括插画、工艺美术、影视美术、舞台美术等实用美术作品、建筑美术和摄影艺术作品，以及一些有争议的行为艺术作品、当代计算机美术作品。根据《著作权法》，美术作品是指"绘画、书法、雕塑等以线条、色彩或者其他方式构成的有审美意义的平面或者立体的造型艺术作品"。由于美术作品和原件不可分离，而且美术作品具有很强的原创性，所以美术作品的著作权和美术作品的所有权紧密相关。

其中，计算机美术作品作为一种新的以计算机创作的实用美术作品形式，包括计算机动画和游戏人物与场景绘图等。例如，20 世纪 80 年代初，由于计算机动画技术的发展，片商们开始投资制作三维动画，在动画片中出现了立体的人物、立体的动物、房屋、树木、风景甚至云、烟、浪沙，具有真实感的动画片开始出现。特别是 1994 年 5 月美国的大型立体动画片《侏罗纪公园》获得奥斯卡金像奖，标志着三维动画片软件技术已经达到相当高的水平。《侏罗纪公园》以假乱真地再现了 1 亿年以前地球上的恐龙，这是计算机动画片开始成熟的里程碑。

4）影视作品版权资源

电影作品和以类似摄制电影的方法创作的作品是一个特别的作品类型，除了电影、电视剧外，还包括所有新出现的微电影、微视频等视频内容作品的版权资源。影视版权，是指影视作品的作者或者公司对其作为制片人所依法享有的人身权和财产权。它包含电影发行权、电影放映权、信息网络传播权、复制权等权利。

由于摄制电影类作品是一个比较复杂的、系统的智力创作过程，要有提供资金和组织拍摄的制片人，要有电影脚本（包括改编和直接创作的剧本和音乐、作词等），要有导演、摄影、演员、特技设计、美工（包括服装、道具设计）、灯光、布景等，摄制电影投资巨大并且编剧、导演、摄影等工作人员都付出了大量的创造性劳动，电影的发行、放映也会带来巨大的商业利益，但也有巨大的商业风险。为了保障投资人及时收回投资，也为了协调各权利人的关系，世界上大多数国家的法律规定，电影作品和以类似摄制电影的方法创作的作品著作权归制片人享有。《著作权法》第十五条第一款规定："电影作品和以类似摄制电影的方法创作的作品的著作权由制片者享有，但编剧、导演、摄影、作词、作曲等作者享有署名权，并有权按照与制片者签订的合同获得报酬。"需要指出的是，电影作品和以类似摄制电影的方法创作的剧本、音乐等可以单独使用的作品的作者有权单独行使其著作权。

（二）专利资源

专利分为发明专利、实用新型专利和外观设计专利三种不同类型。专利权就是发明人、设计人或者权利的受让人，对专利的独占使用、收益和处分的权利。专利权具有排他性、时间性和地域性。排他性，是专利权人对其拥有的专利权享有独占或排他的权利，未经其许可或者出现法律规定的特殊情况，任何人不得使用，否则即构成侵权；时间性，指法律对专利权所有人的保护具有一定期限，超过这一时间限制专利就会成为公共资源，任何人都可以使用；地域性，指专利权人依一国法律取得的专利权只在该国领域内受到法律保护，而在其他国家则不受该国的法律保护，除非两国之间有双边的专利（知识产权）保护协定，或共同参加了有关知识产权的国际公约。

发明专利通常与科技发明有关，属于科学技术领域的智力成果。实用新型和外观设计都是设计专利，与工艺、设计有关。设计作品的范围涵盖较为广泛，包括平面图形设计、工艺设计、环境设计、服饰设计、装置设计、产品设计等，既有平面图形，又有三维造型等外观设计，还有装置技术、工业产品设计等实用型技术专利。

### （三）商标权的保护与利用

商标权也是重要的文化资源，包括注册的名称、商标、品牌等知识产权。例如，一些文化品牌，是通过品牌名称和商标授权的形式来运营的，这些名称、商标就成为最宝贵的文化资源。再如，一些时尚品牌的商标，包括其名称和标识（logo）图案等都代表了其品牌价值，是受法律保护的文化版权资源。当文化品牌的商业名称涉及跨国经营的不同语言翻译时，就会产生名称使用的权利问题。

## 案例【4-3】　苹果公司与唯冠公司关于 iPad 商标名称之争

2000 年，唯冠国际旗下的唯冠科技（台北）公司在多个国家与地区分别注册了 iPad 商标。2001 年，唯冠国际旗下唯冠科技（深圳）公司又在中国大陆注册了 iPad 商标的两种类别。当时苹果并未推出 iPad 平板计算机。2006 年，苹果公司开始策划推出 iPad 时发现，iPad 商标权归唯冠公司所有。2009 年 12 月，苹果用 3.5 万英镑取得了 iPad 的海外商标权，但是唯冠科技（深圳）公司称，iPad 的中国大陆商标权归属于其唯冠科技公司所有。2010 年 2 月，苹果与英国 IP 公司签订一份《权利转让协议》，英国 IP 公司以 10 英镑为对价，向苹果公司转让有关商标（即唯冠科技（台北）公司转让给英国 IP 公司的所有相关 "iPad" 商标）的所有权利。很快，由于中国大陆市场成为 iPad 全球最大的市场，唯冠和苹果就大陆地区 "iPad" 商标名称的归属产生纠纷。2010 年 4 月 7 日，苹果向中国商标局申请大陆 iPad 商标的转让过户，被中国商标局驳回。同月，苹果在深圳起诉唯冠科技（深圳）公司，要求确认其为 iPad 商标专用权人。

2011 年 12 月，法院做出一审判决，苹果败诉。随后，苹果上诉至广东省高级人民法院。媒体报道称将在 12 月 29 日开庭。

2012 年 2 月 7 日，唯冠科技（深圳）公司向上海法院提出申请，要求发布苹果 iPad 禁售令。2 月 10 日，唯冠科技（深圳）公司起诉苹果公司 iPad 商标侵权案一审宣判：苹果败诉，法院颁布苹果 iPad 禁售令。国内多地区工商局接到相关律师函，开始调查侵权 iPad 案。

一些数据分析显示，从 2010 年第四季度到 2011 年第三季度，苹果 iPad 系列平板累计在中国销售了 362 万台。若按照均价每台 3000 元计算，苹果在中国 iPad 系列产品营收至 2011 年第三季度，已经达到了 108 亿元。若二审败诉，工商局对 iPad 的最高罚款可以超过 300 亿元。

无独有偶，2012 年江苏雪豹日化有限公司向上海市浦东新区人民法院提交民事诉状，起诉苹果的 Mac OS X Snow Leopard 系统（中文译名"雪豹"操作系统）侵害其"雪豹"商标权，要求对方停止侵权行为、公开道歉并赔偿 50 万元。

## 四、知识产权资源的保护和价值损害来源

知识产权资源具有巨大的授权价值，但是由于知识产权是建立在精神内容产品上的纯精神文化资源，并无实际的载体，只是法律制度化的一组权利，如果不能够在执行层面得到有效的法律保护，就非常容易被侵权，造成价值流失。

### （一）知识产权资源的法律保护

知识产权法最早始于 17 世纪末英国的《安娜法令》和法国大革命时期的各项作者权法令。《安娜法令》影响了英国、英联邦国家、美国等，强调知识产权的财产经济属性，具有普通法传统。大陆法系更加强调知识产权的精神属性，与英美法系的版权法相比，大陆法系的著作权法将作品更多地视为作者人格的延伸，并非普通的财产，更为注重保护作者的人身权利，对著作权的转让施加较多的限制。这些法律都奠定了现代著作权法的基石。随着两大法系的主要国家均加入了《伯尔尼公约》等知识产权的国际公约，以及两大法系之间的相互借鉴和融合，目前大部分英美法系国家都在其版权立法中规定了作者的人身权利。而一些大陆法系国家对于计算机软件也承认其著作权可以为雇主所原始取得。

我国属于大陆法系，1990 年 9 月 7 日，第七届全国人民代表大会常务委员会第十五次会议通过《著作权法》，以适应世界知识产权组织的新条约和中国加入世界贸易组织（WTO）的需要。2001 年进行了第一次修正，2010 年进行了第二次修正，吸收了不少英美法系版权法中的规则与观念。2020 年 5 月 28 日，十三届全国人民代表大会常务委员会第三次会议又通过了《中华人民共和国民法典》（以下简称《民法典》）。在知识产权保护的法律规定中，一般涉及知识产权的登记确认和公开、权利归属和法律责任、保护期限、保护区域、权利限制五个方面的内容。其具体内容可以参见《民法典》《著作权法》《专利法》《商标法》等法律条文规定。

#### （二）知识产权资源的价值损害来源

影响知识产权资源价值的因素有很多，有些是法律上的侵权，有些是竞争和知识产权所联结的资产损毁等。

##### 1. 侵权

如果不经许可，并且不用支付报酬，就随意对知识产权资源进行复制、分发，甚至从事销售等相关商业牟利活动，就侵害了知识产权所有者的权利，构成侵权行为。例如，出版物的侵权通常包括盗版书籍、盗版软件和盗版音像制品，常见的盗版行为有仿制、拷贝或复印、移除或改写版权信息并任意改动功能、在非授权范围的场所公开供人使用或浏览和散布、重新包装后转散布或转卖、破解序号保护或提供注册机等。再如，20世纪七八十年代香港九龙城、狮子山、观塘等穷人聚居的山寨城有大量私营家庭工厂专门生产仿冒国际名牌服饰鞋帽，由于手工精美、价格低廉而热销国内外，当地人称此类商品为山寨货。20世纪80年代，广东沿海一带热销的国外名牌均为此类山寨货。"山寨"一词逐步演变为专指小规模或家庭式作坊，没有自主创新能力，以模仿其他品牌来达到低价行销自产产品的现象。山寨极有可能侵犯创新者的版权，造成不平等的恶性竞争。

##### 2. 竞争

知识产权资源的竞争是创新和新技术带来的竞争，造成原有专利资源的价值贬值和消失。知识产权受法律保护，但这并不表示没有类似技术和创意的竞争。同类的、类似的技术和创意在法律上可能不构成侵权，但会形成竞争。对于专利技术和软件等知识版权，可以通过科技查新手段来评定相关技术和软件的新颖性和相似性，以达到避免同质竞争的目的。对于大多数文化版权资源来说，即使是同样题材和同样对象的创作，只要是创作者的艺术创作活动，没有抄袭剽窃行为，就难以认定两个作品相同和存在侵权的行为。例如，在文学创作和影视剧创作中，存在同类题材作品的竞争；对于同一个设计主题和设计对象，可以有多个设计师或者设计公司提出投标方案。

##### 3. 资产损毁

知识产权所联结的知识资产被毁坏和灭失，对知识产权价值会造成重大影响。通常精神内容依附于特定物质载体而得以延续。如果精神内容因为物质载体的损毁而在传承中遭到毁坏和流失，依附于这些精神内容的版权资源也就失去了存在的基础。例如，非物质文化遗产由于其观众群体日渐缩小，市场萎缩，造成大量民族非物质文化遗产资源濒临灭绝，很多传统戏曲的剧目不断流失和消亡，很多传统手工艺面临人亡艺亡的局面。再如，战争对图书、美术和建筑等文化遗产造成巨大损害，一些依赖于绘画、图书的版权资源也相应地流失。

此外，也有一些特殊情况。例如，在影视剧制作中，由于影视剧是一件复杂的集体创作艺术品，周期比较长，如果主创者发生意外、内容存储设备损毁，或者受某些政治因素影响，虽然制作完成却不能上映、不被许可发行等，都会直接影响到影视作品的版权价值，造成影视版权资源的价值丧失。

 案例【4-4】 工业化机器生产对非遗的损害

木版年画，很重要的一点是手刻的版，每一块版的刀法和风格都不一样。现在改成机器印了，都是一模一样的，看起来可以多赚钱，实际上是文化贬值了，"非遗"的原生态被破坏了。与木板年画类似的有蓝印花布、刺绣等。手工艺非物质文化遗产讲究的是对传统手工艺的保护和传承，是纯手工艺制作，在产量和生产速度上都无法和工业化大生产相比，而机器生产虽然在工艺水平、材质、艺术韵味上不如纯手工制作，但是具有规模化生产的价格优势。普通消费者大多关注价格，而且也不大会去计较手工艺和机器生产的差别。因此，原本是非物质文化遗产的手工艺，在现今机器工业大规模生产的冲击下，面临严峻的市场竞争，生存情况堪忧。

案例讨论：

（1）木版年画的刻板是什么类型的文化资源？木版年画中蕴含了什么样的纯精神文化资源？木版年画的纯精神文化资源是如何转化为木版年画非遗资源的？

（2）讨论：应当如何保护木版年画的知识产权？

### （三）知识产权纠纷

首先，虽然在法律上通过著作权法对版权资源做了清晰的界定，并明确了保护措施，但是由于版权资源本身涉及权利的多样性，以及版权可对权利进行分割转让和授权，因此造成了版权资源管理中的复杂性，容易发生版权纠纷。其次，版权资源所依赖的文学艺术作品如果是集体创作的，容易造成多个所有人之间的版权利益的纠纷。最后，对于一些民间文化艺术的版权资源，其在法律上存在的依据，往往没有相关的法律给予明确的认定，容易发生纠纷。此外，版权侵权行为的认定，也需要有确凿的证据。

总之，一旦发生版权纠纷，版权利益各方之间的官司可能旷日持久，在权利难以认定的条件下，版权资源难以得到正常的使用，版权资源的价值也就难以实现，甚至会造成版权资源价值的贬值。

### （四）知识产权资源的生命周期

知识产权资源具有一定的保护周期，超过保护周期，人们可以无须许可和授权而对文化艺术作品进行开发和利用。例如，《著作权法》规定，作者的署名权、修改权、保护作品完整的权利在保护期内不受限制。公民作品的发表权、使用权和获得报酬权的保护期为作者终身及其死亡后 50 年。如果是合作作品，为最后死亡的作者死亡后 50 年。即使对于商标权，大部分国家实行注册原则，也具有一定的期限，在到期限以后，商标持有人可以再次注册延续。如果没有续展，就不能得到保护。《商标法》规定保护期和延展保护期均为 10 年。

## 五、知识产权资源的价值经营

知识产权资源经营与对文化艺术作品、商标等实体文化资源直接开发和利用不完全相同。知识产权资源主要通过对权利的授予和转让等方式进行经营，不必考虑对资源本身的经营和销售。有关知识产权的商业化开发和利用，主要包括以下几个方面。

### （一）知识产权的许可使用

版权的许可使用，是最为普遍的版权经营方式。版权的许可使用可以按照地区、媒体种类进行分割授予许可，这就为版权所有者创造了较为弹性和灵活的授权组合方式，也可大大增加版权资源的价值。例如，文学作品的版权许可，可以分为图书出版许可、影视改编许可等，也可以按照地区来授予许可。

版权许可使用并不改变著作权的归属。通过著作权许可使用合同，被许可人所获得的仅仅是在一定期间、在约定的范围内、以一定的方式对作品的使用权，著作权仍然全部属于著作权人，不会导致任何权利缺陷。

被许可人的权利受制于合同的约定。被许可人不能擅自行使超出约定的权利，只能以约定的方式在约定的地域和期限行使著作权。同时，被许可人不能擅自将自己享有的权利许可他人使用，也不能禁止著作权人将同样的权利以完全相同的方式，在相同的地域和期限内许可他人使用，除非被许可人享有的是专有许可权并附有从属许可的权利。

被许可人对第三人侵犯自己权益的行为一般不能以自己的名义向侵权者提起诉讼，因为被许可人并不是著作权的主体，除非著作权人许可的是专有使用权。

 **案例【4-5】** 迪士尼的版权收益

迪士尼作为全球从事高质量、高品位商品的特许经营和营销的领袖，在全球发展了4000 多个拥有迪士尼特许经营权的商家，销售超过 10 万种与迪士尼卡通形象有关的产品，产品范围极广。爱国者 MP3 上的米老鼠造型、三枪儿童内衣胸前的小熊维尼、儿童家具用品上的灰姑娘形象，都需要取得迪士尼的品牌授权并缴纳授权费。一个有米老鼠的杯子和一个没有米老鼠的杯子，对于喜欢米老鼠的人来说，当他端起杯子喝水的时候，感觉就不一样。因为这个卡通形象背后的各种故事早已经深入人心，当人们看见与之有关的产品的时候，就会想起那些快乐的故事。在迪士尼消费品部亚太区的上海办公室，按照品类分成了 6 个团队：服装、鞋帽、玩具、家居、电器和饰品。这 6 个团队加起来也不

过五六十人，却维持着中国地区 170 多家授权商、5000 多家网点的运行。这也是迪士尼要把品牌授权给专业公司的原因。迪士尼不会自己生产，也不会亲自操刀更多流程。迪士尼有上万个种类的产品，其观点是让专业的公司做专业的事情，迪士尼只做最擅长的品牌环节。凭借品牌优势，迪士尼收取 16% 的版税，高于一般授权的 12% 的版税。

主题公园方面，迪士尼每年从东京迪士尼获得 10% 许可权收益，食品和产品销售收入的 5%，以及作为共同赞助者的 10%。虽然迪士尼公司不是巴黎迪士尼和香港迪士尼的主要投资商，但特许权仍会给迪士尼公司带来类似的收益，而且特许权的使用不会带来像资产净值投资那样的风险（如同巴黎迪士尼遭遇的那样）。把这两项相加，版权的直接收益占到迪士尼总收益的 38%。

案例讨论：

为什么迪士尼能获取如此巨大的版权收益？如此巨大的版权收益来自什么样的精神文化资源？

### （二）知识产权的转让

版权转让是指版权所有者将其版权中的财产权利转让给他人享有。版权转让的方式有继承、赠予和有偿出让等。版权的有偿转让是版权交易的基本内容，在中国又称"卖版权"。版权转让可以是版权中部分财产权利的转让，也可以是版权中全部财产权利的转让；可以是在版权保护期中某一段时间内的转让，也可以是在整个版权保护期内的转让。与许可他人使用作品不同，转让版权的法律后果是转让人丧失所转让的权利；受让人取得所转让的权利，从而成为新的版权人。版权转让的大多是版权中的财产权，人身权一般不可以转让。

版权转让可以是永久的，即整个版权保护期的；也可以是有期限的，即版权保护期内若干年的。版权转让也可以是按地区、语言种类、传播媒介等在合同中约定转让的权利种类。如将出版权转让给出版社，将表演权转让给表演团体，将录制权转让给音像公司，将播放权转让给广播电台，等等。

单独一种财产权也可以根据不同的使用方式分别转让给不同的人。例如，转让人将翻译权中的法文版翻译权转让给甲出版社，将英文版翻译权转让给乙出版社，将德文版翻译权转让给丙出版社，等等。版权转让也可以是分地域的。再如，同是英文版翻译权，转让人将美国和加拿大地区的英文版翻译权转让给美国一家出版社，将亚洲地区的英文版翻译权转让给印度一家出版社，将欧洲地区的英文版翻译权转让给英国一家出版社，等等。这种转让的组合方式，为版权所有者经营版权、实现利益最大化提供了保障。

### （三）知识产权的融资

文化版权不但可以转让和许可，而且可以作为资产进行抵押版权证券化来融通资金。这种方式普遍应用于音乐、影视等文化版权方面。

文化版权资源的抵押就是版权所有人将其版权以质押的方式从债权人处取得贷款。

2007 年，华谊兄弟电影公司的电影《集结号》以版权质押方式，用该影片的全球版权收益作为抵押，从招商银行获得 5000 万元抵押贷款。

文化版权资源的证券化是指发起机构将其拥有的文化版权或其衍生债权（如授权的权利金）移转到特设载体，再由此特设载体以该等资产做担保，经过重新包装、信用评估等，以及信用增强后发行在市场上成为可流通的证券，借以为发起机构进行融资的金融操作。

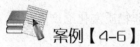 **案例【4-6】　　鲍伊债券——音乐版权融资**

1997 年，英国超级摇滚歌星大卫·鲍伊（David Bowie）以 287 首歌曲的未来收益权为担保，在美国发行了 10 年期、利率为 7.9%、总额度为 5500 万美元的债券，金融界称之为"鲍伊债券"——该证券的成功发行使大卫·鲍伊一举成为英国音乐界当时资本净值最高的歌手，它把原来局限于抵押住房贷款、汽车、信用卡贷款、应收账款等方面的资产证券化向前推进了一大步，完成了首次音乐作品版权证券化。"鲍伊债券"具有里程碑意义，它首次将知识产权纳入证券化的视野，开启了知识产权证券化的新纪元。2000 年 7 月，美国 Royalty Pharma 公司首次尝试专利资产证券化，以耶鲁大学研制一种名为"Zerit"新药的专利许可费作为支撑，发行了近 1 亿美元的受益证券。

案例讨论：

版权融资有什么特点？你还能举出哪些例子说明知识产权融资？

 **本章小结**

本章从观念的生产与价值转化分析开始，系统地阐述了纯精神文化资源的价值形成和转化原理，从个体与集体、正式和非正式两个分析维度，将纯精神文化资源分为民俗文化资源、公共知识资源和知识产权资源三大类。民俗文化资源是观念在个体和集体生产与积累的结果，形成具有组织形态的社会化民俗、具有民间艺术形态的纯精神文化资源，以及观念物化后的民俗资源。对民俗文化资源的利用首先是对其原真性的保护和直接利用，其次是对其转化在当代场景中找到新的形态和生活样式，最后是对民俗文化资源元素的文创开发。公共知识资源是具有公共性的、大众普及性的知识资源，由常识、公共基础知识和专门知识三类构成。公共知识资源通常由教育、文化机构提供，随着现代社会知识爆炸，对公共知识资源的整合和开发也形成了新的文化产业和知识付费业态。知识产权资源是建立在有可营利性的知识资源基础上的资产权利，是由法律正式制度确定的资源，其中最为重要的文化资源有专利权、著作权、商标权和商号权等。本章分析了知识产权的价值特征及其价值损害来源，并提出了价值保护、经营的基本原理和方法。

## 思考题

1．观念是如何转化为资源的？观念生产中个体与集体会发生什么样的知识转化过程？请举例加以说明。

2．观念转化为纯精神文化资源，有哪几个主要类型？它们有什么不同？

3．民俗文化可以分为哪几个类型？请分别举例说明。

4．民俗文化遗产与文化资源有什么区别？民俗文化遗产与非物质文化遗产有何不同？请分别举例说明。

5．简述民俗文化遗产资源化的主要目标和意义。

6．简述民俗文化遗产资源化的基本路径和方法。

7．请举例说明民俗文化资源的直接利用。

8．请举例说明民俗文化资源在当代的转化，分析其内涵和价值元素如何提取、如何与当代场景和语境结合、如何融入生活的过程，并做一个详细的案例分析报告。

9．请举例说明民俗文化资源的文创开发，分别举出开发成功和不成功的案例，并进行比较总结，说明其成功和不成功的原因。

10．公共知识资源包括哪些类型？简述它们的主要特征。

11．公共知识资源的开发利用，是否可以企业的、产业的方式进行？为什么？请举出一些具体的例子加以说明。

12．什么是知识产权？知识产权包括哪些内容？

13．简述知识产权的价值关联性含义，并举例说明。

14．简述知识产权的价值可分割性含义，并举例说明。

15．简述知识产权的价值可复制性含义，并举例说明。

16．什么是邻接权？请举例说明。

17．试述著作权的主要类型和特点。

18．试在课外寻找 1～2 个著作权纠纷的例子，并分析其产生原因。

19．试在课外寻找和阅读有关知识产权的资料，比较外观设计专利、实用新型专利和发明专利在构成要素和表现形态上的差别，这些差别会造成哪一种专利更容易受到价值侵权？为什么？

20．造成知识产权价值损害的主要原因有哪些？在分析这些原因时，请举出具体的案例加以说明。

21．请举例说明如何通过知识产权的授权和转让，实现知识产权资源的经济价值转化。

22．在文化产业领域找一些例子，说明如何通过知识产权融资。

## 参考文献与推荐阅读

[1] 张连海. 观念论[M]. 长春：吉林大学出版社，2008.

[2] 青野季吉. 观念形态论[[M]. 若俊，译. 上海：上海南强书局，1929.

[3] 陶立璠. 民俗学概论[M]. 北京：中央民族学院出版社，1987.

[4] 张紫晨. 民俗学讲演集[M]. 北京：书目文献出版社，1986.

[5] 顾江. 文化遗产经济学[M]. 南京：南京大学出版社，2009.

[6] 韩顺法. 从文化产权交易到精神经济发展[J]. 中国文化产业评论，2012（1）：217-231.

[7] 陈晓峰. 知识产权读本[M]. 北京：中国传媒大学出版社，2007.

# 第五章

# 精神文化资源：非物质文化遗产资源的保护与利用

 学习目标

1. 了解非物质文化遗产概念的形成过程。
2. 理解非物质文化遗产的概念与分类。
3. 理解非物质文化遗产的主要特征。
4. 理解非物质文化遗产保护的主要价值。
5. 理解非物质文化遗产保护的主体、客体以及主客体之间的关系。
6. 理解中国非物质文化遗产保护的主要手段与方式。
7. 了解中国非物质文化遗产商业开发的主要模式与存在的问题。

 导言

非物质文化遗产是精神文化资源的重要组成部分。非物质文化遗产的核心部分是观念、技艺等纯精神产品，这些纯精神产品与不同媒介和物质材料结合，构成了非物质文化遗产资源整体，属于准精神文化资源。本章从非物质文化遗产概念的形成与界定入手，分析非物质文化遗产的主要特征、保护价值、保护的主体与客体，介绍中国非物质文化遗产保护的主要手段，分析非物质文化遗产商业开发的主要模式以及面临的主要问题。

## 第一节　非物质文化遗产的内涵与特征

### 一、非物质文化遗产概念的形成与界定

非物质文化遗产是一个与物质文化遗产相对的概念。这一概念的产生远远晚于其所

涵盖的非物质文化遗产的内容本身，是一个出于加强对非物质的、无形文化遗产的保护需要而建构的专有名词，且经历了一个不断演化的过程。

### （一）非物质文化遗产概念的形成过程

"非物质文化遗产"概念的生成缘起于"民俗"（Folklore）保护概念的提出。1973年4月，玻利维亚政府通过提案提请在《世界版权公约》中加入保护民俗的条款，从而掀起了一场保护民俗的国际大讨论。经过16年的国际讨论，1989年10月联合国教科文组织第二十五次大会通过了《保护传统文化与民俗建议案》，并将"民俗"定义为："来自某一文化社区基于传统的全部创作，由某一群体或一些个体所表达，并被认为是符合社区期望的，进而反映了作为社区文化的和社会的身份认同；其准则和价值通过模仿或其他方式口头相传。它的形式包括：语言、文学、音乐、舞蹈、游戏、神话、礼仪、习惯、手工艺、建筑术及其他艺术。"

之后，日本和韩国为联合国教科文组织拓展了非物质形态的遗产范畴。二战后，日本在废除《国宝保存法》（1929年）、《重要美术品保护法》（1933年）的基础上，于1950年重新制定颁布了《文化财保护法》。在《文化财保护法》中，日本除了使用"有形文化财"的提法外，还同时提出了"无形文化财"的概念。所谓"无形文化财"是指："演剧、音乐、工艺技术以及其他的无形文化的产出品，对国家来说在历史上或是在艺术上具有较高价值的东西。"仿效日本，韩国于1962年也推出了《文化财保护法》，沿用了日本有形与无形文化财的分类方法。经过数十年的实践与总结，韩、日两国形成了保护无形文化遗产的概念体系。

1992年，日本正式成为联合国教科文组织的成员国，并将"无形文化财"的理念注入其中。同年，联合国教科文组织启动了"无形文化遗产"项目。1993年6月30日，韩国在给联合国教科文组织执行局的一封公函中提出关于建立"人类活财富"体系的提案。该提案除了提出确立不同层次的"人类活财富"名录的思路外，还在建议书中多处使用"非物质文化财产"或"非物质文化遗产"来替代所指的民俗传统，从而对后来"非物质文化遗产"概念的正式生成起到了积极的推进作用。

1997年，联合国教科文组织与摩洛哥国家委员会在马拉喀什召开"保护大众文化空间"的国际咨询会。"人类口头和非物质遗产"作为一个遗产概念进入联合国教科文组织的文献并被相关措施所采纳。1997—1998年，联合国教科文组织启动"宣布人类口头和非物质遗产代表作"项目。1998年，联合国教科文组织颁布通过《人类口头和非物质遗产代表作条例》，提出了"人类口头和非物质遗产"的概念。由于这一概念与1972年通过的《保护世界文化与自然遗产公约》在文化遗产保护范畴上的边界没有厘清，2003年联合国教科文组织出台的《保护非物质文化遗产公约》，正式启用了"非物质文化遗产"的概念。至此，"非物质文化遗产"作为一个专有概念生效，并逐渐受到公约成员国的接受和认可，非物质文化遗产保护运动也随之在世界范围内启动。

### （二）非物质文化遗产概念的界定与阐释

对于"非物质文化遗产"的概念，联合国教科文组织在《保护非物质文化遗产公约》中这样界定：指被各群体、团体、有时为个人视为其文化遗产的各种实践、表演、表现形式、知识和技能及其有关的工具、实物、工艺品和文化场所。各个群体和团体随着其所处环境、与自然界的相互关系和历史条件的变化不断使这种代代相传的非物质文化遗产得到创新，同时使他们自己具有一种认同感和历史感，从而促进了文化多样性和人类的创造力。在本公约中，只考虑符合现有的国际人权文件，各群体、团体和个人之间相互尊重的需要和顺应可持续发展的非物质文化遗产。它包括：① 口头传说和表述，包括作为非物质文化遗产媒介的语言；② 表演艺术；③ 社会风俗、礼仪、节庆；④ 有关自然界和宇宙的知识和实践；⑤ 传统的手工艺技能。

2004 年 8 月 28 日，经全国人民代表大会常务委员会批准，中国宣布加入《保护非物质文化遗产公约》，成为第六个加入该公约的国家 ①。2005 年 3 月 2 日，国务院办公厅正式颁布《关于加强我国非物质文化遗产保护工作的意见》。其中，在《国家级非物质文化遗产代表作申报评定暂行办法》中，对"非物质文化遗产"的概念给予了具体诠释："指各族人民世代相承的、与群众生活密切相关的各种传统文化表现形式（如民俗活动、表演艺术、传统知识和技能，以及与之相关的器具、实物、手工制品等）和文化空间。"这一表述与联合国教科文组织的界定并不冲突，只是更加符合我国概念的表述习惯。

## 二、非物质文化遗产的类别划分

"非物质文化遗产"是一个整体性概念，它指代的文化事象，在文化表现形式上是多种多样的，因此需要对其进行一定的类别划分。结合我国的情况，非物质文化遗产目前主要有以下几种划分方式。

1. 《保护非物质文化遗产公约》将其划分成 5 个类别

2003 年，联合国教科文组织在《保护非物质文化遗产公约》中将其划分为 5 个方面的内容，分别是：① 口头传说和表述，包括作为非物质文化遗产媒介的语言；② 表演艺术；③ 社会风俗、礼仪、节庆；④ 有关自然界和宇宙的知识和实践；⑤ 传统的手工艺技能。

2. 《国家级非物质文化遗产代表作申报评定暂行办法》将其划分成两个类别

2005 年，我国政府在《国家级非物质文化遗产代表作申报评定暂行办法》中将其划分为两个大类：传统文化表现形式和文化空间。其中，"传统文化表现形式"包含的范围与《保护非物质文化遗产公约》中 5 个类别的内容基本一致，最明显的差别就在"文化空

---

① 阿尔及利亚是第一个加入《非物质文化遗产公约》的国家。

间"这个类别，具体指"定期举行传统文化活动或集中展现传统文化表现形式的场所，兼具空间性和时间性"。

### 3. 《国家级非物质文化遗产名录》将其划分成 10 个类别

我国政府在建立非物质文化遗产名录体系（国家级、省级、市级、县级）时，采用了 10 个类别的划分方式，主要根据文化表现方式或手段的基本差异，将非物质文化遗产分为民间文学、民间音乐、民间舞蹈、传统戏剧、曲艺、杂技与竞技、民间美术、传统手工技艺、传统医药、民俗。

### 4. 《中国民族民间文化保护工程普查工作手册》的多层次、多类别划分

中国艺术研究院中国民族民间文化保护工程国家中心编写的《中国民族民间文化保护工程普查工作手册》对非物质文化遗产进行了较为系统的分类。首先是将其分为两个层次：第一层是基于学科领域的一级类别划分，第二层是基于一级类别内容的复杂性进行的再次划分。具体来看，第一级包含 16 个基本类别，分别是：① 民族语言；② 民间文学（口头文学）；③ 民间美术；④ 民间音乐；⑤ 民间舞蹈；⑥ 戏曲；⑦ 曲艺；⑧ 民间杂技；⑨ 民间手工技艺；⑩ 生产商贸习俗；⑪ 消费习俗；⑫ 人生礼俗；⑬ 岁时节令；⑭ 民间信仰；⑮ 民间知识；⑯ 游艺、传统体育与竞技。

目前的各种分类方式都属于不完全划分。究竟哪一种划分更科学，事实上没有过多的可比性。从划分方式的使用情况看，多数划分方式都是在非物质文化遗产保护工作的不同环节，为了指导工作方向的明确性和便利性而专门采用的。但是，无论哪种划分方法，其所覆盖的对象范畴与非物质文化遗产概念的内涵整体是一致的。

## 三、非物质文化遗产的主要特征

由非物质文化遗产的概念和类型可知，非物质文化遗产是典型的精神文化资源。从类型来看，一些通过传承者演绎，并无实际物质载体，属于纯精神文化资源；一些具有一定载体形式，或者由传者通过一定的物化形态的产品来展示，属于准精神文化资源。整体表现为以下几方面的特征。

### （一）无形性

所谓无形性，主要指非物质文化遗产存在方式和价值确认的抽象性、精神性和主体性。非物质文化遗产既包括无形的文化表现形式或文化实践，也包括有形的物质载体。这里的无形性不是指非物质性，而是就载体的特色而言的。对于无形的文化表现和实践，是通过人的活动来呈现的；而对于有形的物质载体，是指非物质文化遗产的精神内容借助一定的载体表现出来。例如，传统手工艺是借助物化的手工艺品来传达无形的民族观念。虽然借助一定的物质载体，但其本质上是精神的、无形的。

### （二）传承性

所谓传承性，主要指非物质文化遗产具有被人类以集体、群体或个体方式，通过世代的学习、享用和继承而不断延续的属性。物质文化遗产也具有传承性。二者的本质差别在于，物质文化遗产在传承中始终是作为一个实体得到继承；而非物质文化遗产则是作为一种无形文化遗产，以无形价值的继承得到延续，甚至其物质载体可以不断发生变化。作为人类智慧的结晶，人的能动性、对象化的劳动构成了非物质文化遗产得以世代延续的根本动力。

### （三）流变性

所谓流变性，主要指非物质文化遗产在传承过程中具有跟随时间与空间的变异性。非物质文化遗产项目传承至今并非一成不变，在不同时期、不同地域往往呈现出形态的多样性或内涵的多样性。而之所以会发生变异，主要和人类对文化生态环境的选择与适应有关。当一种文化从一个地方传播到另一个地方，适应传播所在地的文化生态环境的表现形式或文化内涵就有可能被保留下来，而不符合的就有可能被淘汰或更新。当一种文化流传到新的历史时期，人们基于这一时期的时代需求，往往会重新对该文化加以改变或创新。只有这样，一种文化才能不断得到延续和发展，而构成文化流变的影响因素是多元的、复杂的。在时间和空间维度上，除政治、经济、文化、社会、自然地理等宏观影响因素外，诸如血缘、地缘、族群身份、宗教或信仰等都有可能成为流变的具体影响因素。

### （四）共生性

所谓共生性，是指非物质文化遗产与人类的生存实践之间具有紧密的同构性关系。在传统的农耕社会，非物质文化遗产是人们生活的重要部分和重要方面。无论是以直接的精神生产方式，抑或是以工艺美术产品制作的间接精神化生产方式，非物质文化遗产都深深融于人们的生活，与人们的生活须臾不可分离。人们将对生存世界的认识融入对文化的生产与创作中，因此，无论文化的表现形式、表现技艺还是最根本的文化内涵，都来自人们对其生活世界的认识与反映。

换言之，这种共生性是在行为层面和心理层面同时存在的。人们不仅切实地实践这些文化，保持人自身的"物理在场"，更能动地调适与文化的诉求关系，进而借由对这些行为的实施来组织生活、规范生活、美化生活，从而保持一种"意义在场"的状态。随着社会、文化、政治、经济以及自然地理环境的变迁，人们对传统文化在"物理在场"和"意义在场"两个向度上也在不断地进行调整与调适。如果我们将那些对文化的发生发展具有影响作用的自然、社会、历史、经济、政治乃至大文化环境看作是文化生态的系统，那么非物质文化遗产的传承发展就是人们在"物理在场"和"意义在场"两个层面上，对文化的生产与再生产的产物。①

# 第二节 非物质文化遗产保护的价值

非物质文化遗产具有突出的历史价值、文化价值、社会价值、精神价值、和谐价值、艺术价值、教育价值、经济价值等诸多价值。这些价值是人们对非物质文化遗产存续至今所具有的现实价值的多样性确认，并在相当程度上阐释了非物质文化遗产的整体魅力。从根本上讲，从保护的本质价值来说，主要体现在以下三个方面。

## 一、作为文化基因的保护价值

对于非物质文化遗产而言，作为文化基因的价值体认，反映了非物质文化遗产在世代存续过程中被始终保留下来的，一种超越了历史流变与空间流布而不断得到继承的形态或内涵特征。这种特征不仅内在地影响了一种文化流变形态的稳定性，更由于其不同于其他文化的特质，而外在影响了人类对各种文化的不断变革与创新。

文化基因的价值不是指所谓的本源性价值。学界在研究非物质文化遗产时经常提及本源性价值，认为它是一种超越了历史流变，且从文化发生或起源之处就已沉淀下来的超验性价值。从非物质文化遗产的存续方式看，它本质上是以人为实践主体，通过对文化的多样性、能动性实践，来谋求人与文化生态环境动态平衡的过程。与"生物基因"源生性的存在机制不同，非物质文化遗产所承载的文化基因是通过其世代流变而被发现的稳定性特征。

而从作为文化基因的社会功能来看，非物质文化遗产往往体现的是人类集体或群体的情感、思维方式、价值观念或审美趣味。就社会发展机制看，一旦这种文化大量消逝或消亡，就意味着"一个民族深层文化基因的改变，必然带来民族个性的变异、扭曲以及民族特征的弱化甚至消亡"②；并且，"一旦这样的生命线遭到毁灭性破坏，那么不仅会使文化生物链的有机性失去，还会使民族的存在失去了全部文化基因的谱系依据"③。

## 二、基于国家文化安全的保护价值

首先，"非物质文化遗产"不是"传统文化"的同义置换。非物质文化遗产的存续发展并不单纯地指向遗产本身的生命力问题，也并不直接等同于单一非物质文化遗产项目

---

① 胡惠林，王媛. 非物质文化遗产保护：从"生产性保护"转向"生活性保护"[J]. 艺术百家，2013（4）：19-25.
② 王文章. 非遗保护，问题何在[N]. 人民日报（海外版），2007-06-05（8）.
③ 胡惠林. 中国国家文化安全论[M]. 上海：上海人民出版社，2005：198-199.

的存续问题，而是关系到国家文化安全的系统性问题。非物质文化遗产的存续发展与否，以及其存续发展的状态与发展的质量，多方面影响着国家文化安全的安全态势和安全性系数。

其次，非物质文化遗产所遭遇的不断消失、消亡的安全危机，对于各民族而言，不仅仅意味着失去了一种具体的文化表现形式，更意味着失去了"寄寓在非物质文化遗产中的宝贵的人类智慧和精神血脉"①。胡惠林教授认为，"所有国家文化安全危机的发生，往往就在于民族文化凝聚力的解构"②。而非物质文化遗产在这里就发挥着重要的凝聚精神的作用。在欧洲，文化遗产一直被视为民族身份和国家的象征。随着欧洲一体化进程的不断发展，国家边界逐渐模糊，而各个国家的文化遗产却能历史地保持和再现它们各自的文化个性。③因此，非物质文化遗产的存续构成了主权国家在文化身份认同方面的文化政治安全。

再次，非物质文化遗产是文化不断发展创新的源泉，其推动非物质文化遗产的传承发展，不仅对其自身，还对促进民族文化的整体创新具有重要的意义。对于主权国家而言，能否充分利用非物质文化遗产资源，发挥人民的集体智慧，不断创新文化发展方式和文化内涵，形成具有国际竞争力和影响力的文化产品，从而提升国家文化形象，提升文化遗产资源厚度具有至关重要的影响。因此，非物质文化遗产的发展与创新影响着一个国家的文化能力安全。

最后，非物质文化遗产作为过去人们的生活方式和生活实践，每一种事象的存续发展模式都既是文化生态环境系统作用的结果，又是对文化生态系统运动的活态性展现。文化多样性的不断丰富发展，有利于促进文化生态的协调与平衡。因此，非物质文化遗产的存续和发展影响着一个国家的文化生态安全。

与此同时，非物质文化遗产和物质文化遗产共同构成了一个国家的文化资源系统。文化资源安全是一个国家和民族可以持续、稳定、及时、足量地获取所需文化资源的状态和能力，关系到国家文化安全的保障和国家根本文化传统的维护。④一方面，非物质文化遗产在数量上的不断锐减，是威胁到国家文化资源数量安全的一个重要问题；另一方面，非物质文化遗产作为文化资源，其自身发展质量、状态以及对社会文化可持续发展的促进作用，也关系到这个国家文化资源的质量安全。

综上所述，非物质文化遗产广泛而深刻地影响到了一个国家的文化安全，在文化凝聚力、创新力上，在文化生态系统的协调发展上，对于国家文化精神的来源和文化传统的维系等方面具有重要价值。因此，保护国家文化安全的一个重要方面就是保护非物质文化遗产的安全。

---

① 王文章. 非物质文化遗产概论[M]. 北京：教育科学出版社，2008：11.
② 胡惠林. 中国国家文化安全论[M]. 上海：上海人民出版社，2005：316.
③ 杨源，何星亮. 民族服饰与文化遗产研究：中国民族学学会2004年年会论文集[C]. 昆明：云南大学出版社，2004：364.
④ 胡惠林. 中国国家文化安全论[M]. 2版. 上海：上海人民出版社，2011：235.

## 三、基于世界文化多样性安全的保护价值

非物质文化遗产作为文化多样性的生动表征，这一点毋庸置疑。然而，从"文化多样性"自身的特殊内涵而言，非物质文化遗产的存续安全显然不是一个数量多少的问题。

2001 年，联合国教科文组织第三十一届会议通过了《世界文化多样性宣言》。该宣言明确指出，文化多样性问题的提出，是建立在对人权、自由，对多元文化生存方式的合理性尊重，对文化间性关系，即对文化交流与文化对话的促进精神的关照基础上的，并由此界定其内涵为："文化在不同的时代和不同的地方具有各种不同的表现形式。这种多样性的具体表现是构成人类的各群体和各社会的特性所具有的独特性和多样化。文化多样性是交流、革新和创作的源泉，对人类来讲就像生物多样性对维持生物平衡那样必不可少，从这个意义上讲，文化多样性是人类的共同遗产，应当从当代人和子孙后代的利益角度考虑予以承认和肯定。"由此可见，文化多样性是建立在对文化间性关系的考虑基础上的多样性问题，是一种世界文化体系中的结构性问题，是从文化的差异化和同质化层面提出的。

保护文化多样性，就是要保护多元文化生存方式的合理性，同时以此来推动文化间的平等对话与文化的革新动力。这不仅对于发展中国家来说异常重要，对西方发达国家来说也一样。对于美国和西欧国家而言，它们在制定社会、文化和政治政策的时候，这种需求也表现得尤为迫切。①

从文化主体间关系而言，文化或文明的冲突在当今社会真实存在。例如，少数民族或宗教激进主义者，通过对文化身份的单一性建构增强或者夸大了人们之间文化的差异，并构建了一种文化身份的强竞争态势，从而制造并引发冲突。阿马蒂亚·森在《身份与暴力：命运的幻象》一书中即陈述了这样的观点和事实。而促进文化间的平等对话，正是为了达成多元文化主体对世界文化多样性的理解与相互尊重，尤其是增进各文化主体对文化间共同文化情感的确认与集体认同。

非物质文化遗产作为不同民族、种族、族群的历史文化传统的延续，除了对文化主体认同的表达之外，在文化的根本内涵上与其他主体的文化之间并不具有根本的排他性。从文化多样性的内涵来看，文化之间仍有一定的共性存在：一方面，共同的文化源头或亲近的文化血缘为异质文化之间的平等对话提供了历史基础，不同文化或文明之间在历史的发展过程中有着千丝万缕的联系，没有一个国家的文化能够保持绝对的纯粹；另一方面，对于生命、自由、爱情、正义等价值的共同关注和尊重，为不同文化主体之间的文化交流与融合提供了现实的文化基础。

面对经济全球化进程的不断推进，本土性文化及其独特性受到了前所未有的挑战，

---

① 阿马蒂亚·森. 身份与暴力：命运的幻象[M]. 北京：中国人民大学出版社，2009：129.

文化的差异性在文化的物质或行为层面被逐渐消解，文化心理层面也正深受触动。出于对民族国家的凝聚力和向心力的维护，保持文化的独特性势在必行，但是，建立在一定的文化交流、融合与文化对话基础上的文化多边发展机制更是重中之重。因此，保护非物质文化遗产，对于促进世界文化多样性安全具有极为重要的意义。

## 第三节　非物质文化遗产的保护主体与客体

### 一、非物质文化遗产的保护主体

非物质文化遗产的保护主体，包括传承主体与传承之外的其他保护主体。

所谓传承主体（传承人），指实际承担并实施非物质文化遗产传承实践的群体或个体。王文章先生将其界定为"掌握着具有重大价值的民间文化技艺、技术，并且具有最高水准的个人或群体"[①]。

在传承主体的具体认定上，日本政府比较早地进行了实践。1950年，日本政府对于特定的重要无形文化财产延续所必需的技艺和技巧的持有者给予特殊的认可，这些被认可的人称为"国家活珍宝"。除了个体，有的团体也获得了这样的认可。韩国政府则是在1964年认定了167名持有者和50个持有者组织。菲律宾于1994年给予3名来自不同本土文化社团的人以"国家活珍宝"的头衔。此外，泰国、罗马尼亚、法国等国也先后通过"国家艺术家"计划、"人类活珍宝"计划或"工艺大师"称号来认定优秀的非物质文化遗产的传承主体。

当这一做法经由联合国教科文组织推广后，对于传承人的认定标准逐渐规范。联合国教科文组织在《关于建立"人类活珍宝"制度的指导性意见》中提出了四条选择尺度，分别为"其杰出的、罕见的人类创造性价值；对于一种文化传统和历史来说，它是独一无二的或至少是特殊的证明；它具有一个特定地区或特定流派的显著特征；它正面临消失的危险"。

对应于此，我国文化部于2006年12月颁布了《国家级非物质文化遗产保护与管理暂行办法》，以官方文件的形式对国家级非物质文化遗产项目代表性传承人的认定标准进行了明确规定："（一）完整掌握该项目或者其特殊技能；（二）具有该项目公认的代表性权威性与影响力；（三）积极开展传承活动，培养后继人才。"截至2018年年底，我国共认定国家级非物质文化遗产项目代表性传承人3068人。除了国家级传承人，我国又先后建立了省级、市级、县级等层次的传承人名录，对我国非物质文化遗产的传承发挥了积极作用。

---

① 王文章. 非物质文化遗产概论[M]. 北京：文化艺术出版社，2006：348.

　　除传承主体外，政府以及各类文化科研机构、公共文化机构、专家学者以及广大的社会公众同样承担着保护非物质文化遗产的重要责任，成为非物质文化遗产的保护主体。而对于这些主体如何参与、如何分工，则涉及对保护机制的深层次探索。

　　以我国为例。

　　政府层面：2005 年 3 月，国务院办公厅发布了《关于加强我国非物质文化遗产保护工作的意见》以及作为附件的《国家级非物质文化遗产代表作申报评定暂行办法》，将"政府主导、社会参与，明确职责、形成合力，长远规划、分步实施，点面结合、讲求实效"作为保护的重要方式原则。

　　学界层面：诸多学者从不同视角探寻不同主体参与非物质文化遗产保护的可能性路径。有学者认为要建立第三方属性的保护主体，认为包括政府、传承者、工商界和学术界在内，各有立场和优缺点，在现实中往往不能协调运作，因而需要建立一个"被赋予特殊权力的机构"，从而在接受政府监督、领导的同时，保持组织的独立性，以发挥包括政府在内的社会各界群体保护非物质文化遗产的"合力作用"。[①]有学者则就各参与主体的职责进行了阐释，其中，政府作为最重要的保护主体承担的主要职责应当包括：① 建立健全保护工作领导机制，及时颁布有关非物质文化遗产抢救与保护的政策、法规、战略规划和指导性意见；② 建立权威、全面、科学的非物质文化遗产保护决策机构，保证决策的合理与合法；③ 培育大众文化自觉，使非物质文化遗产保护深入人心。而除了国家政府的文化行政主管部门外，"文化艺术研究院、所，民间团体，公共文化机构，传统艺术表演团体"也是非物质文化遗产保护的重要机构，各自发挥着不同的推动作用；社区和群体则从文化参与和文化自觉的意义发挥着基础性作用。[②]

　　同样作为保护主体，传承主体与其他保护主体之间应当保持何种关系，也是会显著影响非物质文化遗产保护效果的重要问题。有学者就认为："当前中国在非物质文化遗产保护上的最大问题，恐怕还不是无人参与，而是在参与过程中，弄乱了非物质文化遗产传承主体与保护主体之间的关系，将保护主体变成了传承主体，从而走上了以政府取代民间、以官俗取代民俗的歧路。"[③]严格地讲，非物质文化遗产的传承主体与保护主体"两者功能完全不同"，"传承主体负责传承，保护主体负责非物质文化遗产的宣传、推动、弘扬等外围工作"；政府、学界、商界以及新闻媒体是非物质文化遗产的保护主体，而非传承主体，不能取代传承主体从而直接参与到非物质文化遗产的传承工作中。[④]也就是说，保护主体因各自不同的角色和地位，应当从不同维度上发挥各自的重要作用，不能相互替代。

① 贺学君. 关于非物质文化遗产保护的理论思考[J]. 江西社会科学，2005（2）：103-109.

② 王文章. 非物质文化遗产概论[M]. 北京：文化艺术出版社，2006：356-366.

③ 苑利. 非物质文化遗产传承人保护之忧[J]. 探索与争鸣，2007（7）：66-68.

④ 苑利. 非物质文化遗产保护主体研究[J]. 重庆文理学院学报，2003（3）：1-8.

## 二、非物质文化遗产的保护客体

非物质文化遗产的保护客体，既包括非物质文化遗产项目自身，也包括非物质文化遗产的传承主体。

非物质文化遗产项目作为保护客体，其保护主要体现在三个层面：其一，对传统文化表现形态的继承性保护；其二，对传统手工生产技艺的传承性保护；其三，对文化内涵与时代精神契合的调适性保护。

对于非物质文化遗产传承人保护客体，主要呈现为对其传承能力和传承条件的保护，而这些都与传承人整体的生存环境与生存状态密切相关。在我国，传承人群体年龄普遍偏高。通过对前三批国家级传承人的年龄进行统计发现：第一批国家级传承人中，60岁以上的传承人占总数的65%；第二批国家级传承人中，60岁以上的传承人占总数的64%；第三批国家级传承人中，60岁以上的传承人占总数的比重则高达74%，甚至70岁以上的传承人所占比例也高达41%。而除了年事已高外，传承人的生存环境也令人担忧。尤其是欠发达地区的传承人。此外，各省认定的市县级"非遗"传承人也多分布在农村地区。他们经济收入普遍不高，许多传承人缺乏完善的社保、医保条件。为此，各地都出台了相应的办法给予生活补助。例如云南省根据省内传承人经济收入不高和生活条件差的问题，于2013年3月出台了《云南省非物质文化遗产保护条例》，规定县级以上人民政府应当通过提供必要的传承场所和传承补助经费等措施，支持非物质文化遗产项目代表性传承人开展传承、传播活动。

# 第四节　非物质文化遗产保护的主要方式

从国际层面看，非物质文化遗产的保护方式主要有行政性保护与法制性保护。而在我国，除了以上保护方式外，生产性保护也成为一种重要的保护方式。

## 一、行政性保护

行政性保护是以政府为主体所建立的保护体系与机制。在我国，政府从多个方面对非物质文化遗产给予行政性保护。

首先，对有着巨大艺术价值、科学价值、历史价值又濒危的非物质文化遗产，通过普查、整理资料，以采访、录音、录像等方式，建立项目资料档案、数据库，从而对其进行档案性保护与抢救性保护。

其次，建立完善的国家级、省级、市级、县级非物质文化遗产名录体系，以及建立分级的非物质文化遗产代表性传承人名录。截至 2014 年年底，我国先后共公布了四批国家级非物质文化遗产名录：2006 年 5 月，国务院公布《第一批国家级非物质文化遗产名录》，共认定国家级项目 518 项；2008 年 6 月，国务院公布《第二批国家级非物质文化遗产名录和第一批国家级非物质文化遗产扩展项目名录的通知》，共认定第二批国家级项目 510 项，第一批国家级扩展项目 147 项；2011 年 6 月，国务院公布《第三批国家级非物质文化遗产名录的通知》，共认定第三批国家级项目 191 项，国家级扩展项目 164 项；2014 年 7 月，国务院公布《第四批国家级非物质文化遗产代表性项目名录》，共认定第四批国家级项目 153 项，国家级扩展项目 153 项。

最后，通过建立文化生态博物馆或文化生态保护实验区的方式，集中保护非物质文化遗产项目资源较为集中，族群特色集中、显著的区域。现在全国有包括徽文化、客家文化、藏羌文化、广西的铜鼓文化等在内的 12 个文化生态保护实验区。从目前来看，我国政府对这些地方实施了包括古建筑、历史街区、传统民居、当地居民及民族传统生产生活方式、风俗习惯、艺术文化、传统手工艺等文化形式在内的全方位、整体性的保护。

此外，通过开展专项工程的方式，加强并推进对非物质文化遗产的保护。2003 年 1 月，我国文化部联合财政部等有关部门启动了"中国民族民间文化保护工程"。这项工程制定了长达 17 年的发展规划，从 2004 年正式实施，2020 年结束。我国政府相关部门先后公布了两批工程试点名单。2003 年 10 月，第一批试点名单公布，包括综合性试点 3 个，即云南省、浙江省、湖北省宜昌市；专业试点 7 个，即河北省武强县年画、广西壮族自治区红水河流域铜鼓艺术、海南省黎族传统棉纺织工艺、贵州省黎平县肇兴侗族文化保护区、西藏自治区日喀则地区昂仁县迥巴藏戏、甘肃省庆阳市环县道情皮影、新疆维吾尔自治区维吾尔木卡姆艺术。2004 年 4 月，第二批试点名单公布，包括综合性试点 3 个，专业试点 26 个，共 29 个。

## 二、法制性保护

法制性保护集中体现为法律规章的出台与实施。在我国，政府相关部门一直不断努力推进非物质文化遗产的相关立法工作。

在我国加入联合国教科文组织公布的《保护非物质文化遗产公约》之前，我国政府是以对民族民间文化的保护进行立法实践的。

2002 年 8 月，文化部向全国人民代表大会教科文卫委员会报送了民族民间文化保护法的建议稿，全国人民代表大会教科文卫委员会成立起草小组，并于 2003 年 11 月形成《中华人民共和国民族民间传统文化保护法（草案）》。

2004 年 8 月，为了借鉴联合国教科文组织《保护非物质文化遗产公约》的基本精神，进一步与国际接轨，全国人民代表大会教科文卫委员会将草案名称调整为《中华人民共和国非物质文化遗产保护法》，并成立专门小组，协调各方加快该部法律的立法进程。

2005 年 3 月，国务院办公厅颁发了《关于加强我国非物质文化遗产保护工作的意见》。这是国家最高行政机关首次就我国非物质文化遗产保护工作发布的权威指导意见，明确提出保护工作的重要意义、目标和方针，建立保护制度、工作机制等。

2006 年 10 月，文化部颁布了《国家级非物质文化遗产保护与管理暂行办法》，对国家级非物质文化遗产名录项目的保护单位、代表性传承人以及管理措施等，提出了明确、具体的要求。

2011 年 2 月，第十一届全国人民代表大会正式通过《中华人民共和国非物质文化遗产法》，该法自 2011 年 6 月 1 日起施行。该法的出台，将党中央关于文化遗产保护的方针政策上升为国家意志，将非物质文化遗产保护的有效经验上升为法律制度，将各级政府部门保护非物质文化遗产的职责上升为法律责任，有利于建立健全科学有效的保护体系，为非物质文化遗产保护政策的长期实施和有效运行提供了坚实保障。[①]

与此同时，全国人民代表大会教科文卫委员会积极促进和推动一些地方立法机关制定出台了相关地方法规。2000 年 6 月 26 日，云南省第九届人民代表大会常务委员会第十六次会议以全票赞成的表决结果审议通过了《云南省民族民间传统文化保护条例》。2002年 7 月 30 日，贵州省第九届人民代表大会常务委员会第二十九次会议审议通过了《贵州省民族民间文化保护条例》。贵州成为继云南后又一个出台地方保护条例的省份。此后，福建、广西、宁夏、江苏、新疆等多个省和自治区分别出台了非物质文化遗产保护条例，为非物质文化遗产保护提供了有力保障，整体推动了我国非物质文化遗产立法工作的进程。

从法制保护工作的完善性来看，还有很多问题没有解决，尤其是关于非物质文化遗产权利属性的界定问题。学界学者对诸如"非物质文化遗产权""传统资源权""知识产权"等问题的关注尤为集中。对"非物质文化遗产权"，有学者用其指代"传承人对其传承的非物质文化遗产所享有的权利"，它不仅属于"文化权利"，还是一种"新型的民事权利"，一种超出了现有知识产权体系的"新型知识产权"，从而将"非物质文化遗产权"认定为一种多重权利体系；而对"传统资源权"，有学者将其表述为"一个综合的概念"，是非物质文化遗产持有人"文化权利和资源财产权利的统筹表达"，包括了基本人权、自决权、集体权、土地和领土主权，宗教自由，发展权，隐私和事先明确同意权，环境完整权，知识产权，邻接权，订立法律协议权，保护文化财产、民间文学艺术和文化遗产产权，承认习惯法和实践以及农业资源权等[②]。简而言之，持有者既对非物质文化遗产享有基本的文化权利，又对非物质文化遗产作为文化资源或财产享有相应的利益分配等一系列权利。而"知识产权"说是被国内许多学者所认同的。有观点认为，"通过对非物质文化遗产保护法的经济学分析与市场经济分析发现，以非物质文化遗产为客体的知识产权的创设成为一种必然"[③]；作为非物质文化遗产组成部分的传统知识"更多的是一个知识产权

① 蔡武. 深入贯彻实施《非物质文化遗产法》全面推进我国非物质文化遗产保护工作[N]. 中国文化报, 2011-03-08 (1).
② 李发耀. 论非物质文化遗产持有人权利保护的内容及其形式: 当前立法焦点分析[J]. 贵州师范大学学报（社会科学版），2009（1）：40-45.
③ 甘明, 刘光梓. 非物质文化遗产知识产权保护法的可行性研究[J]. 图书馆建设, 2009（10）：9-12.

问题"①；也有学者多方论证了民间文学艺术知识产权保护的正当性和可行性。②其中，多数研究都关注到了现有知识产权制度与非物质文化遗产的矛盾和冲突之处，提出重新调适和建构新的非物质文化遗产知识产权保护制度的观点。

## 三、生产性保护

生产性保护主要是指，"通过生产、流通、销售等方式，将非物质文化遗产及其资源转化为生产力和产品，产生经济效益，并促进相关产业发展，使非物质文化遗产在生产实践中得到积极保护，实现非物质文化遗产保护与经济社会协调发展的良性互动"。其逻辑起点主要基于对非物质文化遗产的市场活态性考虑。

生产性保护的理念，最早出现在王文章主编的《非物质文化遗产概论》一书中。2009年2月，"非物质文化遗产生产性方式保护论坛"在北京举行，对非物质文化遗产的"生产性保护"问题形成了集中的关注和讨论。专家学者们普遍认为，大工业化生产方式、现代化的生活节奏和生活方式的挑战使得传统手工艺遭到巨大冲击，生存状况堪忧；而大量对传统手工技艺的工业化、产业化的盲目开发和超负荷利用，又使得非物质文化遗产发生了严重的扭曲和变异。因此，"生产性保护"应成为保护非物质文化遗产的重要方式和原则。而对于如何落实生产性保护，我国学界则各抒己见。

有学者认为，生产性保护是一种带有生产性质的保护手段，主要针对传统手工技艺类项目而言，这是由传统手工艺自身的创造和传承性质决定的，传统手工艺的经验和技术只有在具体的生产实践过程中才能被体验和掌握。生产性保护既与工业化相悖，也不能直接等同于产业化，对手工艺产品的产业化开发需要慎重对待。③

也有学者认为，对于传统技艺类非物质文化遗产而言，只有"造就差异性为技术本质"的手工生产方式，才能成为非物质遗产保护的关键，即"切实维护文化差异性"，提供现实的生存基础和根本的生存保障。大工业生产方式的核心力量是"标准化"，它从根本上排斥并竭力消除所有的"文化差异性"。而"生产性方式保护"即"切合手工技艺存在形态和传承特点，可以不断'生产'文化差异性的一种生态保护方式"。④

还有学者提出，要对非物质文化遗产的生产性保护进行管理，利用专项管理条例来保障实施，维护代表性传承人的知识产权和权益，维护手工技艺传承机制，严加防范和打击借生产性方式保护之名，行以假乱真、粗制滥造、见利忘义之实等的一切破坏非物质文化遗产保护的行为。⑤

① 严永和. 论传统知识的知识产权保护[M]. 北京：法律出版社，2006：6.
② 张耕. 民间文学艺术的知识产权保护研究[M]. 北京：法律出版社，2007.
③ 徐艺乙. 关于"非遗"生产性保护的思考[N]. 中国文化报，2009-02-25（3）.
④ 吕品田. 重振手工与非物质文化遗产生产性方式保护[J]. 中南民族大学学报（人文社会科学版），2009，29（4）：4-5.
⑤ 宗和. 非遗保护 重新发现手的价值[N]. 东方早报，2009-02-16（13）.

## 第五节　非物质文化遗产商业化开发的主要模式与问题

### 一、商业化与产业化、工业化的概念辨析

社会各界在看待、评价非物质文化遗产的商业化开发问题时，经常会出现将商业化、产业化乃至工业化概念相混淆的情况。因此，我们有必要明晰这三个概念的差别与联系。

所谓商业化，主要指以提供商品为手段，以营利为主要目的的行为。所谓工业化，主要指区别于手工生产的机器化生产，是一种标准化、去差异化的生产。所谓产业化，是指"要使具有同一属性的企业或组织集合成社会承认的规模程度，以完成从量的集合到质的激变，真正要成为国民经济中以标准划分的重要组成部分"。产业化的主要特征为：市场化的运作形式达到一定的规模程度、与资金有密切关系和以利润最大化为目的。在非物质文化遗产发展方式上，产业化已经成为许多国家和地区进行非物质文化遗产保护与开发利用的主要方式之一，并基本形成了旅游业、文化产业等不同的发展形态。

这三个概念之间既相互区别又相互联系。其中，商业化是工业化、产业化生产的目的；工业化是产业化的一种方式或路径，并与手工生产的产业化相对立；而产业化则是商业化发展到一定阶段所达到的规模或水平，同时也是工业化发展的特征之一。

非物质文化遗产的商业开发仅指通过非物质文化遗产产品形态的设计、生产以及商品的销售，来产生经济效益的行为。因此，对非物质文化遗产的商业化开发行为究竟持何种评价与态度，具体取决于其在商业化开发中所采用的具体手段与方式。一般而言，对使用工业化手段开发的方式，应当持否定意见；对使用手工生产的产业化手段开发的方式，应当持肯定意见。

### 二、非物质文化遗产商业化开发的主要模式

#### （一）原生性文化产品开发

所谓原生性文化产品开发，主要指保留了非物质文化遗产项目中原有的文化生产形态与表现方式，以民间工艺美术产业和演艺产业为主。

民间工艺美术产业主要指保留了手工生产方式的工艺、美术产品制造产业。近年来，在政府产业政策的积极引导下，我国民间工艺美术产业的发展速度和发展规模有逐渐壮大的趋势。

1. 形成了一定数量的民间手工艺专业村

以山东省为例。近年来，山东省各地积极挖掘本地工艺品资源，以传统工艺品的生产

和创新作为发展方向，将农村地区特有的物质资源、文化资源、智力资源以及劳动力资源有效地整合在一起，推动了农村文化产业的切实发展。如菏泽市巨野县，有 4 个工笔画专业镇、20 个专业村、322 个专业户和 40 多家农民书画协会，2007 年工笔画总产值达4500 万元。菏泽市曹县，现有各类桐杨木工艺品经销公司 5500 余家，85%的农户、90%以上的农村劳动力在从事桐杨木工艺产业及其相关服务业。[1]潍坊市王家庄子社区是潍坊市风筝产业集聚区，该社区有 4 个村共 4650 人，有 2200 多人从事风筝生产，其风筝产业年产值达 2 亿元，居全国年销量首位。

### 2. 以"农户+协会（基地）+公司"的方式向规模化发展

随着民间艺术产业在农村地区的快速壮大，其产业发展模式也逐渐显现出来。"农户+协会（基地）+公司"成为很多地区在农村发展民间艺术产业的主要方式，只是具体运作形式稍有差异。常见的运作方式是由经销公司承接订单，社区艺术服务中心一类的中介组织负责将订单分解到农户家里；农户完成产品生产后再由中介组织统一交付订单，并根据各农户的完成量分配经济收益。例如，广西壮族自治区靖西县旧州村为了发展绣球产业，自 1997 年起，组织各家各户参与绣球生产，并专门成立了刺绣协会[2]，带动农户完成市场订单承接，并进行产品创新。有的运作方式是由大企业统一整合生产力量，带动零散农户与小型加工企业共同完成订单生产。再如，河北蔚县剪纸有限公司是河北省文化厅认定的首批文化产业示范基地，有 300 多名固定员工。在完成订单时，除依靠固定员工外，更依托本村及周边剪纸厂家、专业农户、个体进行生产，从而带动企业实现规模化、效益化发展。

### 3. 产生了民间艺术产业空间集聚效应，区域产业市场初步形成

随着民间艺术产业的整体发展，部分产业项目在资源要素丰富、资源禀赋优异的区域空间集聚起来，区域性品牌市场初步形成。产业空间集聚的产生需要优质的资金、信息、技术和交通运输环境，包括原材料市场、生产企业、销售企业乃至消费人群在内，形成完整产业链条在某一区域的集聚。

从区域资源禀赋来看，民间艺术产业在东部沿海地区的空间集聚现象明显。近年来，江苏省就形成了若干个民间艺术产业集聚区，如苏州镇湖刺绣产业集聚区、苏州玉雕产业集聚区、苏州平江戏装戏具及檀香扇产业集聚区、徐州邳州市玉雕集聚区、宜兴丁蜀紫砂陶器集聚区、徐州新安皮毛工艺品集聚区等。以玉雕产业为例，苏州现已成为全国同行业的重要集聚中心，整个产业链覆盖原材料采购、生产加工、销售经营、运营传播以及学术研究等各环节。作为长江三角洲最大规模的玉料交易市场，苏州地区汇集了全国各地的玉料销售商，玉料种类十分齐全。除了本土玉雕企业和艺术大师，更有来自全国各地的

① 潘鲁生. 手艺农村 手艺创意[M]. 深圳：海天出版社，2011：194.
② 陈雪军，何利娜. 百色靖西旧州绣球村绣球文化产业发展研究[J]. 地方文化研究辑刊，2013.

玉雕大师和匠人到这里发展。

在区域产业集聚的同时，一些产业项目在全国先后形成了多个集聚空间，这是地方政府结合当地资源积极引导开发的结果。如木雕工艺产业，在我国产生了4个集聚中心，分别是浙江东阳、福建莆田、浙江乐清和广东潮州。浙江东阳集聚各类木雕竹编企业3600多家，家庭作坊2900多个。除木雕生产设计企业外，还集聚了木雕工艺服务企业、木材供应市场、木雕工艺研发机构以及金融服务机构、物流机构等。而福建莆田则成为全国最大的木雕工艺品、佛像与仿古家具的集散地，与其他地方的木雕产品有一定差异。

4. 各类博览会、竞赛、节庆成为推动民间艺术产品交易的重要平台

民间艺术产品除了艺术品专营市场、旅游景区的纪念品商店可以长期售卖外，还有一个周期性交易平台，即由政府牵头举办的各种民间艺术主题的博览会、创作大赛和节庆活动（见表5-1）。这些活动的举办，为民间艺术企业提供了相当规模的市场订单和丰富的市场信息，尤其是提供了关于同行业企业的生产信息，有效刺激了市场竞争。例如，西藏唐卡的销售，除了旅游市场提供一定购买量外，每年雪顿节期间举办的唐卡博览会提供了大量订单。在唐卡博览会上，不仅重点举办唐卡作品、工艺展览，也会举办唐卡技艺大赛，通过多种多样的活动促进唐卡创作者的技艺切磋，推动唐卡作品的订单签订。从近年举办博览会的不完全数据看，在2015年，有十余个地区举办了国家层次的民间艺术主题博览会，而省市层次的各种综合性、专题性民间艺术博览会更是不计其数。由此可见，博览会的举办正在成为政府推动民间艺术产业发展的重要政策手段。

表 5-1　1984—2015 年民间艺术主题博览会举办情况（不完全统计）

| 博览会主题 | 举办地点 | 举办时间 |
| --- | --- | --- |
| 中国非物质文化遗产博览会 | 山东济南 | 2010—2014 年 |
| 中国（东阳）木雕竹编工艺博览会 | 浙江东阳 | 2006—2015 年 |
| 中国（湖南）国际艺术博览会 | 湖南长沙 | 2015 年 |
| 中国（广东）民间工艺博览会 | 广东广州 | 2009—2015 年 |
| 中国（贵州）国际民族民间工艺品文化产品博览会 | 贵州贵阳 | 2015 年 |
| 中国（长春）民间艺术博览会 | 吉林长春 | 2002—2015 年 |
| 中国（潍坊）民间艺术博览会 | 山东潍坊 | 2015 年 |
| 中国（苏州）民间艺术博览会 | 江苏苏州 | 2014 年 |
| 中国（烟台）民间工艺品博览会 | 山东烟台 | 2006—2015 年 |
| 中国（南阳）国际玉文化博览会 | 河南南阳 | 2004—2015 年 |
| 潍坊国际风筝会 | 山东潍坊 | 1984—2015 年 |
| 湖南工艺美术品博览会 | 湖南长沙 | 2006—2015 年 |
| 上海民族民俗民间文化博览会 | 上海 | 2007—2015 年 |
| 西藏唐卡艺术博览会 | 西藏拉萨 | 2011—2015 年 |

续表

| 博览会主题 | 举办地点 | 举办时间 |
|---|---|---|
| 哈尔滨民间民俗艺术博览会 | 黑龙江哈尔滨 | 2000—2015 年 |
| 陕西民间工艺品博览会 | 陕西西安 | 2015 年 |
| 徐州民间工艺博览会 | 江苏徐州 | 2014—2015 年 |
| 承德特色工艺品博览会 | 河北承德 | 2015 年 |

### （二）衍生性文化产品开发

衍生性文化产品是相对原生性文化产品而言的，主要指的是将非物质文化遗产项目中的符号元素提取出来，采用新的技术或生产方式，将对符号的意义生产与意义叙事移植到新的载体上所形成的文化产品或文化服务。例如，以非物质文化遗产项目为元素开发的图书、画册、电影、电视剧、动漫、网络游戏乃至产品包装、服装、建筑装潢设计、节庆旅游等。

 **案例【5-1】　　百色靖西旧州绣球村的民间工艺品资源开发**[①]

从 1997 年起，为挖掘开发绣球的文化内涵和经济价值，传承和发扬古老的绣球文化，旧州村开始组织农户生产绣球，并成立了刺绣协会，形成了颇具特色的百色靖西旧州绣球村。

目前，旧州村共 300 多户人家，有 600 多人从事绣球生产，年产量达到 15 万只。全村仅绣球一项的年收入就达 200 万元，绣球生产户年均收入近万元。村里采取专业化分工、社会化协作的方式，形成"公司+协会+农户"的发展模式，给周边农民提供了 2 万多个就业岗位，使绣球生产成为乡村经济的支柱产业。

此外，旧州绣球村还建成了风情浓郁、建筑独特、产品丰富的工艺品旅游一条街，建成全国第一座壮族生态博物馆。目前，该村绣球产品知名度日益提高，市场需求量不断增大，产品远销欧美、东南亚等地区。

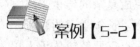 **案例【5-2】　　绵竹年画村与年画产业**[②]

四川绵竹是我国古代年画重要产地之一。汶川地震后，绵竹年画遭受重创。此时，绵竹市提出了建设孝德射箭台年画村，推行"做给农民看、带着农民干、帮着农民销、实现农民富"的培训帮扶模式。在江苏省对口援建绵竹的过程中，一个以年画为主题的方圆 5

① 黄伟权，黄靖羽，赵绍新. 旧州绣球村绣球文化产业发展研究[J]. 新西部：理论版，2015（11）：39-40.
② 刘启达. 建立年画村 引入产业化[N]. 深圳特区报，2011-05-08（7）.

平方千米的年画村悄然崛起。

进入村里，年画作坊、年画销售公司、年画陈列馆以及年画餐厅一应俱全，全是清一色四合院式的仿古建筑，墙壁上画着各式年画。绵竹年画博物馆馆长胡光葵说，这些外墙年画总数超过 3 万幅，是绵竹年画的大展示。

新建成的年画村投资达 10 亿元，两个村的 200 多家农户就地转化成为产业工人，包括农民在内的年画从业者达千人。2011 年 4 月 19 日，绵竹年画村还成功升级为四川 4A级风景区。

据绵竹年画博物馆统计，年画村建立以后，当地从业人员快速突破千人，2010 年产值突破 4000 万元。

年画村为传统年画加入现代元素，彻底打破了传统的以门神、福娃、财神为题材的狭窄年画思路；还将年画引到服装、生活用品、旅游饰品等 7 大新领域中，产生了轰动效应。

年画村对年画进行了注册，申请了统一商标，设计了统一的包装，并分别打上条码，让以前无法统一定价的手工艺品有了身价识别功能，打通了年画无法进入超市的障碍。

（资料略有改动）

案例讨论：

（1）非物质文化遗产的衍生产品开发的基础是什么？

（2）遗产的保护与衍生利用之间是什么关系？

（3）衍生开发中利用了非遗资源的什么组成元素？是怎么利用的？

## 三、非物质文化遗产商业开发存在的主要问题

### （一）民间工艺产业发展面临的主要问题

#### 1. 非物质文化遗产资源开发遭遇人才瓶颈

首先，人才数量缺乏，民间艺术的传承人青黄不接、后继乏人。从我国认定的各批国家级非物质文化遗产代表性传承人的情况来看，60 岁以上的传承人占总人数的六成以上，70 岁以上的竟达三成之多，老龄化现象十分严重。从民间艺术延续的角度考虑，应当尽快培养传承人。现实情况却是一些传承人因为年事已高难以完成复杂的传承工作，而青年一辈中愿意主动学习并继承的人少之又少，他们或者忍受不了长年学习的枯燥，或者对学成后经济收益不足而担忧。因此，民间艺术产业的开发重点需要解决传承人培养的问题。

其次，人才队伍不健全，高层次人才尤其缺乏。以民间工艺产业为例，民间工艺产业的可持续发展要求民间艺术产品不断创新，要求在保留传统艺术魅力的同时，应最大限度地迎合现代生活的需要。这就要求艺术创作的人才队伍结构要健全，既需要普通的工匠，又需要设计师和艺术家。工匠主要指的是熟练操作工艺的人，对独立完成产品艺术设

计相对素质不足；设计师是介于艺术家与工匠之间的一个群体，有的设计师虽然兼具工匠与艺术家的角色，但此处强调的是其作为从业者参与艺术创作、艺术设计工作，可以不具备娴熟的工艺操作技能，但一定要具备艺术学、美学、材料学或者跨艺术门类的知识背景，能够不断创新；艺术家即艺术大师，是该艺术领域中有着卓越成就的人。整个行业中应以大师的知名度、美誉度来影响其艺术品创作的市场吸引力与附加值比重，从目前情况看，很多民间艺术项目在产业开发时对设计型人才和艺术家的需求非常迫切。而除了艺术创作队伍结构的不健全，民间艺术产业运营管理方面的人才缺口也十分明显。现代营销意识和营销经验是许多传统民间艺人所缺乏的，而经济学、管理学专门人才又普遍不懂艺术，现实的困境是既懂艺术又懂现代营销的综合型人才十分稀少。对于这类人才如何培养是一个难题，而如何引进、如何留住也是个难题。各类民间艺术产业项目普遍需要此类人才，地方之间在人才引进上也竞争激烈。僧多粥少，就要从人才培养机制上全面着手，而当前的主要问题则是缺乏一个更为健全有效的人才培养和人才资源优化配置机制。

### 2. 原材料匮乏与原材料市场失序问题突出

原材料市场是民间艺术产业发展的物质基础，其面临的问题为：一是原材料资源的匮乏和枯竭问题，二是现有原材料市场的秩序混乱问题。

从原材料资源的匮乏和枯竭的情况看，主要是传统工艺原材料的缺乏。传统民间工艺造型艺术的原材料依赖当地的物产资源，或者是植物、矿物，或者是动物毛皮等。随着原材料资源的储备越来越少，很多传统艺术品的生产难以维系，因而需要从开发新工艺、新原材料入手。

从现有原材料市场秩序看，存在着一些市场乱象。例如，近年来随着消费市场的不断壮大，玉雕、石雕、木雕、核雕以及陶器行业中广泛出现了原材料市场秩序混乱的问题，尤其以原材料价格哄抬问题最为普遍。江苏玉雕产业以徐州玉雕和扬州玉雕最为著名。由于江苏本省玉石资源稀少，一直以来，玉雕行业主要依赖外地玉料进行设计加工，也因此遭遇原材料市场价格一涨再涨、原材料供应商竞相哄抬价格的境况，影响了玉雕产业本身的发展壮大。同样是雕刻艺术产业，舟山核雕使用的不是贵重材料，但是也受到了原材料价格混乱的影响。如何深化对原材料市场的监管，加强原材料市场与艺术设计市场发展的协同性，是摆脱民间艺术产业发展困境的重要途径。

### 3. 产品需要重新定位市场，有价无市难以产业化

传统民间艺术在造型和文化内涵上反映了传统社会的审美旨趣，满足了过去人们的生活需要。在现代社会，这些传统艺术作品如果要获得消费市场的认可，就难免要重新进行调适，找到与现代生活的契合点。目前，很多民间艺术资源都面临着这种尴尬。这些项目在古代社会有很庞大的消费市场，现在却有价无市。例如，江苏无锡的惠山泥人，目前整个产业的发展几乎举步维艰。无锡最大的惠山泥人厂连续多年亏损，年产量与20世纪

90 年代高峰期时的 200 万件相比，已锐减至三四万件，年产值不足 400 万元。究其原因，主要与市场需求的萎缩有关。过去，惠山泥人的热销主要与佛教文化、祠堂文化以及戏曲文化在民间的兴盛有关。如今，这些文化逐渐式微，惠山泥人需要重新寻找市场空间。尤其是中西部地区的少数民族传统工艺，由于其创作缺乏对现代时尚的了解，很难满足消费者需求，虽然有产业发展潜力，但难以产业化。

### 4. 手工生产遭遗弃，机器化生产现象普遍

传统的艺术产品生产往往是个体创作生产的过程。当下，很多行业或企业热衷于追求规模效益，使用机器进行标准化的工业流水线生产。由于机器的高生产效率，短时间内可能提高了产量、压缩了生产成本，但是从长期来看，却损害了艺术本身的技艺价值和文化价值。对于这种标准化、无差别化的复制品，消费者不会愿意一直买单，更不会愿意高价买单。凡是使用机器代替手工生产的企业，都不了解传统手工技艺的真正价值。以手工生产的艺术品，靠的是艺人们灵巧的双手和个性化的创作构思、灵感与情感注入，不是机器可以刻制出来的，其艺术附加值大大高出了手工生产的成本投入。

从相关实践来看，这些纯粹工业化的开发使得宝贵的非物质文化遗产发生严重变异。许多开发商借用"非遗"名气，通过机器生产仿制品和复制品来牟取经济利益。例如，唐卡是用彩缎装裱后悬挂供奉的宗教卷轴画，也是藏传佛教所特有的绘画形式。就唐卡作品的制作来说，真正手工制成的唐卡，创作周期短则半年，长则达十余年。而目前唐卡市场上有很多印刷品或半印刷品，有的每幅售价仅 20 元左右，也有的被销售商标以高价，以伪充真。对于不熟悉唐卡的消费者来说，想买到真品完全靠碰运气。再如，内蒙古的马头琴制作艺术也是手工技艺，而内蒙古一家工厂却采用计算机绘图、机器切割来完成制作。除了机器化生产，有的还使用化工材料替代传统的天然材料。如一些企业为了提高生产效率、降低生产成本，将传统纺织艺术中的植物性染料更换为化工染料，用刻板的化学印花工艺替代传统的手工画蜡工艺。这种取代了手工生产方式和原有制作工艺的复制品对于真正意义上的"非遗"产品而言具有很大的破坏性，毁坏了其传承数百年的文化形象。应当说，凡是在核心工艺环节上以机器替代手工生产民间艺术品的，从根本上破坏了民间艺术存续的根基，都不能被纳入民间艺术产业的范畴。

### 5. 产品创作缺乏创新，单一化、同质化问题严重

民间艺术产品的设计既需要体现传统，又需要不断推陈出新。很多作品的题材、样式都是传统经典题材，有的设计已很难符合现代社会人们的审美旨趣，而有的设计虽然仍受到认可，但因为过于陈旧而难以获得顾客青睐。相当多企业甚至不愿意在艺术设计上投入太多成本进行创新，很多时候都是模仿、抄袭别的企业的创新，采取跟风策略。一旦有一个新样式、新设计，很多企业就不分先后地照搬照抄。这种经营企业之间的恶意模仿，使得市场产品良莠不齐、鱼目混珠，面临消费者的负面评价与消费意愿不足。

6. 企业发展存在资金瓶颈，金融服务与政府扶持有待加强

民间艺术产业发展需要不断增加民间艺术企业数量，需要企业发展规模不断壮大，这些都不可避免地涉及资金问题。而从当前看，民间艺术产业开发是有资金瓶颈的，这首先体现在企业向金融机构申请贷款难的问题，尤其是家庭作坊或小微型企业在试图扩大经营规模时难以从银行获得贷款，这不仅反映了民间艺术企业多为无形资产、缺乏银行贷款金融机构普遍认可的有形抵押担保物，更反映了当前金融服务的不完善，缺乏扶持民间艺术产业发展的金融政策。其次是现有行业税率的问题。传统手工艺品在缴纳增值税的同时，时常没有进项抵扣：由于向农户采购直接原材料不能开具采购发票，从而使得税率过高，增加了发展的负担。此外，民间艺术企业所获得的政府补贴资金也有待充实。从现有获得补贴的途径看，依托非物质文化遗产保护政策与加快促进文化产业发展的相关政策，部分民间艺术企业可以从中央或地方"文化产业发展专项基金""非物质文化遗产保护基金"中分得一杯羹，但是，整个民间艺术行业领域仍有很多企业难以申请到这类补贴。因此，全面拓展对民间艺术产业发展的资金扶持通道是政府和行业需要共同解决的问题之一。

7. 资本转化能力不足，缺乏品牌经营意识

文化资本是指对文化资源的优化配置所形成的能够不断增值的文化生产和服务，其中，增值既体现为经济财富的增长，也体现为精神财富的增长。从资源向资本的转化，需要不断延长产业链，并在衍生品的开发和生产中不断注入新的文化价值与经济价值。就民间艺术产业的发展来看，很多产业在传统产品的生产上效益显著，但是衍生产品不多，增值效益不足；而有的产业虽然关注衍生产品的开发，但是在品牌与产权经营保护方面做得不到位，致使衍生产品上市后很快被市场模仿、复制，从而失去竞争优势。除了产业链的构建，产品的宣传和企业形象的塑造更是资本经营、品牌经营的重要方面。很多地方的艺术品在外观设计、外包装设计以及宣传手册、展览手册等方面重视不够，忽视了艺术品内涵与外观的统一性，忽视了塑造统一品牌形象的重要性，这些情况都反映了品牌经营意识不足的问题。

**（二）民俗节庆旅游业开发产生的主要问题**

在旅游产业的发展模式中，大量非物质文化遗产项目，尤其是传统民俗、宗教仪式类项目，作为重要的文化内容或元素被整合进地方文化旅游商品之中，利用文化的差异性与独特性吸引外来游客。许多学者认为，在遗产旅游的光鲜外表之下，伴随了"遗产的破坏"与"真实性的扭曲"等一系列冲突与矛盾："在遗产旅游中，当旅游者负载着现代性消费文化的价值取向，前往遗产目的地时，必然会与遗产中暗含着特定族群存续与发展的传统产生各种对峙与背离"；作为外来者的游客，很容易造成对传统文化遗产的"污染

和破坏"；而为了迎合消费者的消费需求与偏好，很多政府、商业组织机构介入遗产旅游景点的创造与开发过程中，进行遗产的"再生产"，往往忽略了遗产真正的创造者和传承者，扭曲了遗产的真实性，并解构了原有的文化认同。①

与此同时，旅游业的过度开发在一定程度上造成了对传承群体的主体性挑战。在遗产旅游业的开发模式中，有学者将处于文化"失语"状态的文化主体比喻为"边缘庄家"；而将来自遗产外的各种权力、商业的操控主体比喻为"权力庄家"，借以指代那些投资者、饭店开发商、国内外资助机构——他们掌控着权力和金钱，是遗产旅游开发的主导者。②在遗产的开发过程中，原有文化主体和"权力庄家"之间形成了一种紧张的矛盾关系，对文化的解释权也更多地控制在后者手中。

对主体性的解构和挑战，甚至使得一些原住民不得不离开世代生存的地方。在一些不发达的国家或地区，因为旅游业的开发，一些村庄甚至被迫迁移到其他地方。例如，20世纪70年代，在印度尼西亚的普兰巴南神庙和婆罗浮屠寺附近就发生过这种事情。当时政府以"保护"文化和自然遗产为借口，强迫村民迁移到其他地方，甚至采用了威逼、恐吓、监禁等极为不人道的手段。在这些地方后来的旅游开发中，原住民甚至被禁止进入旅游区。③

 **本章小结**

20世纪中叶以来，通过众多国家的积极探索与争取，非物质文化遗产保护体系逐渐在世界范围内建立起来。非物质文化遗产具有无形性、传承性、流变性以及共生性特征；这些特征内在地决定了对非物质文化遗产保护价值的解读，需要立足于文化基因、国家文化安全、世界文化多样性安全的视角。在此基础上，要对非物质文化遗产进行科学的保护，理解保护的主体、客体，建立多元的保护方式，同时以有效的商业开发方式加强对非物质文化遗产资源的社会利用，以全面推动传统文化的传承与发展。

 **思考题**

1．简述非物质文化遗产概念的基本形成过程。
2．非物质文化遗产的内涵和外延是什么？
3．简析非物质文化遗产的主要特征。

---

① 彭兆荣，郑向春．遗产与旅游：传统与现代的并置与背离[J]．广西民族研究，2008（3）：39-45．
② 彭兆荣，郑向春．遗产与旅游：传统与现代的并置与背离[J]．广西民族研究，2008（3）：39-45．
③ 蒂莫西．文化遗产与旅游[M]．孙业红，译．北京：中国旅游出版社，2014：117．

4. 非物质文化遗产的价值有哪些？其保护的核心价值是什么？

5. 简述非物质文化遗产保护主体的构成与参与方式。

6. 简述中国非物质文化遗产保护的主要手段与方式。

7. 辨析商业化、产业化与工业化的概念。

8. 简述中国非物质文化遗产商业开发的模式与存在的问题。

## 参考文献与推荐阅读

[1] 胡惠林. 中国国家文化安全论[M]. 2 版. 上海：上海人民出版社，2011.

[2] 王文章. 非物质文化遗产概论[M]. 北京：教育科学出版社，2008.

[3] 方李莉. 遗产：实践与经验[M]. 昆明：云南教育出版社，2008.

[4] 李春霞. 遗产：缘起与规则[M]. 昆明：云南教育出版社，2008.

[5] 彭兆荣. 遗产：反思与阐释[M]. 昆明：云南教育出版社，2008.

[6] 严永和. 论传统知识的知识产权保护[M]. 北京：法律出版社，2006.

[7] 张耕. 民间文学艺术的知识产权保护研究[M]. 北京：法律出版社，2007.

[8] 潘鲁生. 手艺农村 手艺创意[M]. 深圳：海天出版社，2011.

[9] 胡惠林，王媛. 非物质文化遗产保护：从"生产性保护"转向"生活性保护"[J]. 艺术百家，2013（4）：19-25.

[10] 贺学君. 关于非物质文化遗产保护的理论思考[J]. 江西社会科学，2005（2）：103-109.

[11] 苑利. 非物质文化遗产传承人保护之忧[J]. 探索与争鸣，2007（7）：66-68.

[12] 苑利. 非物质文化遗产保护主体研究[J]. 重庆文理学院学报（社会科学版），2009（2）：1-8.

[13] 李发耀. 论非物质文化遗产持有人权利保护的内容及其形式：当前立法焦点分析[J]. 贵州师范大学学报（社会科学版），2009（1）：45-50.

[14] 彭兆荣，郑向春. 遗产与旅游：传统与现代的并置与背离[J]. 广西民族研究，2008（3）：39-45.

# 第六章

物质文化资源：文物资源的保护与利用

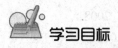 学习目标

1. 了解文物的概念与分类。
2. 了解国内外可移动文物收藏的主要历程与经验。
3. 理解可移动文物追索的主要手段与方法。
4. 了解国外文物古迹修复的主要理论。
5. 理解中国不可移动文物古迹保护的主要机制与原则。
6. 理解中国历史文化名城保护的主要手段与规划。
7. 理解中国历史村落保护遇到的问题。
8. 理解物质文化遗产商业开发的主要模式与存在的问题。

 导言

　　大量的文物资源是具有实际物质载体的历史文化资源，是观念的外化，即纯精神文化资源物化，是人类精神的客观物质存在，属于物质文化资源或物质文化遗产资源。物质文化遗产是相对于非物质文化遗产而言的，主要指有形的文化遗产或文物。世界遗产保护运动从有形文化遗产的保护起步，继而逐步延展到无形文化遗产，也就是非物质文化遗产的保护领域。而综观物质文化遗产的保护，不仅涉及可移动历史文物的保护，更涉及不可移动文物的保护，除古建筑、古遗址、古迹等方面的保护，还包括历史城镇、街区与古村落的保护。

## 第一节　可移动文物的保护

　　可移动文物的保护，是物质文化遗产保护的重要方面。从世界各国对可移动文物的

保护经验看，除文物修复外，主要涉及文物收藏、文物资源普查与流失文物的追索工作。

## 一、文物与可移动文物的内涵

"文物"一词是一个在中国使用比较广泛的概念，经常被人们与"文化遗产"一词混用或交替使用。《中国大百科全书》将"文物"界定为："是人类社会历史发展进程中遗留下来的，由人类创造或者与人类活动有关的一切有价值的物质遗存的总称，文物也是我国对文化财产和文化遗产的一种特殊称谓，一般译为'antique'或者'cultural relics'。"

中国自古就有"文物"的概念。查阅古代典籍文献，较早使用"文物"一词是在战国初期，当时主要指礼乐典章制度；唐代时，文物主要指前代遗物；北宋时期，出现"古器物"和"古物"的称呼，主要指青铜器、碑帖、石刻等古代器物；明代至清代初期，"古董""骨董"的提法比较普遍；清朝乾隆年间，又出现了"古玩"的称呼。这些概念与"文物"一词经常被交替使用，内涵略有区别，但语义基本一致。

1930 年，南京国民政府颁布了《古物保存法》，以法律的形式对"古物"的概念予以界定，即"与考古学、历史学、古生物学及其他与文化有关之一切古物而言"，主要指古代各类器物等可移动的文化遗留。除"古物"外，当时广泛使用的还有"古迹"一词，主要指不可移动的古建筑、古遗址、古墓葬、石窟寺等文化遗存。到了民国后期，这两个词的内涵逐渐被"文物"一词囊括，指"文化建筑、古物、古迹、美术"等。[1]

1949 年中华人民共和国成立以后，"文物"一词成为法定概念。1982 年 11 月 19 日第五届全国人民代表大会常务委员会第二十五次会议通过《中华人民共和国文物保护法》（以下简称《文物保护法》），指明在中华人民共和国境内，被列为"文物"并受到国家保护的对象包括：① 具有历史、艺术、科学价值的古文化遗址、古墓葬、古建筑、石窟寺和石刻；② 与重大历史事件、革命运动和著名人物有关的，具有重要纪念意义、教育意义和史料价值的建筑物、遗址、纪念物；③ 历史上各时代珍贵的艺术品、工艺美术品；④ 重要的革命文献资料以及具有历史、艺术、科学价值的手稿、古旧图书资料等；⑤ 反映历史上各时代、各民族社会制度、社会生产、社会生活的代表性实物。与此同时，具有科学价值的古脊椎动物化石和古人类化石同文物一样受国家的保护。可见，"文物"一词指代的范围非常广，既有不可移动遗存，又有可移动遗存，并且主要都指实物。

1982 年以后，《文物保护法》历经几次修订（1991 年、2002 年、2007 年、2013 年、2015 年、2017 年），文物的内涵基本不变，但对文物的类别做了进一步区分。2002 年修订颁布的《文物保护法》对文物的类型使用了"可移动文物"和"不可移动文物"的提法。其中"不可移动文物"主要包括：具有历史、艺术、科学价值的古文化遗址、古墓葬、古建筑、石窟寺和石刻、壁画；与重大历史事件、革命运动或者著名人物有关的以及具有重要纪念意义、教育意义或者史料价值的近现代重要史迹、文物、代表性建筑。而"可移动

---

[1] 李晓东. 民国时期的"古迹""古物"与"文物"概念述评[J]. 中国文物科学研究，2008（1）：54-56.

文物"则包括：历史上各时代珍贵的艺术品、工艺美术品；历史上各时代重要的文献资料，具有历史、艺术、科学价值的手稿和图书资料；反映历史上各时代、各民族社会制度、社会生产、社会生活的代表性实物；具有科学价值的古脊椎动物化石和古人类化石；等等。

## 二、可移动文物早期收藏的历史实践

文物收藏是对文物的有效保存和保护。世界各国都有悠久和丰富的可移动文物收藏历史与经验。

### （一）国外文物收藏的历史与发展

欧美国家的文物收藏经历了从私人收藏向博物馆收藏的演变过程。

在博物馆产生之前，文物收藏呈现为私人收藏。早期主要表现为人们自发的艺术品收藏行为，其收藏和保护的动机更多地与人们对特定历史时期的文化或艺术的偏爱和价值肯定有关。

公元前 4 世纪，马其顿之子亚历山大继承王位，他是古希腊最博学的亚里士多德的学生。亚历山大在不断扩充自己版图的征途中，搜集、掠夺了许多各地稀有之物和战争纪念品，回来交给他的老师亚里士多德进行整理和研究。公元前 4 世纪至公元前 3 世纪，托勒密一世在亚历山大城的宫殿里建立了科学和艺术中心，其中的缪斯神庙就存放着亚里士多德遗存的珍品。这个收藏了珍品的缪斯神庙就成了现在人们所说的最原始的博物馆。[①]

古罗马时期，收藏之风渐盛。罗马皇帝维斯佩基安的"和平神殿"因收藏了许多艺术瑰宝而成为当时的艺术中心。很多贵族专门在自己的府邸、别墅中开辟陈列室供客人观赏。至中世纪时，法国、意大利、德国、俄国等许多国家的大教堂都专门开辟"奇珍室"保管和陈列珍奇物品、法器、圣像、写本、教主遗物。教皇所在地梵蒂冈就有收藏天主教历史文物、珍品、香客礼品的地方。当时，威尼斯的圣·马克教堂、德国的哈雷中心教堂、瑞士的圣莫里斯修道院都以收藏宗教文物享誉盛名。而除了宗教文物收藏，当时的王室、贵族也十分热衷于对世俗文物的收藏，收藏场所也多是其府邸住宅。

十五六世纪，随着文艺复兴运动的兴起，社会对古希腊、古罗马时期的文化再次燃起热情，收藏古典文化珍品的风气更盛。这一时期，除了王室、贵族、教会，市民阶层也有人纷纷加入进来。有学者统计，那时仅德国、意大利、法国、荷兰四国就有收藏家多达千余人。而在古物收藏上，比较著名的有教皇保罗二世、意大利佛罗伦萨的美第奇家族、曼图亚的冈萨加家族、费拉拉城的伊斯特家族、米兰的斯福尔扎斯家族、法国的

---

① 苏东海. 博物馆演变史纲[J]. 中国博物馆，1988（1）：10-24.

让·贝里·布隆迪公爵、德国的奥古斯都一世等。①

15 世纪时，罗马的彼得罗·巴伯主教，即教皇保罗二世（1464—1471 年在位）拥有最大规模的早期古代遗物和早期基督教遗物的收藏。他建造了威尼斯宫并将其作为画廊以陈列这些收藏。后来，西克图斯四世将这些收藏品一部分卖给了美第奇家族，另一部分捐给了位于卡匹托林山的保护大厦，并于 1471 年在保护大厦开设了有关文艺复兴的第一个公共博物馆。②

作为佛罗伦萨最负盛名的美第奇家族，热衷于收藏各种古代艺术珍品。1565 年，艺术家瓦萨里按照科西莫一世·德·美第奇的旨意建造了乌菲齐博物馆，即最早的现代意义上的博物馆，其中收藏的物品可谓包罗万象，甚至被视为拥有"一种以微观方式笼阔万有、便于君主据之、可以象征性地声称对整个自然和人类世界拥有统摄权的企图"③。1581年，科西莫之子弗兰西斯一世将乌菲齐博物馆的顶楼改成画廊向公众开放。其后，乌菲齐博物馆以美第奇家族藏品为基础，增加了佛罗伦萨艺术协会、银行家协会、教会、修道院和许多私人收藏家捐献的艺术品，使得该博物馆成为收藏文艺复兴艺术品最为丰富的特色机构。④后来，冈萨加家族、伊斯特家族、斯福尔扎斯家族也效仿美第奇家族，收集藏品并建造家族的奇珍室，而这时的奇珍室还只是社会精英阶层文物收藏和私人欣赏的场所。

十七八世纪，一些收藏机构开始向社会开放。1660 年，英国伦敦塔的皇家军械库向公众开放。1671 年，瑞士巴塞尔的阿梅巴赫内阁向公众开放。1694 年，法国市立艺术馆成立并向公众开放。⑤1793 年 8 月 10 日，卢浮宫建立了中央艺术博物馆并向公众开放。⑥继卢浮宫向社会开放后，欧洲其他一些国家也纷纷建立国家博物馆。与此同时，一些私人收藏场所也向社会开放。只是其开放是有限度的，一般社会群体仍然无法进入，观众进入首先需要获得博物馆的允许。但是，不能否定的是，这一时期，博物馆对收藏文物珍品确实起到了重要的保护作用。1793 年，法国政府在颁布的一项法令中规定：博物馆可用作为可移动文物提供保护的庇护所。

而博物馆真正向全社会开放是到了 19 世纪和 20 世纪。伴随着工业革命，工业文明广泛发展，在资产阶级提倡知识开放和教育改革运动中，博物馆应当具备社会教育职能逐渐成为共识，于是博物馆向全社会开放逐渐成为常态。

发展到现代社会，博物馆收藏对文物保护发挥着更为重要的作用，并且随着博物馆数量的不断增加，其类型也不断丰富。除了综合性博物馆，又不断产生了艺术博物馆、考

---

① 苏东海. 博物馆演变史纲[J]. 中国博物馆，1988（1）：10-24.

② 尤嘎·尤基莱托. 建筑保护史[M]. 郭旃，译. 北京：中华书局，2011：32.

③ 李军. 从缪斯神庙到奇珍室：博物馆收藏起源考[J]. 文艺研究，2009（4）：124-133.

④ 王纪潮. 美第奇家族与乌菲齐博物馆：《意大利乌菲齐博物馆珍藏展：十五世纪——二十世纪》侧记[J]. 中国文化遗产，2010（5）：94-101.

⑤ 蒂莫西. 文化遗产与旅游[M]. 孙业红，译. 北京：中国旅游出版社，2012：235.

⑥ 尤嘎·尤基莱托. 建筑保护史[M]. 郭旃，译. 北京：中华书局，2011：101.

古博物馆、军事博物馆、海事博物馆、工业博物馆、科学博物馆、地方历史博物馆、主题博物馆，如乐器、邮票、书籍、声音、铁路博物馆等。

### （二）中国文物收藏的历史与发展

中国很早就有藏书、藏画、藏中鼎古器物的历史。《周礼·春官·宗伯》记载："天府掌祖庙之守藏，与其禁令，凡国之玉镇、大宝器藏焉。若有大祭、大丧，则出而陈之。既事，藏之。"也就是说，天府是掌管始祖庙中的收藏以及有关禁令的地方。凡王国的玉镇和大宝器都收藏在祖庙中。如果有大祭祀或大丧事就拿出来陈设，事毕后再收藏起来。而《周礼·天官·冢宰》记载："玉府掌王之金玉、玩好、兵器。凡良货贿之藏。共王之服玉、佩玉、珠玉。王齐，则共食玉。"这里的玉府是专门管玉的机构，掌管国家大典和宫廷重大礼节所需的仪仗用品。各地凡是发现稀有贵重的玉器须上缴玉府进行保管。可以说，西周时的玉府是我国历史上第一个有文字记载的专司玉器保存管理的机构，这也是官方收藏历史久远的见证。

如果说官方收藏起于周朝，那么接下来各朝各代的帝王更是对古物收藏给予热情专注。汉代时，收藏甚至成为帝王贵族的一种特权，他们尤其重视对人物画像和书法的收藏。宋代时，徽宗爱书画，曾不惜花重金收藏前代书画珍品、名人碑帖，其宫廷收藏有魏晋以后 231 位画家的书画作品 6300 多件。除书画外，徽宗也喜爱收藏金石，尤其是商周的青铜器。据说，政和年间（1111—1118 年），宋朝皇宫收藏的青铜器有 6000 多件。

就皇家收藏而言，不得不提到清康熙四十八年（1709 年）修建的皇家园林圆明园。圆明园中曾收藏着上自先秦，下至唐、宋、元、明、清历代的名人字画、秘府典籍、钟鼎宝器、金银珠宝等珍贵文物，堪称当时世界上最大的皇家博物馆。然而，1860 年英法联军闯入北京，园内奇珍异宝惨遭洗劫，园林遭大火焚烧被摧毁殆尽。对于这段历史，远在法国的大文豪雨果曾写下这样的文字："有一天，两个强盗闯进了圆明园。一个强盗大肆劫掠，另一个强盗纵火焚烧。从他们的行为来看，胜利者也可能是强盗。一场对圆明园的空前洗劫开始了，两个征服者平分赃物。真是丰功伟绩，天赐的横财！两个胜利者一个装满了他的口袋，另一个看见了，就塞满了他的箱子。然后，他们手挽着手，哈哈大笑着回到了欧洲。这就是两个强盗的历史。在历史面前，这两个强盗一个叫法国，另一个叫英国。"

民间私人收藏起于汉代。南朝时，有人专门兴建古斋来收藏保存古物，所收藏古物种类丰富的达数十百种。而真正兴盛则是到了宋朝时期。当时的达官权贵、文人雅士多以收藏为乐。赵明诚和李清照夫妇尤其热衷于收藏商周青铜器和汉唐碣石拓本，北宋文学家、书画家苏轼的书房中甚至供着举世闻名的楚王钟。与此同时，民间对藏品的研究也很深入，目录学、鉴定学由此发展起来。应该说，相比西方社会对古物收集收藏的乐趣，中国收藏家对古物的研究、鉴赏以及编辑整理之趣又多出很多，为此著书立说的不在少数，如北宋刘敞的《先秦古器图碑》、欧阳修编著的《集古录》、吕大临的《考古图》、王黼的

《宣和博古图》、李清照夫妇编著的《金石录》。明清时期，这方面的著作更为丰富，如明代曹昭撰写的《格古要论》、清代阮元的《积古斋钟鼎彝器款识》等。

中华人民共和国成立以后，中国政府非常重视对古代文物的保护，国家收藏成为保存、保护文物的合法方式和重要手段。

## 三、中国可移动文物的官方收藏与资源普查情况

我国文物的收藏主要分为两种：官方馆藏与民间收藏。其中，官方馆藏对可移动文物的保存、保护发挥着不可替代的作用。收藏单位主要是指国有的博物馆、纪念馆、文物保护单位、图书馆和其他收藏机构。依据《文物保护法》的规定，这些文物收藏单位必须区分文物等级，设置藏品档案，建立严格的文物管理制度，并向主管的文物行政部门备案。

从单个机构收藏文物的数量看，北京故宫博物院是我国藏品数量最丰富的博物馆。中华人民共和国成立以后，为了弄清家底，故宫博物院先后组织过五次文物摸底。最早的一次是在新中国成立后不久，政府对博物院馆藏文物重新整理编号，馆藏总数有近 100 万件 [①]。而最近一次完成的摸底是在 2004—2010 年，这次普查获得了馆藏文物的准确数量，各类文物藏品总数有 1 807 558 件（套）之多，其中珍贵文物 1 684 490 件（套），占文物总数的 93.2%，是全国文物博物馆系统馆藏珍贵文物的 41.98%。其中很多藏品在海内外久负盛名，如春秋立鹤方壶，战国秦石鼓，晋陆机《平复帖》、王珣《伯远帖》，唐青釉凤头龙柄壶、大圣遗音琴、韩滉《五牛图》，五代顾闳中《韩熙载夜宴图》，宋张择端《清明上河图》、王希孟《千里江山图》，元杨茂剔红牡丹纹尊、朱碧山龙槎银杯，明万历孝端皇后凤冠，清大禹治水玉山等作品。

从馆藏文物的种类看，博物院主要有两类藏品：一为清代宫中历史文物和奇珍异宝，二为中国历代文化艺术作品。而从具体门类看，则包括陶瓷、绘画、书法、铭刻、青铜器、玺印、织绣、玉石器、古籍等 26 种之多（见表 6-1）。故宫博物院针对每一种类的文物藏品都制定了严格的保管和使用规章制度，以确保文物收藏的安全。

表 6-1　北京故宫博物院收藏文物类别

| | | | | | |
|---|---|---|---|---|---|
| 陶瓷 | 绘画 | 书法 | 铭刻 | 青铜器 | 玺印 |
| 织绣 | 文房用品 | 家具 | 钟表仪器 | 珐琅 | 漆器 |
| 雕塑 | 金银锡器 | 玉石器 | 玻璃器 | 竹木牙角匏 | 宫廷宗教 |
| 首饰 | 钱币 | 武备 | 仪仗 | 音乐戏曲 | 生活器具 |
| 外国文物 | 古籍 | | | | |

除了对文物保管的安全负责外，故宫博物院还积极发挥馆藏文物的作用，经常举办展览、科学研究等活动，以此不断加强对中华民族优秀历史文化和传统的宣传教育。从举

---

[①] 1949 年以后，对故宫文物重新进行了整理编号，整理结果显示，带有"故"字号的文物有 78 万余件，带有"新"字号的新入馆收藏的文物有 21 万余件，总计数量近 100 万件。

办的陈列展览活动看，主要有两类：一为宫廷史迹原状陈列，目前保存和恢复的有前三殿、后三宫、西六宫、养心殿等处。其中，专门陈列与宫廷历史有关的处所有养性殿、乐寿堂、颐和轩的宫廷收藏珍宝陈列（珍宝馆），奉先殿的宫廷藏钟表陈列（钟表馆），乾清宫东庑的清代典章文物展览，坤宁门东板房的清代玩具展览，阅是楼的清代戏剧文物陈列等。二为历代艺术陈列，专门开辟有专馆长期或定期展出藏品，如保和殿及其东西两庑的历代艺术馆，斋宫、诚肃殿、景仁宫的青铜器馆，承乾宫、永和宫的陶瓷馆，钟粹宫的明清工艺美术馆，景阳宫的文房四宝馆，等等。此外，故宫博物院还经常举办各种临时特别展览，并且经常将院藏文物组成各种专题到国内各省市或国外进行展出。

目前，故宫博物院正在进行第六次文物普查。而此次普查的对象主要是对甲骨、乾隆御稿、明清尺牍、清代磁片和窑址标本、旧存瓷器文物、石碑、文物箱旧柜、旧有铺垫文物、清宫老照片、清宫老照片玻璃底片、古建文物资料、石刻构件、文保科技部原修复材料、古建筑附属文物，以及部分不属于故宫博物院收藏范围的藏品 15 大类文物藏品进行普查清理。对于此次清理的目的，北京故宫博物院原院长单霁翔说，其目的在于更好地为民众管理好、保护好、弘扬好中华优秀传统文化，深入挖掘其中所蕴含的历史信息和文化价值，把既富永恒魅力，又兼具当代价值的中华文化精神，以人们喜闻乐见、具有广泛参与性的方式，推广开来，传播出去。

作为全国馆藏文物数量最多的博物馆，北京故宫博物院的管理经验无疑值得其他文物收藏单位学习借鉴。然而，由于我国文物馆藏机构数量之多，各机构收藏文物数量之巨、种类之杂，加上深入普查的人力、物力、财力以及技术方面条件的限制，我国在可移动文物管理上一直存在着整体家底不清和现状不明的问题。

为了改变这一现状，2012 年 10 月，国务院专门成立第一次全国可移动文物普查领导小组及办公室（设在国家文物局），全面负责全国可移动文物普查工作的组织和领导工作。这次可移动文物普查是在我国先后三次进行不可移动文物普查之后，在文化遗产领域开展的国情国力的深入调查，是全面完善和健全我国文物保护体系的重要基础工作。开展这样的普查，不仅有利于全面掌握和科学评价我国文物资源的情况和价值，健全文物登录备案机制和文物保护体系，加大文物保护力度，保障文物安全，更将进一步促进文物资源的整合利用，丰富公共文化服务内容，有效发挥文物在国民经济和社会发展总体布局的积极作用。

从整个普查方案的设计看，首次普查的内容包括：1949 年（含）以前，历史上各时代珍贵的艺术品、工艺美术品和重要文献资料，以及具有历史、艺术、科学价值的手稿和图书资料等；反映历史上各时代、各民族社会制度、社会生产、社会生活的代表性实物；由博物馆、纪念馆收藏登记的 1949 年后的藏品；列入国家文物局公布的 1949 年后已故著名书画家作品限制出境鉴定标准范围的作品；具有科学价值的古脊椎动物化石和古人类化石。普查的登录事项包括文物名称、类别、级别、年代、质地、外形尺寸、质量、完残程度、保存状态、包含数量、来源方式、入藏时间、藏品编号、收藏单位名称 14 项基本指标，11 类附录信息以及照片影像资料，收藏单位基本情况，等等。其普查摸底的范围覆盖到全国 100 多万个国有单位。

从普查的实施阶段看，从 2012 年 10 月开始，到 2016 年 12 月结束，分三个阶段进行。2012 年 10 月至 12 月为普查第一阶段，主要任务是制定标准和规范，开发软件，开展培训、试点工作；2013 年 1 月至 2015 年 12 月为普查第二阶段，主要任务是以县域为基本单元，开展调查、文物认定、信息采集和审核；2016 年 1 月至 2016 年 12 月为普查第三阶段，主要任务是进行调查资料的整理、汇总、数据库建设和公布普查成果。目前，整个普查正进入信息的整理、汇总和数据库录入阶段。再过不久，社会公众将能通过相关数据库或普查报告获得我国可移动文物资源的详细信息。

## 四、可移动文物的海外流失与追索

世界各国不仅积极致力于国内现存文物的保护，同时更致力于本国流失文物的追索与保护。从文物流失的原因看，无外乎几个方面：除了屡禁不止的非法文物盗掘、走私以外，战争掠夺成为很多国家文物流失的重要历史原因。历史上每逢殖民侵略和战乱，文物遭受劫掠几成定律。而国际社会针对流失文物进行法律保护，也正是因为认识到在战争冲突中全世界文化财产都在遭受严重的损害，认识到文化财产在冲突中被破坏、被劫掠的现实。

### （一）国际文物追索法律的构建

1954 年 5 月 14 日，联合国教科文组织在海牙通过了《武装冲突情况下保护文化财产公约》。该公约明确规定各缔约国承允不以故意毁坏或损害为目的，对敌国境内的文化财产、紧邻的周围环境以及用于保护该文化财产的相关设施进行敌对行为，尊重位于敌国领土内以及其他缔约国领土外的文化财产，并且承允"禁止、防止及于必要时制止对文化财产任何形式的盗窃、抢劫或侵占以及任何破坏行为。他们不能征用位于另一缔约国领土内的可移动文化财产"。与此同时，《武装冲突情况下保护文化财产公约》实施条例进一步规定，"在文化财产处于另一国领土期间，该国应为该文化财产的保管者"，"保管国应在冲突终止时返还该财产；返还应于请求返还之日起六个月内实现"。由此可见，1954 年通过的这部公约应当是最早对文物劫掠、文物流失给以保护的文件。

此后，又出台了一系列专门针对文物流失行为的规制性国际文书。1970 年，联合国教科文组织在巴黎通过的《关于禁止和防止非法进出口文化财产和非法转让其所有权方法的公约》明确表示，"各国有责任保护其领土上的文化财产免受偷盗、秘密发掘和非法出口的危险"，"非法进出口文化财产和非法转让其所有权已经阻碍了各国之前的谅解"，而"国际合作是保护各国文化财产免于遭受流失危险的最有效方法之一"，并要求各缔约国采取措施，有效行使防止文化财产非法进出口、非法转让的职责。

1995 年 6 月，《关于被盗或非法出口文物转让其所有权方法的公约》在罗马外交大会上通过。该公约更加适用于流失文物的追索问题以及所有权的判定问题。其中包括国际范围内返还被盗文物的请求和归还违反文物出口法律走私出国的文物的请求，并确定了被盗文物返还的三个原则：一是被盗文物的拥有者应当归还该被盗物；二是非法发掘或者合法发掘但非法持有的文物，应当被视为被盗，只要符合发掘发生地国家的法律；三是任何关于返还被盗文物的请求，应自请求者知道该文物的所在地及该文物拥有者的身份之时起，在三年期限内提出，并在任何情况下自被盗时起五十年以内提出。这里的五十年期限对于很多遭受殖民侵略、战争的国家来说，无疑是一个没有实质效力的规定。因为很多国家自在战争中被劫掠，至今远超过五十年。

此后，又出台了《关于被盗或者非法出口文物公约》《保护世界和自然遗产公约》《武装冲突情况下保护文化财产公约》《防止侵犯各民族动产形式及文化遗产罪行示范条约》等，联合国也一贯主张"非法得来文物应归还原属国"的原则。

### （二）中国文物流失与追索情况

中国、埃及、印度、土耳其、阿富汗等国家都曾是历史上的文明古国，文物资源非常丰富。就我国而言，根据中国文物学会的有关统计，自1840年鸦片战争爆发以来，由于战争、不正当贸易等，流失到欧美、日本、东南亚等国家或地区的文物数量就超过1000万件。联合国教科文组织也做过相关统计：在47个国家的200多家博物馆中有中国文物164万件；与此同时，在国外民间收藏中，所藏中国文物数量是馆藏数量的10倍。而中国文物究竟流失了多少，现实的数量恐怕要远远大于以上两个统计数字。

流失文物数量之巨已成事实，而如何对流失文物追索则是一个更为重要的问题。就中国目前的情形看，追索文物的途径主要有三个：回购、捐赠和依法讨还。如原圆明园中的十二青铜兽首中的牛首、虎首、猴首、猪首、马首分别在2000年、2003年和2007年由民间爱国人士出资抢救回国。十二兽首中的兔首和鼠首曾在2009年由法国佳士得公司在巴黎进行拍卖。得知此消息，中国方面以欧洲保护中华艺术协会作为原告进行起诉，由中国流失海外文物回归基金会发起诉讼。而法国方面却以"不论是协会或基金会，均只能代表机构本身，其无权代表中国，更不能代表公众利益，无权提起诉讼"的理由进行了反驳。该反驳意见当时在国际社会得到相当一部分人的认同，最终鼠首与兔首未能通过司法途径成功索回。直到2013年6月28日，法国皮诺家族最终将圆明园青铜鼠首和兔首捐赠给中国。

2015年，福建章公祖师的肉身坐佛像追索事件引起了广泛的社会关注。福建章公祖师是北宋元祐年间的高僧，在阳春村圆寂后被镀金塑成佛像，因该佛像四肢身首俱全，获封为"六全祖师"，并被置于阳春村林氏宗祠普照堂的大殿之上，受历代阳春村村民供奉。1995年，"章公六全祖师"肉身佛像不幸被盗。此后的20年间，坐佛一直杳无音讯，直至2015年年初村民们才发现世代供奉的佛像居然辗转到远在欧洲的荷兰。于是村民们联名请愿，想要佛像回归故乡。正在有关部门和公众焦急于怎样讨回佛像时，佛像持有者做出了将佛像物归原主的决定，使问题迎刃而解。

然而，国外主动归还或捐赠毕竟是少数，通过国家购买、民间购买的方式追索回来的则占多数。对于回购，一直以来，国家方面是反对的。主要的解释就是，既然本就是中国的东西，没有理由要用中国的钱买回来。因此，依法讨还应当成为索回文物的重要途径。但是，从现有法律基础看，还存在很多问题没有解决。

首先，国际相关公约对文物追索的效力有限。一方面，《关于被盗或者非法出口文物的公约》对文物追索的设定期限是五十年，也就是说，自文物流失到确认文物下落并发起追索的时间跨度一旦超过五十年，便不受该公约的保护；另一方面，该公约的缔约国数量有限，目前全世界拥有他国流失文物最多的几个西方国家都没有进入缔约国队伍，没有在该公约上签字，不受该公约的约束。

其次，流失文物的诉讼主体资格不合格。近年来，我国发出的多起文物追索诉讼都因为这一原因被驳回。例如，2009 年，中国方面起诉法国佳士得拍卖行无权拍卖圆明园青铜鼠首和兔首，当时，中国方面由欧洲保护中华艺术协会作为原告，中国流失海外文物回归基金会发起诉讼，结果却被认为无诉讼主体的资格。

### （三）外国文物追索的宝贵经验

从文物追索的国际经验来看，埃及的经验在很多方面是值得借鉴的。

首先，埃及除了借助于一定的国际司法途径，很多时候依赖的是埃及政府的外交谈判、与博物馆合作等方式。为了有效追索文物，埃及政府在 2007 年时，将最高文物委员会的职责进一步细化，专门成立了归还走私文物全国委员会，全权负责跟踪全世界 40 余家文物网站拍卖和展览线索；埃及驻外机构也关注文物信息，调查文物合法性；就连埃及领导人出访也不忘追索文物。[①]由此可见，埃及政府在文物追索上承担了主要责任。

其次，在出面追索的文物上，将重点集中在孤品国宝上。埃及作为文明古国，流失文物数量非常大，政府的精力、财力有限，如果不加以选择，是很难有效索回文物的。而不是孤品的文物，根据其代表性价值的高低，有选择地将其暂留在现存国家，从而将其作为宣传埃及文化的代表物。

最后，埃及政府在就文物索回进行对外交涉时，经常使用行政手段，对流失文物的现持有机构与埃及的后续合作进行干预。例如，为了让卢浮宫归还 5 幅法老壁画残片，一度提出将终止与卢浮宫的一切合作，禁止其考古小组在埃及活动，拒绝参加卢浮宫的任何活动等。[②]此外，积极联合其他文物流失国，一同向流失文物的现持有国施加压力以讨回文物，也是经常使用的手段。

通过这些方面的努力，埃及政府近年来索回文物的数量在不断增加。截至 2015 年年

---

① 陈克勤. "埃及模式"破解文物追索难题[N]. 中国商报，2011-02-17（4）.
② 陈克勤. "埃及模式"破解文物追索难题[N]. 中国商报，2011-02-17（4）.

初，埃及政府已经从美国、英国、西班牙、荷兰、以色列等国陆续索回上万件文物。[①]然而，在不断成功索回文物的同时，伴随着近年来埃及政局的愈加动荡，埃及国内文物的盗窃、走私案件数量也在不断增加，珍贵文物流失情况非常严重。如何进一步加强对现有国家文物的保护，加强对文物非法走私、出境的打击也是埃及方面亟待解决的问题。

除了埃及，目前越来越多的国家加入了利用外事手段追索文物的队伍。很多文物原属国通过拒绝出借展品、禁止在境内进行考古开掘以及利用媒体唤起民意支持等方式，向文物现持有国施加压力。希腊政府因为英国不肯归还帕特农神庙檐壁而迁怒法国，拒绝向卢浮宫出借文物；韩国为索回法国 1866 年掠走的朝鲜王室档案，2007 年时在《世界报》上刊登大幅广告称："由于无法索回作为重要文化遗产的朝鲜王室档案，韩国人民夜不能寐。"[②]

# 第二节　不可移动的文物古迹的保护与修复

不可移动的文物古迹主要指的是古建筑、古遗址、古墓葬、古石刻、石窟寺和壁画等。对这些建筑遗产、古迹或遗址的保护，成为世界各国文化遗产保护的重要内容。

## 一、文物古迹保护的国际经验

### （一）意大利

意大利是一个非常重视文物古迹保护的国家。早在意大利统一以前，就已经有多部保护文物的规定。例如，1462 年，意大利还处在教皇统治时期，当时的教皇就下令不能随便破坏古建筑遗址，否则将会被判处监禁或者不许入教。1802 年，红衣主教多里阿·帕姆菲利签署的"教皇亲笔函"，成为意大利在 19 世纪 70 年代之前，古迹遗产保护的基本法案。该法案这样表达了保护目的：

这些珍贵的文物遗存装点了罗马城，让它在欧洲所有最著名的城市里与众不同。这些文物成为学者们思考的重要对象，为激发艺术家们美丽和崇高的观念提供了有价值的模型。它们将外国人吸引到这座城市，欣然地研究这些独一无二的珍品。许多人投身于艺术领域，最终，在他们手中产生的新艺术品将促进工商业中一个分支的发展。这比其他任何事情都更能造福于公众和国家。[③]

基于这样的保护诉求，当时罗马文物建筑保护的目标几乎是将每个古代碎片都视为

---

① 程佳．埃及：海外追索成果显著　文物保护仍需加强[N]．中国文化报，2015-01-29（3）．
② 朱晓云．法国媒体关注国际文物追索[N]．中国文化报，2010-04-20（4）．
③ 尤基莱托．建筑保护史[M]．郭旃，译．北京：中华书局，2011：105．

保护对象，这从那一时期多个文物建筑修复的案例中可见一斑。

例如，罗马大角斗场是罗马帝国最大的圆形露天剧场。该角斗场是由维斯帕先皇帝下令建造，并于公元 80 年最终建成的。其建成之初最长处 188 米，最宽处 156 米，高约 50 米，能够容纳 70 000 名观众。[1]19 世纪初，由于长年的滥用和接连发生的几次地震，角斗场的建筑石材被严重破坏，多处墙体面临坍塌的危险。为了阻止角斗场继续损坏，在 1805 年，修护人员用一个木结构的支架将濒临倒塌的东墙支撑起来，但是作用十分有限。当时，由建筑师帕拉奇、康波雷西和斯特恩组成的修复委员会提出了一个修复方案，那就是：在墙体破损部分的后面砌筑扶壁，提供强有力的支撑以对抗断裂部分引起的向外推力；在破损的拱内砌墙以在内部加固它们；最后，建造一道必要的交叉墙提供侧面支撑，并将扶壁、柱子、拱与建筑的内部结构联结起来。[2]这一方案不仅可以节约资金，而且能够保护建筑的完整性。委员会曾这样描述他们的用意：“这些文物让全世界所有人都敬仰并羡嫉我们，采取那种野蛮的修复手法还不如让破损部分处于自然废墟状态更好。起码，在这种情况下，我们顶多被指责为缺乏手段，但也不至于成为破坏者和野蛮人。”[3]他们所说的野蛮的修复手段指的是当时另一修复建议，一种建立在对残损墙壁改拆重建基础上的修复手段。最终帕拉奇、斯特恩等人的方案获得了通过，否则大家很难再一睹角斗场的真容。可以说，角斗场的这次修复充分体现了建筑师想要努力保护每一个古代碎片的目的，也由此成为历史上使古建筑保持原状的经典案例。

19 世纪 70 年代，意大利正式统一后，政府又陆续出台了一系列有关文物保护的条例。1939 年，政府通过文物保护条例，明确规定对于考古、历史和人类研究有价值的艺术品，未经有关部门的批准，禁止任何形式的拆除、修改或修复。1939 年 7 月 22 日，该条例正式通过，并成立了全国文物保护中心。1947 年 12 月 22 日，意大利《宪法》正式颁布，并将保护、开发和利用文化遗产定为本国长期国策，规定“意大利共和国负责对国家的艺术、文化遗产和自然遗产进行保护”，从而用国家法律的方式为文物古迹的保护定下基调。1975 年，意大利政府又专门设立了一个负责全国文物保护工作的最高机构——文化遗产部，遗产部下设出土文物、艺术品、古建筑、古图书等 18 个保护局，直接管理全国各地的重要遗址、考古区、古迹、文物和博物馆藏品等工作。[4]

在文物古迹的保护资金方面，长期以来，意大利文物除了接受联合国教科文组织与欧盟提供的有限资金外，主要由政府负担，其每年支出的保护经费高达 20 多亿欧元，并且呈逐年增加的趋势。不过，相对于需要保护的文物数量，这些资金仍然入不敷出。由此，中央政府积极向社会募集资金。1996 年，意大利通过法律规定，将全国彩票收入的

---

① 尤基莱托. 建筑保护史[M]. 郭旃，译. 北京：中华书局，2011：107.
② 尤基莱托. 建筑保护史[M]. 郭旃，译. 北京：中华书局，2011：110.
③ 尤基莱托. 建筑保护史[M]. 郭旃，译. 北京：中华书局，2011：109.
④ 史克栋. 意大利三个“保证”确保文物[N]. 人民日报，2002-08-09.

8‰作为文物保护资金，每年可提供约 15 亿欧元的经费保障。[①]与此同时，国家对参与投资、赞助文物修复或文化活动的企业也提供了相应的税收优惠政策，以吸引民间资本进入。如意大利颁布了退税法律"艺术津贴"，规定所有捐助文物修复的企业可以获得税费津贴，在捐助后 3 年内以退税形式返还捐助金额的 65%。由此可见，意大利具有完善的法律政策与资金供给环境。

在具体保护文物古迹的路径上，意大利尤其注重将保护与利用充分结合起来。在意大利，有不少古建筑仍然被作为办公场所或住宅在使用。很多古建筑外部保持着数千年前的面貌，内部已被翻新、加固，从而满足了现代社会生活的需要。之所以允许人们继续使用这些建筑，这和意大利秉承的"整体性保护"观念有关，即不仅要保护有珍贵价值的历史建筑，同时还要让这些建筑与当地居民的生活融合起来，并由此保护当地人传统的生活状态和生活方式。当然，在使用古建筑的同时，使用者也有义务承担相应的责任。意大利政府是通过"领养人"制度，即通过招标的方式，把古建筑的部分服务或使用权限租给私人企业的。因此，政府要求从中收取一部分提成，并规定使用者承担对建筑的日常与阶段性维护工作，同时必须严格遵守文物使用的相关规定。

除了对直接使用者严苛要求外，政府对其他社会公众也提出了要求。例如，文物保护部门认识到汽车尾气污染对文物古迹的隐性损害，甚至要求所有进入市区的旅游大巴，必须交纳价格不菲的"进城费"，并禁止旅游车辆直接进入旅游景点。旅游公司需要将车辆停靠在距离古迹较远的指定停车场，让游客乘坐当地交通工具或者步行到达参观景点。

正是通过多方位的保护体系，意大利在文物古迹保护方面取得了令人瞩目的成绩。据联合国教科文组织的有关统计，意大利目前拥有全世界约 60%的历史、考古及艺术资源，仅经过登记的最珍贵的文物就有 300 多万件，其中包括数量庞大的不可移动文物：考古遗址 2000 余处、城堡 4 万多个、教堂近 10 万座，另有其他各类古建筑 3 万余处等。

### （二）法国

在法语中，不可移动遗产被称为"Patrimoine Bâti"，主要体现为对建成遗产的保护，如建筑的、景观的遗产。纵观法国文化遗产保护的历程，作为保护对象的建成遗产，在被保护的类型上，经历了几个明显的历史变化。

法国在文艺复兴之前，作为建成遗产保护的主要是宗教建筑物。当时的神庙、教堂在建筑风格上不仅充分显现了人们对宗教的理解与领悟，更具有广泛的社会用途，因此保留和传承宗教建筑得到了社会的广泛认可。

文艺复兴时期，受意大利考古发掘热潮的影响，法国王室对古代文物也产生了浓厚的兴趣。1533 年，佛朗索瓦一世命人修复尼姆的卡雷屋，并要求拆除影响文物建筑完整性的加建部分。受王室影响，当时学界学者开始热衷于文物建筑的研究，积极收集有关过去的各种证据，用于艺术方面的创作与教育。需要说明的是，这一时期人们只是停留于对

---

① 史克栋. 意大利三个"保证"确保文物[N]. 人民日报，2002-08-09.

"过去"的认识，还没有明确的保护意识和行为①。因此，对历史建筑的破坏也是经常发生的。例如，波旁王朝时期，拆除了大量前朝建筑物；路易十六拆除的圣日耳曼昂雷和拉谬尔特城堡，至今仍被法国人诟病。

法国大革命爆发之后，许多历史建筑被看作是封建体制或旧意识形态的象征物，如城堡、修道院等，遭到了疯狂破坏。有些建筑物或者被拆成一块块石头遭到变卖，或者被彻底拆除破坏。对于革命者来说，拆掉这些建筑物，就等于捣毁了旧体制和宗教。②例如，法国大革命刚爆发时，革命者就拆除了查理五世于1370年命令建造的巴士底城堡、万森城堡、圣德尼教堂；铲除了巴黎圣母院西立面上的国王群雕（认为不应该向国王顶礼膜拜）……1792年，巴黎圣母院上的塔楼由于被认为是"平等的对立面"也遭到了拆除。1794年，巴黎圣母院甚至成为一个大仓库，用于储存葡萄酒。据统计，法国大革命之后，巴黎超过四分之三的老教堂消失了。③

法国大革命期间革命者对代表宗教或封建制度的建筑物、艺术品的过度破坏，在一定程度上唤起了社会对历史文化遗产的保护意识。1790年，国民议会决定成立文物建筑委员会组织普查应该受保护的建筑；1792年，国民议会决定建立临时保护机制，建立"国家艺术品基金"来保护艺术品中的杰作。他们认为杰作应该让自由人民都得到享受，让领土得到美化。1794年，文物建筑委员会被艺术委员会取代，并出版了一本介绍如何进行普查和保护的手册。1795年，国有化的属于全体公民的建筑物被拨给当时新成立的公民建筑委员会进行管理，该制度一直延续到二战时期。1796年，亚历山大·雷诺阿在巴黎的小奥古斯特修道院内举办了一次展览，展出其在大革命中抢救出来的建筑画作和模型，从而创建了法兰西文物建筑博物馆，使人们意识到大革命对艺术和文化的破坏。④1810年，拿破仑时代的内政部长亚历山大·德·拉博德要求省长编制一份在大革命中幸免于难的文物建筑清单。1816年，该清单根据年代编写文物建筑目录出版。⑤

1815年，浪漫主义运动在法国兴起。浪漫主义者对于工业革命所带来的工业制成品毫无好感，而更加怀念工业化之前的艺术与建筑。其运动领袖维克多·雨果就成为法国古建筑保护的先锋。针对当时仍在继续的历史建筑破坏活动，雨果进行了强烈的抨击。1823年，雨果在诗作《黑段》中痛斥文物古迹的破坏者和掠夺者。1825年，在《对破坏者的斗争》一文中雨果向文物破坏者宣战：

已经到时候了，我们需要终止这场混乱！法国虽然被那些毁灭性的革命者、唯利是图的商人和修复者所破坏，她还是拥有丰富的法国式文物古迹的。我们应该禁止锤子继续

---

① 邵甬. 法国建筑·城市·景观遗产保护与价值重现[M]. 上海：同济大学出版社，2010：14.
② 邵甬. 法国建筑·城市·景观遗产保护与价值重现[M]. 上海：同济大学出版社，2010：14.
③ 邵甬. 法国建筑·城市·景观遗产保护与价值重现[M]. 上海：同济大学出版社，2010：14.
④ 邵甬. 法国建筑·城市·景观遗产保护与价值重现[M]. 上海：同济大学出版社，2010：19.
⑤ 邵甬. 法国建筑·城市·景观遗产保护与价值重现[M]. 上海：同济大学出版社，2010：20.

破坏我们祖国的脸面。需要有一个法律来阻止这一切。……①

从 1830 年起，法国政府对"破坏文物"开始进行干预。1830 年，法国政府明确提出文物建筑的概念，申明其保护的目的是避免伟大建筑遭受破坏。与此同时，政府设立了文物建筑总监的职务。1834 年，梅里美就任文物建筑总监，其不仅要求各省份编制中古时代文物建筑清单，还要求根据文物建筑的重要性进行分级 ②；同时说服中央政府对文物建筑的修缮提供财政支持。1840 年，法国政府正式出台了《历史纪念物法》，正式用法律的方式将国家对文物建筑保护的干预合法化，将具有历史、艺术价值并符合"国家利益"的建筑物纳入保护框架。

第二次世界大战之后，伴随着大规模的城市化浪潮，以及战争造成的大量建筑废墟，城市中的住房紧张问题日益突出。这一时期，新修城市建筑主要以满足功能主义的实用需求为主，建筑样式越来越单一化、同质化。相比之下，人们对传统的怀念促使法国社会重新对历史建筑遗产的价值进行反思。

## 二、欧美国家文物古迹修复的主要理论

对文物古迹的保护而言，维护修复至关重要。伴随着欧美国家文物古迹保护运动的发展，有关古迹的修复理论也经历着不断的发展，其中一些流派的观点在不同时期影响了那时文物古迹的修复实践。

### 1. 勒·杜克的风格性修复理论

在文物修复理论中，以法国维奥莱·勒·杜克为代表人物的风格性修复理论，曾经是19 世纪在欧洲占据主导地位的理论。杜克本人尤其欣赏中世纪哥特式建筑风格，并对中世纪时期的建筑做过专门的研究论证，希望建立一套科学的保护理论以用于古建筑的修复实践。

在杜克看来，所谓的修复："并非是将其保存，对其修缮或重建，而是将一座建筑恢复到过去任何时候可能都不曾存在过的完整状态。"③他强调建筑风格的统一，认为"每一座建筑物，或者建筑物的每一个局部，都应当修复到它原有的风格，不仅在外表上要这样，而且在结构上也要这样"，并且"最好把自己放到原先的建筑师的位置，设想他复活回到这个世界来，人们向他提出现在给我们的任务，他会怎么做"④。而除了注重建筑物的外部风格的修复外，杜克也同时强调内部结构的风格统一性，并将其作为修复的原则之一："每一座建筑和建筑的每一部分，都应以其自身的风格予以修复，不仅注重外观，

---

① 邵甬. 法国建筑·城市·景观遗产保护与价值重现[M]. 上海：同济大学出版社，2010：22.
② 邵甬. 法国建筑·城市·景观遗产保护与价值重现[M]. 上海：同济大学出版社，2010：24.
③ 尤基莱托. 建筑保护史[M]. 郭旃，译. 北京：中华书局，2011：208.
④ 陈志华. 文物建筑保护文集[M]. 南昌：江西教育出版社，2008：217.

还包括结构。"与此同时，杜克提出，有必要在任何一项工程之前，进行一次周密的研究和可靠的评判勘查，以便能"准确地界定每部分的年代及特征，以文字描述或图解的方式，形成一份基于可靠记录的详细说明书"。而为了实现准确、可靠的目标，建筑师对各种不同建筑风格的地区性变异以及不同建筑风格流派的理论、实践知识的熟练掌握也是必需条件之一。①

基于这样的理论认识，杜克参与了多个中世纪建筑的修复项目，其中影响较大的是对法国巴黎圣母院的修复。巴黎圣母院是哥特式建筑，在法国大革命期间遭受严重破坏。杜克自 1844—1864 年一直担任巴黎圣母院后期修复工程的总建筑师。根据杜克的设想，修复后的巴黎圣母院会出现两个 90 米高的尖塔，而这两个尖塔此前从未在巴黎圣母院的建筑上出现过。在杜克看来，这样的设计符合哥特式建筑应有的理念。这一设想后来遭到了强烈反对，但从巴黎圣母院实际的修复情况看，仍然有很多地方被杜克强行做了改动或做了刻意添加，如：巴黎圣母院正立面上的主要雕塑几乎都是杜克重新设计上去的，其中就包括他和另外两位建筑师的头像；教堂拉丁十字交叉的地方耸立的尖塔本来在法国大革命期间被毁，后来也是杜克根据自己的想象添加上去的。②

杜克的风格性修复理论不仅在法国享有盛誉，更在英国、意大利、奥地利等很多国家获得广泛认可。在英国，建筑师安东尼·萨尔文依照风格性修复方法对剑桥圆形罗马式教堂进行了大刀阔斧的修复，不仅拆除了所有建造后期添加的建筑构件，还通过所谓还原初始时期设计师的设计理念增加了全新的建筑构件。③当时，像这样的拆除或重建的事例非常多。

### 2. 拉斯金的反修复理论

在以杜克为代表的风格性修复理论风靡欧洲的同时，英国著名艺术评论家约翰·拉斯金领衔掀起了针对风格性修复理论的批判浪潮，并提出"反修复"的文物建筑保护理念。

拉斯金认为即使是最忠实的修复，也会对建筑承载的历史信息的"唯一性、真实性"构成破坏，历史建筑逐渐老化并最后坍塌是事物发展的自然规律，任何人为的努力都无法改变这个必然的过程。④ 1849 年，他在《建筑的七盏明灯》中写道：

"修复（restoration）这个词，群众不懂，关心公共纪念物的人们也不懂。它们意味着一幢建筑物所能遭受到的最彻底的破坏，一种一扫而光，什么都不留下的破坏，一种给被破坏的东西描绘下虚假形象的破坏。再也不要在这件重大事情上自欺欺人了，根本不可能修复建筑中过去的伟大和美丽了，就像不能使死者复活一样……不要再提修复了，

---

① 尤基莱托. 建筑保护史[M]. 郭旃，译. 北京：中华书局，2011：208.
② 薛林平. 建筑遗产保护概论[M]. 北京：中国建筑工业出版社，2013：24.
③ 尤基莱托. 建筑保护史[M]. 郭旃，译. 北京：中华书局，2011：214-240.
④ 薛林平. 建筑遗产保护概论[M]. 北京：中国建筑工业出版社，2013：27.

所谓修复，从头到尾是个骗局……""我愿意这样去做。最大限度地保护这些建筑现有的一切，当保护也不再能使它们留存下来的时候，我宁可不采取任何措施，让它们自然地、一点一点地腐朽下去，也好过任何随意的修复。"①

拉斯金之所以如此排斥对历史建筑的修复，主要缘于他对"美"的特别理解。在他看来，当历史建筑、绘画或雕塑被视作是手工艺人或艺术家在特定历史背景下的独特创造时，岁月的痕迹则是一件艺术品的基本要素，只有经过几个世纪的洗礼，这件艺术品的美才可被视为"成熟"的美。②

其实，拉斯金反对修复并不是对历史建筑的彻底放任不管，而是反对在必要的日常维护之外，对建筑物进行不必要的改动或替换。他认为：

观察一座古代建筑的目光，应该略带焦虑；尽最大的努力去保护它，不惜一切代价避免它崩塌。要像对待皇冠上的宝石一样对待每一块石头；要像守卫城堡的士兵观察敌情一样细心观察它。松了的地方用铁器固定；倾斜的地方用木材支撑；别去在乎这些保护措施并不美观。③

受反修复理论的影响，英国后来也广泛采用了保存废墟的做法。对于那些即将坍塌的教堂、修道院，只拆除其中容易腐烂的材料，保留原来的砖石，甚至在上面种上常青藤植物，从而追求历史的残缺之美。

### 3. 威廉·莫里斯的保守性整修理论

威廉·莫里斯是 19 世纪英国著名建筑设计师，他早年在牛津大学学习期间，深受拉斯金的影响，尤其受拉斯金《威尼斯之石》一书的影响至深。但与拉斯金不同，莫里斯的古建筑修复思想被后世称为"保守性整修"理论。

莫里斯认为：任何时代的艺术都应该是那个时代社会生活的写照……正是因为古代和现代之间存在社会生活的根本差异，因此如果现代社会的基本要素不改变，那么哥特式建筑是不可能复兴的，其修复也是不可能的。现代工人不可能是古代工匠那样的艺术家，他们不能"转化"自己的工作……古代意味着古老，哥特式建筑属于中世纪，任何 19 世纪的仿制品都不过是一种伪造。

1877 年 3 月 5 日，莫里斯的一封信在《雅典娜神庙》杂志上获得发表。他在信中表达了自己对当时抹杀文物历史的破坏性修复的强烈不满，并建议成立一个旨在保护历史建筑的协会。④1877 年 3 月 22 日，英格兰古建筑保护协会正式成立。莫里斯被选为协会的荣誉书记，并撰写了《古建筑保护协会纲领》。该纲领后来成为古建筑现代保护政策的

---

① 尤基莱托. 建筑保护史[M]. 郭旃，译. 北京：中华书局，2011：241.
② 尤基莱托. 建筑保护史[M]. 郭旃，译. 北京：中华书局，2011：250.
③ 尤基莱托. 建筑保护史[M]. 郭旃，译. 北京：中华书局，2011：250.
④ 尤基莱托. 建筑保护史[M]. 郭旃，译. 北京：中华书局，2011：256.

重要基础。莫里斯在其中这样阐述他对古建筑"保护"的理念：

一座 11 世纪的教堂，可能在 12、13、14、15、16 或者 17 世纪扩建或改建。但每一次改变，不论它毁灭了多少历史，它留下了自己的历史，它在以自己当时的样式及所作所为中活下来了，这样，结果是，常常有一些建筑物，虽然经过许多粗糙的、历历可见的改变，由于这些改变之间存在着对比，仍然是很有意义的、很有益处的，而且绝不会叫人弄错。但现在那些人，他们以"修复"（restoration）为名进行改变，声称要把建筑物带回它历史上最好的状态，但他们并没有科学根据，仅仅依据他们自己的狂想，决定什么是有价值的，什么是没有价值的。他们的工作的性质迫使他们破坏一些东西，迫使他们用想象出来的原先的建筑者应该或可能做过的东西来填补空白。而且，在这个破坏和增添的双重过程中，建筑物的表面必然会遭到篡改，因此，古物的面貌被从它保留下来的古老的身上弄掉了……因此，为了这些建筑物，各个时代、各种风格的建筑物，我们抗辩、呼吁处理它们的人，用"保护"替代"修复"，用日常的照料来防止破坏，用一眼就能看出是为了加固或遮盖而用的措施去支撑一道摇摇欲坠的墙或者补葺漏雨的屋顶，而不假装成别的什么。①

莫里斯之所以呼吁用"保护"来替代"修复"，是因为他认为，以往的修复往往定格在某一时期的某种风格，一味地模仿历史风格从而造成了古迹真实性的丧失；而"保护"古迹则是要尊重历史的真实性，对古迹的修缮做到修、旧有别；用基本的加固或遮盖方式来进行日常性维护，从而将历史原样原址保存下来。

4. 卡米洛·博伊托的文献性修复理论

19 世纪 60 年代末至 70 年代，以杜克为代表的法国风格性修复学派和以拉斯金、莫里斯为代表的反修复、保守性修复学派之间展开了激烈的争论。在文艺复兴的发源地意大利，建筑师们针对这两个学派的理论和有关争论，提出了不同的观点和看法。其中，最具代表性的是文献性修复理论，提出者是意大利著名建筑遗产保护专家卡米洛·博伊托。

从博伊托文献性修复理论提出的理论背景看，其主要受到了当时意大利兴起的历史学研究方法——语言文献学方法，以及意大利艺术学家提托·韦斯帕夏诺·帕拉维西尼早期将古迹与文献相比较研究思想的影响。在语言文献学研究方法的影响下，古迹被看作是为了记录某种信息而修建起来的，它本身就可以被看作一个文献。而帕拉维西尼则通过将古迹与文献相比较，提出古迹与文献的价值乃至缺陷都可以被看作各个历史时期的映射，因此，如果损失一座历史建筑将会造成历史的空白，而当这份特殊的文献遭到篡改后则会引发更为严重的后果。②

博伊托继承了这些思想并提出了自己的看法。1883 年，博伊托在罗马举行的第三届

---

① 陈志华. 文物建筑保护文集[M]. 南昌：江西教育出版社，2008：222.
② 尤基莱托. 建筑保护史[M]. 郭旃，译. 北京：中华书局，2011：280.

工程师和建筑师大会上发表了一篇论文，主题是：修复是否应该模仿原始建筑，添建物或复原物是否应该明确地标示出来。博伊托本人在论文中肯定了第二种做法。对于历史建筑古迹的修复，博伊托建议所有后期的改变和添加部分都应该同样作为历史文献同等对待；建议对建筑进行最小化修复；建议明确地标示出所有新的部分，标示的方法可以通过使用不同的材质、注明时间，或采用简单的几何造型；建议新添加部分应采用现代式样，但不可与原始构件反差过大；建议所有的修复工作应该进行详细的记录，实施各种干预的日期也应该在古迹上做简要的说明。这些建议内容，后来被纳入意大利现代古迹保护的第一部宪章中。而从该宪章对"历史古迹"的定义中，就可清楚地看到文献性修复思想对宪章精神的深刻影响，其中写道：

> 来自以往的建筑古迹的价值不仅在于其建筑学研究方面的作用，更重要的在于它们是阐释和图解形形色色的人们在漫长岁月中多样性历史各个时期的重要文献；因此，它们应该被作为珍贵的文献严谨、虔敬地予以尊重。对它的任何改动，无论多么细微，只要它形成对原状的部分改变，都将造成误导，最终引发错误的推断。[①]

5. 卢卡·贝尔特拉米的历史性修复理论

卢卡·贝尔特拉米是博伊托的学生，他曾在法国巴黎学习和工作，受到法国风格性修复理论的影响，后来师从博伊托，并在继承文献性修复思想的基础上进一步提出历史性修复的观点。

贝尔特拉米强调文献档案对历史建筑修复重要的基础性作用，认为历史建筑应该恢复原貌，但是要根据确凿的历史史料真实地加以修复。他反对风格性修复理论关于建筑原初状态的臆造，要求把保护工作建立在坚实的文献研究基础上，尽可能多地收集资料，进行彻底研究，决不允许主观分析和推论。[②]

基于这些观点，贝尔特拉米参与指导了当时多个历史建筑的修复乃至重建工作。其中一个著名的事例是 1902—1910 年，威尼斯圣马可大教堂钟塔的重建。1902 年，贝尔特拉米参与了塔楼重建工程预备阶段的工作，并决定"原址原样"地对钟塔进行重建。从塔楼最终的建成情况看，完整地再现了其坍塌之前的原貌。但其建筑材料和内部建筑结构发生了巨大变化，替换采用的是现代钢筋混凝土的结构。人们对这一做法颇有争议，最多的争议就集中在重建物的价值判定上。

6. 古斯塔沃·乔万诺尼的科学性修复理论

科学性修复理论是 20 世纪上半叶产生于意大利的代表性修复理论。从思想渊源看，科学性修复理论继承了 19 世纪建筑修复的相关理念，并契合了 20 世纪上半叶特殊的时代、社会背景，尤其是在经历了一战、二战的世界战乱之后，社会对建筑实用性功能的需

---

① 尤基莱托. 建筑保护史[M]. 郭旃，译. 北京：中华书局，2011：282.
② 薛林平. 建筑遗产保护概论[M]. 北京：中国建筑工业出版社，2013：32.

求，不断地获得发展成熟。

古斯塔沃·乔万诺尼是该理论的奠基人。在乔万诺尼的职业生涯中，他一直在思考平民建筑对城市肌理持续性的意义，并进而发展出一套名为"'淡化'城市肌理"的历史地区现代化理论。其理论的主要内容包括：在历史地区之外容纳城市的主要交通、避免新街道分割历史区域、改善社会及卫生条件和保留历史建筑等。[1]

在具体保护历史建筑的方式上，乔万诺尼强调日常性维护的重要性，并认为，在日常的维护基础上，如果有确实的必要，现代技术是可以采用的，例如水泥填补、金属或隐蔽的钢筋混凝土加固等。只是为了保存建构物的真实性，任何现代添加物都必须被明确、准确地标注上添加日期。乔万诺尼的思想后来被引入了1931年在历史纪念物建筑师及技师国际会议上通过的《雅典宪章》中。由此可见，乔万诺尼的思想深受博伊托理论的影响。

与此同时，乔万诺尼也表达了他对杜克修复理论的不满，认为杜克的理论是"反科学"的。也正是由此，后世又将其修复理论称为"科学性修复"理论。

## 三、中国不可移动文物古迹保护的机制与原则

中华人民共和国成立至今，在政府和学界的共同探索下，形成了以《文物保护法》为核心，各类行政法规、部门规章及地方性法规相配套的法律保护机制，以及中央和地方相互配套的行政保护机制，相对具备了较为完善的文物保护管理体系。

### （一）不可移动文物古迹主要的保护制度

对于不可移动文物古迹的保护，我国目前主要采用了文物保护单位的分级管理制度，史文化名城、历史文化街区以及历史文化（名镇）名村制度等。

我国文物保护单位的认定和分级管理制度，是1961年由国务院颁布的《文物保护管理暂行条例》（以下简称《条例》）初步确定下来的。《条例》规定："各级文化行政部门必须进行经常的文物调查工作，并且应当陆续选择重要的革命遗址、纪念建筑物、古建筑、石窟寺、石刻、古文化遗址、古墓葬等，根据它们的价值大小，按照下列程序确定为县（市）级文物保护单位或者省（自治区、直辖市）级文物保护单位。"

其中，对于"县（市）级文物保护单位"，由县、市文化行政部门报县、市人民委员会核定公布，并报省、自治区、直辖市人民委员会备案；"省（自治区、直辖市）级文物保护单位"，由省、自治区、直辖市文化行政部门报省、自治区、直辖市人民委员会核定公布，并报国务院备案。而除了这两个等级外，《条例》还提出认定"全国重点文物保护单位"，具体认定办法为：由文化部在省（自治区、直辖市）级文物保护单位中，选择具有重大历史、艺术、科学价值的文物保护单位，分批报国务院核定公布，作为全国重点文物保护单位。

---

[1] 尤基莱托. 建筑保护史[M]. 郭旃，译. 北京：中华书局，2011：306-307.

1982 年,《中华人民共和国文物保护法》(以下简称《文物保护法》)正式颁布,对于全国重点文物保护单位认定办法调整为:在各级文物保护单位中,选择具有重大历史、艺术、科学价值的作为全国重点文物保护单位,或者直接指定全国重点文物保护单位,报国务院核定公布。由此,《文物保护法》以法律形式延续并确认了文物保护单位的分级管理制度。

自 1961 年至今,我国政府先后公布了八批全国重点文物保护单位。其中:1961 年第一批全国重点文物保护单位的认定数量有 180 处;1982 年第二批全国重点文物保护单位的认定数量有 62 处;1988 年第三批全国重点文物保护单位的认定数量有 258 处;1996 年第四批全国重点文物保护单位的认定数量有 250 处;2001 年第五批全国重点文物保护单位的认定数量有 518 处;2006 年第六批全国重点文物保护单位的认定数量有 1080 处;2013 年第七批全国重点文物保护单位的认定数量有 1944 处。目前我国总计有重点文物保护单位 4292 处。从各地区拥有的重点文物保护单位的数量看,山西省数量最多,有 452 处;河南省位居第二,有 357 处。

历史文化名城保护制度的提出晚于文物保护单位制度。1982 年,国务院通过《文物保护法》第八条明确规定:"保存文物特别丰富、具有重大历史价值和革命意义的城市,由国家文化行政管理部门会同城乡建设环境保护部门报国务院核定公布为历史文化名城。"

历史文化街区保护制度则是于 2002 年确立。2002 年《文物保护法》重新修订后,增加了"保存文物特别丰富并且具有重大历史价值或者革命纪念意义的城镇、街道、村庄,由省、自治区、直辖市人民政府核定公布为历史文化街区、村镇,并报国务院备案"的条款。与此同时,还规定"历史文化名城、历史文化街区、村镇所在地的县级以上地方人民政府应当组织编制专门的历史文化名城和历史文化街区、村镇的保护办法,并纳入城市总体规划",历史文化名城和历史文化街区、村镇的保护办法,则由国务院具体制定。

## (二)不改变文物原状的保护原则

我国文物工作贯彻"保护为主、抢救第一、合理利用、加强管理"的基本方针。在文物古迹保护的具体原则上,坚持"不改变文物原状"的基本原则。我国政府在颁布文物保护的法律法规时,始终坚持将这一原则写入其中。与此同时,文物保护实践领域也遵循了该原则。

### 1. 不同时期对"不改变文物原状"原则的表述

不改变文物原状的原则是我国政府对不可移动文物保护的重要原则。自 1982 年《文物保护法》颁布以来,政府在历次修订颁布文物保护有关法规条例时,一直有对该原则的阐述。只是 1982 年之前,其文字表述略有变化。

1950 年,中央人民政府政务院做出《关于保护古文物建筑的指示》。该指示是中华人民共和国成立后政府首次对古文物、古建筑的保护事宜做出指示。其中,不仅对受保护的文物范围做了简要说明，包括革命遗迹及古城廓、宫阙、关塞、堡垒、陵墓、楼台、书院、廊宇、园林、废墟、住宅、碑塔、雕塑、石刻等以及上述各建筑物内之原有附属物，同时对当时文物使用的原则也做了要求："凡因事实需要，不得不暂时利用的，应尽量保持旧貌，经常加以保护。"

1961 年 3 月 4 日，国务院颁布了《文物保护管理暂行条例》。该条例从文物修缮、保养和使用方面做出了原则性要求，规定在古建筑、石窟寺庙等（包括建筑物的附属物）进行修缮、保养的时候，必须遵守恢复原状或者保存现状的原则；规定文物保护单位中的古建筑、纪念建筑除可以建立博物馆、保管所或辟为参观游览场所外，须作其他用途应经批准，文物保护单位的使用单位要严格遵守不改变文物原状的原则。

1982 年 11 月 19 日，全国人民代表大会颁布《文物保护法》，其中第十四条规定：核定为文物保护单位的革命遗址、纪念建筑物、古墓葬、石窟寺、石刻等（包括建筑物的附属物），在进行修缮、保养、迁移的时候，必须遵守不改变文物原状的原则。第十五条规定：这些单位以及专设的博物馆等机构，都必须严格遵守不改变文物原状的原则，负责保护建筑物及附属文物的安全，不得损毁、改建、添建或者拆除。

自此，在《文物保护法》中，对该原则的表述就未再发生变化，一直沿用"不改变文物原状的原则"的阐述。而这也在一定程度上反映了政府对文物保护工作的探索，表明政府对文物保护理念的逐渐清晰和我国文物保护事业的逐渐稳定、成熟。

2. 国内学界对"不改变文物原状"原则的讨论与阐释

其实，文物保护的原则一直是国内学界争论的焦点。究竟是保存现状还是恢复原状，并且这两者之间到底有何区别，从争论内容看，主流观点认为：保存现状与恢复原状是两个截然不同的概念。所谓保存现状，一般是指"保存一座建筑物现存的健康面貌"，其中包含对建筑物在不同历史时期和环境下所经历的维修甚至改建等客观事实的尊重。相对于保存现状，恢复原状则强调要恢复一座建筑物在初始建造时的原状。这里的"原状"在理论界争议颇多，主要就是对初始建造时期的建筑风貌和建筑物在初建时期的具体建筑形态在理解方式上的分歧。

前一种理解是要恢复一个建筑物在最早建造时期的时代性风貌，按照那个时代的观念来复原文物，而后一种理解重在考据一个建筑物最早被建造时的实际形态，从而恢复当时建造的原貌。事实上，就第一种理解方式而言，比较接近于法国 19 世纪以杜克为代表的风格性修复理论，而这一理论后来在实践中也是饱受后人诟病的。就中国理论界主流的观点倾向看，更多采用第二种理解方式。

就恢复原状而言，事实上是一项极其复杂的工程。如果要实施恢复原状方案，必须满足非常严苛的条件，祁英涛先生认为最根本的条件就是："只有在主体部分，即梁架、斗拱等木构架，大部分保留原建时期的式样和构件、局部残缺或被改变的情况下，才有可能恢复原状。"而要真正做到恢复或保持古建筑的原状，则必须严格保证四个方面，分别是：

建筑物原来的建筑形制、原来的建筑结构、原来的建筑构件质地、原来的建筑工艺。①

**3. 《中国文物古迹保护准则》对"不改变文物原状"原则的阐释**

尽管国内学界对文物古迹保护的具体原则存有争议，但是，在具体实践时，专家们仍积极达成了共识，以专门的行业准则确定了更为详细的操作规范。2000 年 10 月，国际古迹遗址理事会中国国家委员会联合国内文物建筑保护、考古、文物保护科技、法律、管理领域的一批专家，参照以 1964 年《威尼斯宪章》为代表的国际原则，结合中国文物古迹保护的实践经验，最终制定了《中国文物古迹保护准则》，从而成为中国文物古迹修复与保护的行业操作准则。

《中国文物古迹保护准则》提出了文物古迹保护的十条原则，包括：必须原址保护、尽可能减少干预、定期实施日常保养、保护现存实物原状与历史信息、按保护要求使用保护技术、正确把握审美标准、必须保护文物环境、不应重建已不存在的建筑、考古工作注意保护实物遗存、预防灾害侵袭。

《关于〈中国文物古迹保护准则〉若干重要问题的阐述》文件，对"不改变文物原状"的原则给予了具体阐释。提出"不改变文物原状"所涉及的原状形态，主要包括四种：① 实施保护工程以前的状态；② 历史上经过修缮、改建、重建后留存的有价值的状态，以及能够体现重要历史因素的残毁状态；③ 局部坍塌、掩埋、变形、错置、支撑，但仍保留原构件和原有结构形制，经过修整后恢复的状态；④ 文物古迹价值中所包含的原有环境状态。对于不改变文物原状的原则，在具体实践中究竟如何落实，则涉及"保存现状"和"恢复原状"两个具体准则。

必须保存现状的对象有：① 古遗址，特别是尚留有较多人类活动遗迹的地面遗存；② 文物古迹群体的布局；③ 文物古迹群中不同时期有价值的各个单体；④ 文物古迹中不同时期有价值的各种构件和工艺手法；⑤ 独立的和附属于建筑的艺术品的现存状态；⑥ 经过重大自然灾害后遗留下有研究价值的残损状态；⑦ 在重大历史事件中被损坏后有纪念价值的残损形态；⑧ 没有重大变化的历史环境。

可以恢复原状的对象有：① 坍塌、掩埋、污损、荒芜以前的状态；② 变形、错置、支撑以前的状态；③ 有实物遗存足以证明为原状的少量的缺失部分；④ 虽无实物遗存，但经过科学考证和同期同类实物比较，可以确认为原状的少量缺失和改变过的构件；⑤ 经鉴别论证，去除后代修缮中无保留价值的部分，恢复到一定历史时期的状态；⑥ 能够体现文物古迹价值的历史环境。

## 四、中国不可移动文物资源的普查

中华人民共和国成立以来，对不可移动文物，政府先后组织了三次全国性普查。

---

① 晋宏逵. 对不可移动文物保护原则的探讨[N]. 中国文物报，2005-09-23（8）.

### （一）第一次全国文物普查

1956 年 4 月，国务院专门颁布《关于在农业生产建设中保护文物的通知》，针对当时一些地方在建设工程中破坏文物的情况，第一次明确提出在全国范围内进行文物普查的决定，"地方各级人民委员会必须在既不影响生产建设，又使文物得到保护的原则下，采取紧急措施，大力宣传，在农业生产建设中开展群众性的文物保护工作"，"在全国范围内对历史和革命文物遗迹进行普查调查工作"。与此同时，还做出了关于"确定文物保护单位"的工作部署，要求"各省、自治区、直辖市文化局应该首先就已知的重要古文化遗址、古墓葬地区和重要革命遗迹、纪念建筑物、古建筑、碑碣等，在本通知到达后两个月内提出保护单位名单，报省（市）人民委员会批准先行公布，并且通知县、乡，做出标志，加以保护。然后将名单上报文化部汇总审核，并且在普查过程中逐步补充，分批分期地向文化部报经国务院批准，置于国家保护之列。被确定的文物保护单位，由文化部进行登记，颁发执照，交由当地人民委员会负责保管"。由此，标志着第一次全国文物普查工作正式开始。

针对第一次全国文物普查需要遵循调查目标、方法、原则等问题，当时文物界专家广泛参与了讨论研究。将文物普查的对象定为：登记地上、地下已知所有文物古迹，包括革命遗迹、历史遗迹、古代建筑、考古学遗迹、艺术文物、天然纪念物和天然名胜等。文物普查的具体实施，首选山西为普查试点，从山西普查实践中总结经验教训，再进而推广到全国。[①]

1959 年，第一次全国文物普查基本结束。由于本次普查是在中华人民共和国成立不久后进行的，文物部门存在着人力、物力、财力等资源的严重不足，整个普查从实际情况看只是一个初步的调查，最终没有获得并留下一份全面、完整、准确的文物统计资料。

### （二）第二次全国文物普查

第二次全国文物普查始于 1981 年，到 1989 年结束，普查的规模和成果都远超过第一次全国文物普查。在这次文物普查中，我国共调查登记不可移动文物 40 余万处，并先后公布了 2351 处全国重点文物保护单位，8000 余处省级文物保护单位，60 000 余处市县级文物保护单位。

在此次普查的实施过程中，还是暴露出了明显的问题。以内蒙古自治区的普查进行情况看，赤峰市及中南部地区是第二次全国文物普查的重点地区。在第二次全国文物普查中，未能做全面覆盖的勘察，造成了遗址有一定程度的遗漏现象。许多偏僻山区、沙漠深处和原始森林等人迹罕至之地，成为文物分布的空白地带。限于技术信息认识水平和政策等方面因素的制约，一些有重要价值的文物，当时未被当作不可移动文物点来调查登记。[②]

---

① 刘建美. 1956 年第一次全国文物普查述评[J]. 党史研究与教学，2011（5）：79-86.
② 李艳. 第二次全国文物普查[N]. 内蒙古日报，2010-12-10（9）.

### （三）第三次全国文物普查

2007 年 4 月至 2011 年 12 月，我国政府组织了第三次不可移动文物普查，这次普查也是由国务院首次统一指导的重大文物保护基础工程，涉及全国 31 个省（自治区、直辖市）2871 个普查基本单位。从普查文物的类别看，包括地上、地下、水下全部不可移动文物。

2011 年 12 月，第三次全国文物普查成果正式向社会发布。此次普查共登记不可移动文物 766 722 处，包括：古遗址 193 282 处，古墓葬 139 458 处，古建筑 263 885 处，石窟寺及石刻 24 422 处，近现代重要史迹和代表性建筑 141 449 处，其他 4226 处。其中，新发现文物 536 001 处，复查文物 230 721 处。从普查范围和获得数据看，整体摸清了我国不可移动文物的数量、分布、类型、年代等情况；查清了不可移动文物的所有权、使用情况、人文环境、自然环境等基本信息；查实了保护级别、保护状况、破坏因素等基本情况。

相对前两次普查，第三次全国文物普查的特点是：从总量看，我国登记不可移动文物总量较第二次全国文物普查增幅超过 200%；从增量看，新发现不可移动文物占到登记总量的 69.91%；从类型看，工业遗产、乡土建筑、20 世纪遗产、文化景观等一批新型文化遗产得到充分重视，在新发现文物点中占有较大比重；从科技含量看，水下考古、航空遥感、空间地理信息技术、网络技术等在全国文物普查中得到应用；从价值看，新发现和登记了一批重要文化遗产，对研究我国史前文明、古代社会及近现代的政治、经济、军事、文化等方面，都具有重要意义。

# 第三节　历史文化名城的保护

## 一、历史文化名城保护的价值与意义

相对于单个的古建筑、古遗迹等文化遗产，承载并汇集了丰富文化遗产的城市空间同样具有被保护的价值。一个城市中人们的集体记忆，是连同这个城市本身在内的，也就是说，城市作为一个相对完整的文化空间参与建构着人们的历史记忆、集体记忆。对历史城市价值的肯定在 20 世纪时得到了国际社会的广泛认可。

1933 年，国际现代建筑协会通过的《雅典宪章》这样描述历史城市的价值："城市的布局和建筑结构塑造了城市的个性，孕育了城市的精魂，使城市的生命力得以在数个世纪中延续。它们是城市的光辉历史与沧桑岁月最宝贵的见证者，应该得到尊重。"

1964 年，历史古迹建筑与技师国际会议通过的《威尼斯宪章》提到，"历史古迹的要领不仅包括单个建筑物，而且包括能从中找出一种独特的文明、一种有意义的发展或一个历史事件见证的城市或乡村环境"，由此城市本身也应成为保护的对象或重要部分。

1976 年，联合国教科文组织通过的《关于历史地区的保护及其当代作用的建议》（又称《内罗毕建议》）认为："历史和建筑（包括本地的）地区，系指包含考古和古生物遗址的任何建筑群、结构和空旷地，它们构成城乡环境中的人类居住地，从考古、建筑、史前史、历史、艺术和社会文化的角度看，其凝聚力和价值已得到认可。在这些性质各异的地区中，可特别划分为：史前遗址、历史城镇、老城区、老村庄、老村落以及相似的古迹群。"其中，明确将历史城镇纳入被保护对象中。

1987 年，国际古迹遗址理事会通过的《华盛顿宪章》提出："本宪章涉及历史城区，不论大小，其中包括城市、城镇以及历史中心或居住区，也包括其自然的和人文的环境。除了它们的历史文献作用外，这些地区体现着传统的城市文化的价值。"

我国最早在 1983 年 3 月 9 日印发的《关于加强历史文化名城规划工作的通知》中阐述了保护历史文化名城的价值与意义，即"保护一批历史文化名城，对于继承悠久的文化遗产，发扬光荣的革命传统，进行爱国主义教育，建设社会主义精神文明，扩大我国的国际影响，都有着积极的意义"。历史文化名城集中体现了中华民族的悠久历史、灿烂文化和光荣革命传统，是全国人民极其宝贵的物质和精神财富。把历史文化名城保护好、规划好、建设好，是城市规划工作的一项重要任务。

 案例【6-1】 韩城与平遥"新旧分离"保护模式比较 [①]

韩城市位于陕西省渭南市东北部，1986 年 12 月被国务院批准为国家历史文化名城。20 世纪 80 年代初，韩城的城市总体规划采用"新旧分离"的方法：老城作为历史文化风貌区，它的发展以保留和保护为主；新城着重于现代化城市的发展。这种方式使诸多现代化的城市功能建设避开老城的制约，老城的历史文化遗产也得到了较为完善的保存。但是，随着城市经济的快速发展，老城的人口骤减，城市机能日渐衰落，城市的中心地位逐渐弱化并被新城代替，失去往日的繁荣。

平遥与韩城都位于黄河两岸，均属县级城市，一同被批准为国家历史文化名城。在新的城市规划中，也同样采用了"新旧分离"的保护模式。但是，平遥古城保护中，注重了老城的功能定位，着重发展老城文化旅游产业，完善旅游服务功能，发展旅游服务业态，经过十几年的发展后出现了与韩城不尽相同的结果。平遥古城完全保护了明清时期的城市格局和历史风貌，成为联合国教科文组织公布的世界文化遗产。平遥古城现在旅游产业发达，城市机能旺盛，是整个城市中最具吸引力的区域。"新城兴盛，古城繁荣"成为平遥古城保护的成功写照。

---

① 刘临安，王树声. 对历史文化名城"新旧分离"保护模式的再认识：历史文化名城韩城与平遥为研究案例[J]. 西安建筑科技大学学报（自然科学版），2002（1）：76-79.

思考这两个实例，请说明一下实施"新旧分离"保护模式的历史文化名城中，如何分离？何时分离？分离哪些机能？培育哪些机能？

## 二、中国历史文化名城名录与分批公布制度

基于历史城市保护的重大价值与意义，很多国家相继展开了历史城市保护运动。其中，认定并公布历史城市的保护名录成为最普遍的做法之一。我国则是在 1982 年正式公布了首批"历史文化名城"的名单，由此确立了历史文化名城的保护制度。

1981 年 12 月，国家基本建设委员会、国家文物事业管理局、国家城市建设总局向国务院提交了《关于保护我国历史文化名城的请示》。这份请示文件第一次提出"历史文化名城"的概念，并提出："随着经济建设的发展，城市规模一再扩大，在城市规划和建设过程中又不注意保护历史文化古迹，致使一些古建筑、遗址、墓葬、碑碣、名胜遭到了不同程度的损坏。近几年来，在基本建设和发展旅游事业的过程中，又出现了一些新情况和新问题。有的城市，新建了一些与城市原有格局很不协调的建筑，特别是大工厂和高楼大厦，使城市和文物古迹的环境风貌进一步受到损害。如听任这种情况继续发展下去，这些城市长期积累起来的宝贵的历史文化遗产，不久就会断送，其后果是不堪设想的。"与此同时，这份文件做出了将北京等 24 个城市列为历史文化名城的提议。

1982 年 2 月 8 日，国务院转批这一请示，并同时公布了首批 24 个"国家历史文化名城"的名单（见表 6-2）。同年，《文物保护法》的出台正式将历史文化名城的保护纳入法律体系，从而开启了我国历史文化名城保护的规范化道路。在《文物保护法》中，历史文化名城被明确界定为"保存文物特别丰富、具有重大历史价值和革命意义的城市"，并规定"由国家文化行政管理部门会同城乡建设环境保护部门报国务院核定公布"。

截至 2015 年，我国分批认定的国家级历史文化名城共有 128 个。其中，除 1982 年 2 月公布的第一批共 24 个城市外，1986 年 12 月公布的第二批有 38 个城市（见表 6-3），1994 年 1 月公布的第三批有 37 个城市（见表 6-4）。此外，2000 年以后，截至 2015 年年底，不定期增补的历史文化名城有 30 个（见表 6-5）。从这些城市的区域分布看，大部分历史文化名城分布在黄河中游地区、长江中游地区、长江三角洲地区、东南沿海等地区，与历史上这些地区的经济、文化、社会发展水平较高有显著关系。

表 6-2　第一批国家历史文化名城名单（1982 年 2 月 8 日）

| | | | |
|---|---|---|---|
| 1. 北京 | 7. 杭州 | 13. 开封 | 19. 遵义 |
| 2. 承德 | 8. 绍兴 | 14. 江陵（今荆州） | 20. 昆明 |
| 3. 大同 | 9. 泉州 | 15. 长沙 | 21. 大理 |
| 4. 南京 | 10. 景德镇 | 16. 广州 | 22. 拉萨 |
| 5. 苏州 | 11. 曲阜 | 17. 桂林 | 23. 西安 |
| 6. 扬州 | 12. 洛阳 | 18. 成都 | 24. 延安 |

表 6-3　第二批国家历史文化名城名单（1986 年 12 月 8 日）

| 　 | 　 | 　 | 　 |
|---|---|---|---|
| 1．天津 | 11．阆中 | 21．敦煌 | 31．淮安 |
| 2．保定 | 12．宜宾 | 22．银川 | 32．宁波 |
| 3．济南 | 13．自贡 | 23．喀什 | 33．歙县 |
| 4．安阳 | 14．镇远 | 24．呼和浩特 | 34．寿县 |
| 5．南阳 | 15．丽江 | 25．上海 | 35．亳州 |
| 6．商丘 | 16．日喀则（今桑珠孜区） | 26．徐州 | 36．福州 |
| 7．武汉 | 17．韩城 | 27．平遥 | 37．漳州 |
| 8．襄樊（今襄阳） | 18．榆林 | 28．沈阳 | 38．南昌 |
| 9．潮州 | 19．武威 | 29．镇江 | 　 |
| 10．重庆 | 20．张掖 | 30．常熟 | 　 |

表 6-4　第三批国家历史文化名城名单（1994 年 1 月 4 日）

| 　 | 　 | 　 | 　 |
|---|---|---|---|
| 1．正定 | 11．长汀 | 21．岳阳 | 31．建水 |
| 2．邯郸 | 12．赣州 | 22．肇庆 | 32．巍山 |
| 3．新绛 | 13．青岛 | 23．佛山 | 33．江孜 |
| 4．代县 | 14．聊城 | 24．梅州 | 34．咸阳 |
| 5．祁县 | 15．邹城 | 25．海康（今雷州） | 35．汉中 |
| 6．哈尔滨 | 16．临淄 | 26．柳州 | 36．天水 |
| 7．吉林 | 17．郑州 | 27．琼山（今海口） | 37．铜仁 |
| 8．集安 | 18．浚县 | 28．乐山 | 　 |
| 9．衢州 | 19．随州 | 29．都江堰 | 　 |
| 10．临海 | 20．钟祥 | 30．泸州 | 　 |

表 6-5　2000 年以后不定期增补国家历史文化名城名单（共 30 个）

| 　 | 　 | 　 |
|---|---|---|
| 1．山海关区（2001.8.10） | 11．无锡市（2007.9.15） | 21．伊宁市（2012.6.28） |
| 2．凤凰县（2001.12.17） | 12．南通市（2009.1.2） | 22．泰州市（2013.2.10） |
| 3．濮阳市（2004.10.1） | 13．北海市（2010.11.9） | 23．会泽县（2013.5.18） |
| 4．安庆市（2005.4.14） | 14．宜兴市（2011.1.27） | 24．烟台市（2013.7.28） |
| 5．泰安市（2007.3.9） | 15．嘉兴市（2011.1.27） | 25．青州市（2013.11.18） |
| 6．海口市（2007.3.13） | 16．太原市（2011.3.17） | 26．湖州市（2014.7.14） |
| 7．金华市（2007.3.18） | 17．中山市（2011.3.17） | 27．齐齐哈尔市（2014.8.6） |
| 8．绩溪县（2007.3.18） | 18．蓬莱市（2011.5.1） | 28．常州市（2015.6.1） |
| 9．吐鲁番市（2007.4.27） | 19．会理县（2011.11.8） | 29．瑞金市（2015.8.19） |
| 10．特克斯县（2007.5.6） | 20．库车县（2012.3.15） | 30．惠州市（2015.10.3） |

### 三、国家历史文化名城的申报与审定

#### （一）申报条件

2008 年，国务院颁布的《历史文化名城名镇名村保护条例》规定，具备下列条件的城市、镇、村庄，可以申报历史文化名城、名镇、名村：保存文物特别丰富；历史建筑集中成片；保留着传统格局和历史风貌；历史上曾经作为政治、经济、文化、交通中心或者军事要地，或者发生过重要历史事件，或者其传统产业、历史上建设的重大工程对本地区的发展产生过重要影响，或者能够集中反映本地区建筑的文化特色、民族特色。申报历史文化名城的，在所申报的历史文化名城保护范围内还应当有两个以上的历史文化街区。

#### （二）审定原则

中国的历史城市数量非常多，但究竟哪些城市能够被认定为历史文化名城，则是有相应的审定原则的。1986 年，国务院在转批《城乡建设环境保护部、文化部关于请公布第二批国家历史文化名城名单报告的通知》对此做出了说明：第一，不但要看城市的历史，还要着重看当前是否保存有较为丰富、完好的文物古迹和具有重大历史、科学、艺术价值；第二，历史文化名城和文物保护单位是有区别的，作为历史文化名城的现状格局和风貌应保留着历史特色，并具有一定的代表城市传统风貌的街区；第三，文物古迹主要分布在城市市区或郊区，保护和合理使用这些历史文化遗产对该城市的性质、布局、建设方针有重要影响。

### 四、历史文化名城保护规划的编制与规范

1983 年 2 月，城乡建设环境保护部发布的《关于加强历史文化名城规划工作的通知》就对历史文化名城的保护规划做出指示，要求：历史文化名城的保护规划应当在城市整体规划中体现出来，并对城市形态、布局、土地利用等产生影响；历史文化名城保护规划就是以保护城区文物古迹、风景名胜区及其环境为重点的专项规划，应当包含保护城市的优秀历史传统与合理布局的内容。与此同时，编制保护规划要深入调查研究，突出名城特色，要协调好发展生产与保护历史文化名城的关系，旧城改造与保护古城风貌的关系，发展旅游与保护名城的关系以及处理好规划、文物、园林、设计等各部门的协调关系。

1994 年 9 月 5 日，建设部出台了《历史文化名城保护规划编制要求》，从技术上对规划的编制进行了明确。2005 年，建设部联合中国城市规划设计研究院共同编制了《历史文化名城保护规划规范》，进一步完善了历史文化名城保护专项规划编制的内容与要求。

历史文化名城保护规划是以保护城市地区文物古迹、风景名胜区及其环境为重点的专项规划，是城市总体规划的重要组成部分。广义上，它包含保护城市的优秀历史传统和合理布局的内容。编制保护规划时，一般应根据保护对象的历史价值、艺术价值，确定保护项目的等级及其重点，对单独的文物古迹、古建筑或建筑连片地段和街区、古城遗址、古墓葬区、山川水系等，按重要程度不同，以点、线、面的形式划定保护区和一定范围的建设控制地带，制定保护和控制的具体要求和措施。

具体来说，在编制历史文化名城保护规划时要协调好以下几个方面的关系。

## 1. 发展生产和保护历史文化名城的关系

从理论上讲，在社会主义制度下，生产发展和生产力的布局是由国民经济计划和区域经济发展规划决定的，生产的发展促进了整个城市的发展，城市则通过合理的规划为生产发展提供必要的条件，二者是协调一致的。但是，由于国民经济计划体制和某些具体环节上的缺陷，长期以来又没有区域规划为城市发展提供必要的依据，在一些历史文化名城（包括在著名的都城遗址上）建设了许多严重破坏地下埋藏的文物遗迹、污染环境、外观上又很不协调的工厂企业，发展生产和保护历史文化名城存在着某些现实的矛盾。今后如不通过全面规划加以必要的引导和控制，这种矛盾将进一步加剧。因此，在历史文化名城的规划中，对新建工业项目应有严格的选择，对混杂在市区的工厂企业或单位要认真调查研究，区别情况，妥善处理：乱占乱建、污染严重，至今仍造成对重要文物古迹、风景名胜区严重破坏的，要采取转产、搬迁等措施加以解决；影响环境协调、有一般污染，近期又没有条件搬迁的，应严格控制其发展，并通过改革工艺、治理污染，逐步改善其环境质量，同时在规划中考虑远期搬迁的可能性；没有污染危害，又不影响保护文物和环境协调的，可予以保留。

## 2. 城市现代化建设特别是旧城改造和古城风貌的关系

随着国家经济和社会的发展，旧城市要逐步改造，城市设施和社会生活要逐步现代化，历史文化名城也将不断充实、发展并赋予新的生命力，这是一种必然的发展趋势。但是，历史文化名城的建设和发展应特别注意整个空间环境的协调。《文物保护法》明确规定各级文物保护单位都应划定必要的保护范围，并根据所保护文物的实际需要，可以在文物保护单位的周围划出一定的建设控制地带。在文物保护单位的保护范围内，一般不得进行其他工程建设，在建设控制地带既要求对新建工程的高度、体量进行必要的控制，又要求建筑的形式、风格和古城环境相协调。建筑形式和风格既没有固定的模式可以遵循，又不能用行政命令加以规定，需要规划、设计部门密切配合，通过多方案比较，在实践中不断探索、创新；有条件的地方可采取规划设计竞赛、开展学术讨论和交流的办法，求得规划设计水平的共同提高。在历史文化名城保护规划中，确定保护项目，划定保护范围和建设控制地带都要十分慎重，必须通过调查研究和科学鉴定，按不同情况区别对待。

3. 发展旅游事业和保护历史文化名城的关系

历史文化名城一般都以其悠久的历史文化传统和美丽的自然风光而驰名，吸引着国内外旅游者，我国历史文化名城今后的旅游事业将会有很大发展，这对社会主义物质文明和精神文明建设以及扩大我国的国际影响都是十分必要的。当前，一些历史文化名城为了解决接待国外旅游者的困难，在重要的风景名胜区或文物古迹保护区内和周围大兴土木，建设现代化的高层宾馆、饭店，甚至无科学根据地随意复原古迹建筑，破坏了考古学遗址和整个环境的协调；有的名胜古迹对外开放，由于管理不善，也造成了一些人为的破坏。因此，有必要强调一切旅游设施的建设都要纳入城市的统一规划，遵照城建、文物、园林等部门的有关规定进行管理。历史文化名城的规划建设也要为旅游事业的发展创造必要的条件，按照本城市的具体条件开发建设新的旅游景点，扩大旅游环境容量。

4. 工作关系的协调

历史文化名城的保护规划建设，涉及计划、规划、设计、文物、园林、宗教等许多部门，需要密切协作配合。实际上，文物古迹、宗教寺院和园林风景区常常是融为一体的，是一种相互依存、相互补充的关系，它们都需要通过规划，有机地组织到城市的整体环境中，并得到妥善的保护和管理。建筑工程和市政工程设计是城市规划构思的具体化，也是实施规划过程的重要环节，对形成历史文化名城的面貌有重要影响。规划、文物、园林以及有关设计部门都要密切配合，协调行动。历史文化名城的保护和建设需要必要的资金，因此还必须取得计划部门的支持。

而关于保护规划的具体内容，2008 年，国务院颁布的《历史文化名城名镇名村保护条例》规定，应包括：保护原则、保护内容和保护范围，保护措施、开发强度和建设控制要求，传统格局和历史风貌保护要求，历史文化街区、名镇、名村的核心保护范围和建设控制地带，保护规划分期实施方案。

 案例【6-2】 　　　　平遥古城的早期保护问题

平遥古城是我国境内保存最为完整的一座明清时期的县城原型，它是由城墙、街巷、店铺、庙宇、民居组成的大型古代建筑群。1997 年 6 月，平遥古城被联合国教科文组织列入世界文化遗产名录，其入选的理由就是："平遥古城是中国汉民族城市在明清时期的杰出范例；平遥古城保存了其所有特征，而且在中国历史的发展中为人们展示了一幅非同寻常的文化、社会、经济及宗教发展的完整画卷。"

2001 年，《人民日报》的记者曾对平遥古城进行过实地考察。古城附近开设有多个焦化工厂，有 200 多个炼焦炉不断向外排放烟尘垃圾。平遥古城古称"龟城"，城池南门为"龟头"，北门为"龟尾"，而南门外的两眼水井为"龟眼"。由于疏于保护和管理，

"龟眼"变成了两个污水坑，恶臭扑鼻。城门内堆了很多生活用煤。护城河不仅干涸而且全是垃圾。靠城墙内侧分布着纺纱厂、染布作坊、面粉厂，这些厂房上面冒黑烟，下面流污水。在 3 米高的古城墙顶上，人力三轮车在招揽生意，拉上游人就绕城墙顶飞快奔跑……①人在上面走已经是很大的磨损了，再允许三轮车跑，用不了多久，砖上的字就会被磨掉。

2002 年，平遥县政府针对古城周边工业聚集及环境污染问题，决定将橡胶、铸造等数家污染企业整体外迁，取缔古城周围多家焦化厂并宣布今后不再批准新的焦化厂或污染项目，同时将古城附近的 300 多家织染企业迁出古城，对城内 180 台锅炉进行改造，以减少空气污染。为了防止人口密度过大影响古城保护，政府决定实施古城人口搬迁工程。②

# 第四节　历史村落的保护

历史村落保护的基本宗旨是保存、延续与更新，在整体保存历史风貌的同时，应改善其实用功能，不断更新以满足人们社会生活的时代需求，并在处理好保存与更新关系的基础上，将地方历史特色可持续地进行延续。

## 一、中国传统村落保护的意义

传统村落是农耕文明的社会结晶，是农业文明不可再生的文化遗产。以农业家庭为单位的传统村落，构成了中华民族重要的社会基础，凝聚着中华民族宝贵的民族精神。保护传统村落，不仅是保护中华民族集体记忆的社会载体，更是维系华夏子孙文化认同的纽带。如果传统村落消失了，城市的存在便无所依附；如果传统的价值伦理消失了，中国人的集体价值认同便无处找寻。因此，保护传统村落是一个重要的社会问题和文化问题。

21 世纪，在城市化、工业化、信息化不断发展的时代背景下，保护和发展传统村落，体现了一个国家和广大人民群众的文化自觉，既有利于促进农村经济、社会、文化的内部协调发展，更有利于维护中华文化的结构完整性和样式多样性。

随着工业化、城镇化的快速发展，传统村落衰落、消失的现象日益加剧。仅从 2000—2010 年的统计数据看，我国的自然村落总数由 363 万个减少至 271 万个，几乎以每天 250 个的速度在消失。其中，现存村落中，具有较高保护价值的历史古村落的数量还不到 5000 个。由此可见，加强传统村落的保护和发展刻不容缓。

① 李同欣. 平遥古城正遭人为侵蚀[N]. 人民日报，2001-11-20（11）.
② 孟晖. 平遥古城净身减负[N]. 新华每日电讯，2002-05-21（4）.

## 二、中国历史文化名镇、名村保护的规划制定

针对我国传统村落的快速消失，尤其是历史村落数量仅存的情况，更为了保存保护传统中国文化的根基与脉络，我国政府出台了历史文化名村的保护政策。从 2003 年开始，建设部、国家文物局等有关部门，在全国范围内评选了一些保存文物特别丰富，并且具有重大历史价值或革命纪念意义、能较完整地反映一些历史时期地方传统风貌和地方民族特色的村镇，将其认定为中国历史文化名镇、名村。截至 2019 年年底，共公布了七批历史文化名镇、名村的名单，其中历史文化名镇有 312 个，历史文化名村有 487 个。

与此同时，住房和城乡建设部、文化部、财政部还于 2012 年 12 月共同发布了《关于加强传统村落保护发展工作的指导意见》（以下简称《意见》），对古村落的保护发展做出了具体部署。其中，明确了保护发展传统村落的原则是：规划先行、统筹指导、整体保护、兼顾发展、活态传承、合理使用、政府引导、村民参与的原则。而保护和发展传统村落的任务则是：不断完善传统村落调查，建立国家和地方的传统村落名录，建立保护发展管理制度和技术支撑体系，制定保护发展政策措施；培养保护发展人才队伍，开展宣传教育和培训。

在如何开展传统村落保护工作方面，《意见》也提出了以下几个方面的具体要求。

一是要继续做好传统村落调查。一方面，对已登记的传统村落进行补充调查，逐步完善村落信息档案；另一方面，进一步调查拥有传统建筑、传统选址格局、丰富非物质文化遗产的村落，特别要加强对少数民族地区、空白地区的再调查，并发动专家和社会各界推荐，不断丰富传统村落的资料信息。

二是建立传统村落名录制度。住房和城乡建设部、文化部和财政部根据《传统村落评价认定指标体系（试行）》，按照省级推荐、专家委员会审定、社会公示等程序，将符合国家级传统村落认定条件的村落列入中国传统村落名录。与此同时，各地的住房和城乡建设、文化、财政部门也要落实制定本地区的传统村落认定标准，积极开展本行政区内传统村落的评审认定，从而建立地方传统村落名录。评审出的传统村落分批向社会公布。

三是推动保护发展规划的编制和实施。各级传统村落必须编制保护发展规划，具体确定保护的对象与保护措施；划定保护范围和控制区，明确控制要求；安排村落基础设施和公共服务设施建设和整治项目；明确传统要素资源利用方式；提出传承发展传统生产生活的措施。为了提高规划编制的质量，各地住房和城乡建设、文化、财政部门要建立保护发展规划的专家审查制度，建立巡查制度，保障保护发展规划的实施。为了方便公众参与并监督，还要求做好批前公示工作，保证规划成果的长期公开。与此同时，要求加强规划编制与实施管理的人员机构经费保障工作，做到专人负责。

四是保护传承文化遗产。传统村落保护应保持文化遗产的真实性、完整性和可持续性。尊重传统建筑风貌，不改变传统建筑形式，对确定保护的濒危建筑物、构筑物应及时

抢救修缮，对于影响传统村落整体风貌的建筑应予以整治。尊重传统选址格局与周边景观环境的依存关系，注重整体保护，禁止各类破坏活动和行为，已构成破坏的，应予以恢复。尊重村民作为文化遗产所有者的主体地位，鼓励村民按照传统习惯开展乡社文化活动，并保护与之相关的空间场所、物质载体以及生产生活资料。因重大原因确需迁并的传统村落，必须经省级住房和城乡建设、文化、财政部门同意，并报中央"三部门"备案。

五是改善村落生产生活条件。正确处理传统村落保护和村民改善生活意愿之间的关系，在符合保护规划要求的前提下，优先安排传统村落的基础设施和公共服务设施建设项目，积极引导居民开展传统建筑节能改造和功能提升，改善居住条件，提高人居环境品质。正确处理传统村落保护和发展之间的关系，深入挖掘和发挥传统文化遗产的资源价值，在延续传统生产生活方式的基础上，适度发展特色产业，增加村民收入。正确处理保护与利用之间的关系，针对不同类型的资源提出合理的利用方式和措施，纠正无序和盲目建设，禁止大拆大建。

六是建立政府推动、社会参与的协同保护发展机制。加大对传统村落保护发展项目的支持，鼓励社会力量参与传统村落的保护发展，多渠道筹措保护发展资金，建立政府推动、社会参与的协同保护发展机制。村落整治等建设项目要向传统村落倾斜。各地住房和城乡建设部门要会同文化、财政部门建立传统村落保护发展工作协调机制，成立专家指导委员会负责开展基础研究，提供总体技术指导和战略决策咨询，开展现场指导和培训。要建立村民参与机制，在制定保护发展规划、实施保护利用等项目时，应充分尊重村民意愿。

七是加强监督管理。各级传统村落应设置保护标志，建立保护档案，未经批准不得对传统村落进行迁并。"三部门"建立传统村落动态监测信息系统，收录村落基本情况、保护规划、建设项目等信息，对传统村落的保护状况和规划实施进行跟踪监测。加强传统村落保护发展工作监督，对违反保护要求或因保护工作不力，造成传统文化遗产资源破坏的，提出警告并进行通报批评；对在开发活动过程中造成传统建筑、选址和格局、历史风貌破坏性影响的，发出濒危警示，并取消名录认定和项目支持，情节严重的，会同有关部门依法查处。

## 三、中国古镇、古村落保护与发展面临的主要问题

### （一）城镇化发展的挑战与古村落的衰退

城镇化发展对历史村落最直接的挑战就是人口的大量外迁，而古村落的衰退从人口的锐减甚至村落的空巢化现象上被突出地反映出来。

从 20 世纪 80 年代开始，伴随着改革开放的时代步伐，我国东部沿海地区第二、第三产业的发展尤其迅速，这客观上产生了对产业劳动力的巨大需求。在传统农业经济发展相对缓慢的反差下，农村地区的劳动力大量向城镇地区转移，获取更高的劳动报酬成

为人们离开农村的根本动力。经过三十多年的外迁，很多村落中常年只有老人和孩子。传统的三世或四世同堂的家庭结构，由于中青年家庭成员的常年缺位，变得名不副实。村里的老年人一方面承担着繁重的农事劳作，另一方面还要承担养育孙辈的家庭责任。有些地区，甚至连孙辈也跟随父母进了城，多年不会回去，只剩下一些古稀老人。在缺乏劳动力和基本人口规模的古村落，农业种植甚至都难以为继，更谈不上发展其他产业，社会基础的瓦解与经济落后之间的必然性再明显不过。

### （二）基本的发展需求与古村落面貌保存的矛盾冲突

在很多古村落中，村民们面临的普遍性问题是：古民居的陈旧、破败甚至潮湿、阴冷，加之缺乏现代生活所必需的基础设施，使得人们不愿意继续居住在老房子中；交通不便、信息闭塞，严重缺乏与外界有效联通。而最根本也是最重要的问题则是：生产方式和经营内容的问题。[①] 在发展传统农业而资源匮乏的情况下，发展文化旅游、乡村生态旅游业便成了一些村落的现实选择。由于先天交通运输条件差，加之居住生活设施落后、不完备，相应的基础设施建设或环境改造就成了不得不做的一件事情，这就必然需要平衡新的建设与旧的保护之间的关系。尤其是被列入历史文化名村的地方，不仅其中的古建筑、古遗迹是需要保护的对象，甚至整个村子的布局结构以及道路铺设都是不能轻易改动的。如果不增加新的建筑就不能很好地发展旅游业，如果为了成功发展旅游业就必须对村子格局进行改造，这成了一个很现实的困难。于是，我们经常能够看到，一些地方为了壮大发展旅游业不惜对村子的面貌进行大刀阔斧的改动，为的就是能多几个饭店、旅馆、商店以及休闲娱乐场所，以致村落失去了原有的历史韵味和原生态特质。

### （三）保护意识淡薄、责权不清与缺乏保护的困境

近年来，很多古村落的老建筑仍在被大量拆除。在这些被拆除的建筑中，多数因为经久未修，保存状态不好，房屋主人不愿对其进行修缮。与此同时，很多建筑并不在文物保护单位的保护名录中，因此政府也没有相应的政策能够干预房屋主人的拆除行为。事实是，这些老建筑拆除之前，多数是经过政府有关部门正常的行政审批许可的。

尽管有些建筑遗存已经被纳入政府的保护名录中，其保护状况也是不容乐观的。有相当一些文物建筑在产权上属于私产，在被列入名录后，地方政府对产权人的使用行为给予了严格的规定，除了不允许拆除外，也不允许新建和过多改动。但是很多老宅因为陈旧和设施不完善，确实影响了人们的继续居住和使用，因此一些人便不愿意继续住在那里，纷纷选择搬走。常年无人居住的房屋更容易老化和坍塌。在房屋修缮费用的承担上，村民与政府的说法不一，很多村民误解了政策规定。村民普遍认为，既然这个房屋已经被认定为文物保护单位，那么理应由政府来承担修缮费用。而《文物保护法》第二十一条规

---

① 朱光亚，黄滋. 古村落的保护与发展问题[J]. 建筑学报，1999：61-64.

定："国有不可移动文物由使用人负责修缮、保养；非国有不可移动文物由所有人负责修缮、保养。非国有不可移动文物有损毁危险，所有人不具备修缮能力的，当地人民政府应当给予帮助；所有人具备修缮能力而拒不依法履行修缮义务的，县级以上人民政府可以给予抢救修缮，所需费用由所有人负担。"因此，民众对文物保护应承担的责任没有清楚的认识。

此外，非国有不可移动文物在保护过程中有时会涉及产权确认与产权交易等问题。在农村地区，房屋建筑都是小产权房，如果要转让，只能转让给具有本村户口的人。但是，经常出现的问题是，有些老宅的主人不愿意再修缮这些房屋，他们的子女也不愿意再回到这里。那些想要买下这些房屋并修缮保护的村外人，由于户口问题又不符合房屋产权交易的条件。[1]因此，缺乏相应的政策或机制来解决这方面的问题。如何引入社会力量更完善、更充分地保护古村落中的建筑遗存是需要我们思考的问题。

 案例【6-3】 江西婺源古镇景观式保护与开发 [2]

婺源享有"中国最美乡村"的美誉。古镇中大部分都是徽派建筑，青砖、黑瓦、马头墙成为其鲜明的视觉识别标识。每到春天，婺源油菜花漫山遍野，青山、绿水、黄牛与黄花组成一幅美不胜收的画卷。

为了保护婺源的文化生态，保留其独特的文化、乡土特色，近年来，婺源县政府做了积极的努力，先后出台了一系列规范景区景点、公路沿线、历史文化名村农民建房的管理规定。尤其在建筑风格上，为了保持全县的一致性，县政府专门组织建筑设计专家，按照徽派建筑风格，设计了多份徽派风格建筑的图样。这些图样被提供给当地村民，作为他们重修或新建房屋时的选择。县政府甚至为了保证实施结果，还推行了让村民在盖房前先行缴纳数千元押金的办法。凡是不按照图样修建的，押金一律不予退还。婺源县规划局在其下辖的每个乡镇还设立了规划所，专门审批管理村民盖房事宜。方法看似粗暴，但效果非常好，村民们对县政府提供的图样接纳度也非常高。事实上，政府只对外部景观做统一要求，内部构造与设施建设则由村民自己做主。

2010 年，婺源县还选择了 100 个村庄，投入 6 亿元打造生态景观村，重点进行改路、改水、改厕等工作，使村庄面貌焕然一新。一系列景观再造之后，婺源县着力发展乡村旅游业。2010 年，婺源全县农家乐多达 3000 家，农户纯收入平均 4 万多元。

（资料略有改动）

① 焦竑. 古村落现状堪忧，保护困境如何突破[J]. 中华建设，2011（3）：42-43.
② 江国旺，汪小英. 婺源 6 亿打造生态景观村 景美带动民增收富[N]. 上饶日报，2010-09-01（1）.

 案例【6-4】　　　日本的"造村运动"①

日本"造村运动"始于 20 世纪 70 年代末，又称"造町运动"。造村运动的出发点是：以振兴产业为手段，促进地方经济的发展，振兴逐渐衰败的农村。在日本，造村运动的实施，涉及农村景观与环境改善、历史建筑保存、基础设施建设、健康与福利事业发展等诸多层面，几乎囊括了生活的各个方面。

在造村运动开展之前，日本的城乡格局出现了明显的断裂。二战后，日本为了恢复经济，在东京、大阪、神户等城市重点投资建设，日本大量农村人口，尤其是青壮年劳动力进入城市谋生。从 1955—1971 年的统计数据看，日本非农业人口比重从 61% 上升至 85%，农村地区人口大量外流，客观上造成农村生产力严重下滑。

为了摆脱农村地区的发展困境，造村运动在大分县前知事平松守彦的倡导下拉开帷幕。从造村运动的实施方案看，主要遵循了以下原则。

一是立足乡土，放眼世界。瞄准国内和国际两个市场，精心打造具有民族特色、地域特色的产品，打造国际名牌，提高知名度。

二是自主自立，体现民意。居民成为造村运动的主体；政府不下达行政命令，不统一发放或提供资金，而是在政策与技术方面给予支持；一切行动由各社区、村镇自己决策。

三是培养人才，面向未来。造村运动的目的不只是推动经济生产，更是重塑精神，对人进行再生产。因此，在造村的同时，更注重对人才的培养。

具体到造村运动的做法，有许多种具体方案。其中比较有代表性的是平松守彦在 1979 年提出的"一村一品"运动。这一运动在政府引导、扶持下，以行政区和地方特色产品为基础，形成区域经济发展模式，要求各县、乡、村根据自身的条件和优势，发展一种或若干种有特色的，并在一定销售半径内名列前茅的拳头产品，来发展振兴"1.5 次产业"。所谓"1.5 次产业"，即农、林、牧、渔产品的加工业。在开发农特产品的同时，重点做好农产基地建设，培育基地知名品牌；以开发农产品市场为手段，促进农产品的流通；开展多元化的农民教育，培养发展人才；提供农业低息贷款，通过政策性金融机构和农协来共同助推农村经济发展。除了发展"1.5 次产业"，还提倡发展特色旅游项目与文化资产项目，如地方庆典活动等。与此同时，在建设农村文化方面，鼓励开展"生活工艺运动"：将物品的创造看作是传承、创造文化的行为；通过学习传统文化，将其运用在现代生活中，涉及各种吃、穿、住、用的生活物品，都尽量采用传统材料或工艺来制作并日常使用。为了培养工艺精神，当地社区还会举办生活工艺展或"工人祭"，让人们相互交流工艺品制作经验并展览、销售。

通过开展"一村一品"运动，大部分地区都促进了农产品经济的发展，并重新塑造了当地的生活方式与文化面貌，客观上起到了重塑乡村、保护乡村的作用。

（资料略有改动）

———

① 陈磊，曲文俏，李文. 解读日本的造村运动[J]. 当代亚太，2006（6）：29-36.

# 第五节　文物资源开发的主要方式

对物质文化遗产进行保护的同时，可以对其资源进行适度开发，从而通过适当的利用来延续文化遗产的生命。对物质文化遗产资源的开发，获取经济利益只是一种手段，更好地发挥其社会价值才是真正目的。目前对物质文化遗产资源的开发模式看，呈现出"文化遗产+"的挖掘趋势，文化遗产与旅游业、出版业、影视业、设计业、会展业乃至制造业等诸多产业之间进行着亲密接触，形成了文化遗产产业的多种业态。其中，文博产业与文化遗产旅游产业的发展较为显著。

## 一、文博产业开发

文博产业开发成为诸多国家保护和开发文化遗产资源的重要选择。文博产业的开发模式具体表现为：文物复制品开发，文博图书、音像与影像等多媒体产品开发，文物展览开发以及文创产品开发等。

所谓文物复制，是指以文物藏品为依据所进行的复原制作。我国早在春秋时期就开始了文物复制的实践。宋代以后，一直到明清时期，文物复制形成了一定的规模，在中原、江南一带，出现了不少官营或私家作坊，仿古物的复制品几乎无所不包。[①]在古代，文物复制主要是为了作伪；到了现代，除了依然有人利用复制文物以假乱真外，作为文物收藏机构，一方面将文物复制作为保护文物藏品的方式，另一方面则有意识地开发文物复制品资源，将其作为文物纪念品进行售卖，从而为收藏机构增加经济收入，补给文物保护。除了文物收藏机构进行的文物复制外，大量的民间资本和投资机构也纷纷进入该领域。而对于文物复制的合理性和合法性，学界学者议论众多，表示担忧的声音非常强烈。有学者认为，我国对文物复制品没有设定知识产权保护，文物的仿制和造假之间其实只有一线之隔，因此需要加强对文物复制和仿制的规范管理；还有学者指出，中国的文物复制品市场缺乏规范，一些没有生产资质的单位和个人，在经济利益驱动下，擅自非法生产文物复制品，导致形成了合法和非法两种生产线共存、精品和劣品共同上市的局面。[②]

文博单位对于文创产品的开发越来越重视。据统计，目前全国文物单位中，文创产品年销售额在 500 万元以上的超过 20 家，开发产品种类超过 100 种以上的有 30 家。以北京故宫博物院为例，截至 2015 年 11 月底，博物院开发文创产品多达 8683 种，销售总额接近 10 亿元。[③]台北"故宫博物院"2010 年的主要收入为 10 亿台币，大致相当于 2 亿元

---

① 成仲旭，吴海涛. 博物馆的文物复制[J]. 中国博物馆，1993（2）：59-62.

② 陆航. 文物复制产业如何发展[N]. 中国社会科学报，2012-09-14（B03）.

③ 陈杰，张致宁. 故宫文创的 10 亿销售额是怎样炼成的[N]. 北京商报，2016-04-20.

人民币，其中文创礼品的销售收入接近 6.5 亿台币，占总收入的 65%。①这些博物馆积极投入文博产品的创意开发，将充满历史、文化色彩的符号注入各种各样的生活用品中，开发了一系列文化创意收藏品或生活用品。例如，故宫博物院和设计公司合作开发的仿蜜蜡、绿松石材质的朝珠耳机、皇帝折扇，与洛可可设计公司联合开发的故宫猫等；湖南博物馆以马王堆养生文化为核心，开发出有自主知识产权的马王堆养生枕系列产品；苏州博物馆开发的莲花尊饼干；等等。

为了推动文创产品面向市场，一些博物馆还开设了馆外的销售门店。例如，上海博物馆在上海新天地等时尚之地开设的分店，用以展示、销售自主开发的文创产品，将博物馆的展览空间延伸到博物馆外，进入人们日常消费的场所中，大大拉近了与市民的距离。除了线下的销售平台，有些博物馆还开设了线上销售网店，如北京故宫博物院专门开设了淘宝店。此外，独立的 App 也成为很多文物收藏机构开发的重点之一。

而在文物展览方面，除了博物馆自己举办的以各种文物收藏为主题的展览活动外，一些大型博物馆，还热衷于将内部场地租借给策展机构，供其举办各种临时性艺术展览项目，或者租借给影视或广告制作公司，用作取景地或拍摄地，并从中收取相应的租金。

此外，更为常见的一个运营项目则是，博物馆将所属场地授权给社会上的企业进行一般商业项目开发，如餐饮、娱乐、休闲、购物等项目。例如，在法国，很多博物馆的"商店—书店"都是由社会上的运营商专门经营的，而运营商每年会将总营业额的一定比例支付给博物馆。其中，图书销售的业务主要由法国各大书店负责运营。②

## 案例【6-5】    法国博物馆产业开发的概况 ③

法国博物馆业是受国家保护和扶持的重要产业。近 20 年来，法国各家博物馆纷纷进行现代化装修，几家大型博物馆已经进入现代化管理时代，如卢浮宫、奥赛博物馆和凡尔赛宫。据统计，2014 年，法国卢浮宫游客达 930 万人次，奥赛博物馆及其所属的橘园美术馆游客达 430 万人次，蓬皮杜文化中心游客达 345 万人次，巴黎大皇宫画廊访客达 180 万人次，盖布朗利博物馆访客达 150 万人次，位于马赛的欧洲和地中海文明博物馆吸引游客达 50 万人次。

从法国大型博物馆的商业开发看，除了进行文博图书、音像、图像、多媒体产品、种类丰富的礼品（首饰、配饰、织品等）等文化商品开发，以及商品、书店、咖啡店等运营项目的商业外包，各大博物馆还经常性开展收费性的主题演讲报告会；举办各种短期主题展览；积极与其他文化行业或公司合作，开发各种线上或线下的衍生品。

以卢浮宫为例，2004 年，法国卢浮宫着手进行商业化运营改革。改革后，卢浮宫形

① 黄美贤. 台湾地区博物馆发展：文化创意产业的理念与实践[J]. 东南文化，2011（5）：109-118.
② 张林初. 法国博物馆的艺术图书购销两旺[J]. 出版参考，2013（22）：46.
③ 刘望春. 法国博物馆发展新态势两极分化明显 资金来源多元化 公共收藏或可转让[N]. 中国文化报，2015-07-20（3）.

成了以艺术展览为依托的多元化商业服务的运营模式。其中，最显著的就是卢浮宫与多个商业公司联合开发了一系列商业运营项目。此前，法国房地产集团佩勒翰公司投资1.5亿欧元，获得了在博物馆"卡鲁塞尔"地下大厅的商业经营权。该公司在地下2万多平方米的大厅内招商，设立了80个商店，汇集了巴黎所有著名的商业公司；著名旅游餐饮公司阿高尔集团则投资50万欧元，承包了馆内所有的饮食服务；为艺术展览、学术报告会、服装发布会等各种文化活动有偿提供场地和服务。而除了经营场地的外包，卢浮宫积极与设计公司联合开发各种文博纪念品，如馆内藏品的复制、仿造品，印有卢浮宫图案或以卢浮宫藏品为符号元素的各种T恤、手袋、雨伞、文具、明信片、画册、首饰、纺织品等。这些琳琅满目、千姿百态的文博商品，为卢浮宫创造了可观的经济收益。2009年，法国卢浮宫艺术商店的营业额一度高达9132万欧元。2014年，法国卢浮宫游客达930万人次，居全球博物馆之首。

卢浮宫入口处的玻璃金字塔和地底的倒金字塔也成为巴黎乃至法国新的文化与旅游地标。它还吸引了一些文学和电影的创作，例如《卢浮魅影》《达·芬奇密码》等，尤其是《达·芬奇密码》对玻璃金字塔的神秘描述，使得它更加名声大噪，吸引无数游客专程为此而来。卢浮宫每年通过售票保守估计可盈利5000万欧元，像《达·芬奇密码》之类的电影为在卢浮宫拍摄支付了250万欧元。

而除了卢浮宫，其他几个大型博物馆也都有成功的商业运营经验，尤其在举办短期临时性展览方面，取得了显著的市场效益。2014年，奥赛博物馆推出的凡·高展吸引了65.5万名观众；大皇宫举办的妮基·桑法勒作品展吸引了50万名观众；蓬皮杜文化中心举办的亨利·卡蒂埃-布列松回顾展吸引了42.4万名观众，马尔赛·杜尚展吸引了35.8万人参观，杰夫·昆斯回顾展吸引了65万名观众。

总而言之，在法国，以博物馆为主体的文博产业开发，有效保障了文化遗产保护的经费来源，对于法国文化遗产保护事业的发展作用显著。

（资料略有改动）

案例讨论：

（1）博物馆文物资源开发为电影、文学作品，利用了文物资源中的什么价值？这些价值表现为什么？是什么类型的精神产品？

（2）从上述例子中分析，博物馆文物资源的开发对文物资源保护有何作用？

 ## 案例【6-6】　北京故宫博物院文创产品开发的概况 [①]

北京故宫博物院自投入文化创意产品研发以来，截至2015年年底，共研发文化创意产品8683种；2015年全年的销售额更是接近10亿元。

---

① 陈杰，张致宁. 故宫文创的10亿销售额是怎样炼成的[N]. 北京商报，2016-04-20.

自 2008 年开始，北京故宫文化服务中心与北京尚潮创意纪念品开发有限公司合作推出娃娃卡通形象和系列文创产品。2008 年第一款宫廷娃娃推出，2010 年娃娃元素系列产品荣获了由中国博物馆学会颁发的"博物馆文化产品一等奖"。其中的"大兵娃娃"是以清朝士兵为原型，进行卡通化创作而成，包括大兵摇头娃娃、御前侍卫手机座、射手大兵笔筒、便签夹、官银存钱罐等系列产品。其中，以小皇帝、小皇后、阿哥、格格、八旗官兵为核心的宫廷娃娃"大家族"，都拥有了自己的粉丝群。除"宫廷娃娃"系列外，博物院还推出了宫廷 T 恤、宫廷大婚吉品、宫廷生活潮品等，已有近 300 款系列产品。

在积极开发新产品的同时，销售渠道的建设同样重要。2015 年 9 月，博物院在其东长房区域开设的"故宫文化创意馆"整体对外开放，其中汇集了丝绸馆、服饰馆、影像馆等七大展馆，以及集文化创意展览、文化讲座活动、产品展示销售于一体的"紫禁书院"。该馆主要通过举办文物展览来带动文创产品的销售，成为故宫文创产品销售的重要端口。

除了线下的文物商店，故宫博物院目前还开设了两个线上的销售终端，分别是"故宫淘宝"和"故宫商城"官方旗舰店。其中，故宫淘宝于 2008 年年底上线；故宫商城于 2015 年年初上线，是委托专业团队自建的网络销售平台。2015 年 8 月，故宫文化服务中心与阿里巴巴集团旗下聚划算进行了一次跨界合作，在聚划算平台上售卖御前侍卫手机座。它创造了 2 小时内销售 1500 个商品的惊人销售速度，以及全天 1.6 万个订单的销售规模。鉴于网络平台对目标顾客的高覆盖率，故宫博物院院长单霁翔透露，故宫博物院即将和阿里巴巴集团进一步合作，在天猫和阿里旅行社平台上筹建故宫博物院旗舰店，用于对文创产品进行深度推广。

综上所述，北京故宫博物院在文创产品开发上的成功经验，一方面在于不断的文化产品创新，从产品形象的创新，到产品种类、功能以及系列的丰富创新；另一方面在于线上线下不断壮大并优化的销售平台建设。故宫博物院院长单霁翔表示，未来故宫的文创产品将从"数量增长"走向"质量提升"。

（资料略有改动）

案例讨论：

用第一章精神产品理论分析，故宫博物院的文创品是什么类型的产品？故宫博物院的文创品开发利用了文物资源的什么组成部分？为什么这些组成部分被利用后并不会使得文物有什么损失，反而对文物资源的保护起到积极作用？

## 二、文化遗产旅游产业开发

### （一）开发的方式

以旅游业的方式来开发物质文化遗产，从一定程度上而言，是对历史文化遗存继续使用的一种方式，它让人们能够近距离地接触历史遗迹，深入体验历史遗迹所承载的文化记忆和历史意义。而所谓文化遗产旅游业，主要是指以文化遗产为中心的旅游产品开发与经营、销售体系。

就旅游产品的形态看，主要是旅游景点开发与旅游服务提供。其中，旅游景点开发具体包括：单个文化遗产景点的旅游项目，多个文化遗产景点或将文化遗产景点与自然景观、民俗景观结合的文化线路旅游项目等的开发。

就产业开发机制看，政府在文化遗产旅游业的开发上发挥了重要作用。地方政府是文化遗产旅游业开发的重要推动力量，从政策、体制等方面提供了产业开发的大环境；物质文化遗产保护单位成为参与文化遗产旅游开发的核心参与主体，包括旅行社、酒店、饭店、休闲娱乐机构、纪念品商店以及信息通信、保险公司等各类型的企业，分别从上游、中游、下游参与着文化遗产旅游产业的开发建设。

就市场价值实现的方式看，主要是通过旅游参观的门票收入、纪念品销售收入来实现的。根据不同国家对文化遗产向社会开放的政策不同，各部分收入所占的比重也有所不同。以我国为例，根据全国文物业的收入统计，门票收入依然是一项主要收入。2011年，全国文物机构总收入46.36亿元，其中门票收入21.71亿元，占总收入比重的46.83%。2013年，全国文物机构总收入364.58亿元，其中门票收入58.4亿元，占总收入比重的16.02%。相比2011年，2013年的门票收入增加了36亿元之多，但门票收入比重下降了30.81%，这一方面是由于部分地区的博物馆或文保单位取消了门票，另一方面则是因为政府增加了对文物机构的事业经费投入。

## 案例【6-7】 山东官庄乡朱家峪历史文化名村的旅游开发①

2000年，官庄乡政府对朱家峪历史文化名村进行旅游开发，随后还专门成立了朱家峪旅游公司，制定了《官庄乡朱家峪历史文化名村旅游发展规划》。其间，政府不仅对村内多处景点进行保护性修缮，还新建了文峰山庄、清泉山庄、腾滨山庄，作为古村落的旅游服务配套设施。2003年，山东省规划设计院及山东大学旅游管理系共同编制了《章丘市朱家峪旅游区开发建设规划》。同年，乡政府还相继组织了两届民俗文化节，大大提高了朱家峪的知名度。随后，官庄乡政府与鲁能集团签订协议书，委托鲁能集团负责朱家峪的开发工作。此后，鲁能集团投资对朱家峪古村落的古建筑遗址进行了修整，还在村里建了4处仿古四合院和四星级厕所。2005年9月，朱家峪荣获"中国历史文化名村"的荣誉称号。发展至今，朱家峪旅游度假区内已开发出28个景点、9家饭店（其中3家同时还提供住宿服务）、4家旅游纪念品商店，另外还有几家山货摊点。

### （二）开发存在的主要问题

对物质文化遗产的旅游业开发，在获得显著经济效益的同时，也带来了一些不容忽

---

① 王玉，尹欣馨. 山东省古村落文化资源的保护与开发：以朱家峪为例[J]. 山东社会科学，2015（6）：188-192.

视的问题，亟待注意与解决。

### 1. 历史真实性和完整性遭到破坏的问题

一些地区为了能够吸引更多的游客，打造历史古城、古镇形象，不惜在遗产地兴建很多假古董、假遗迹，从"古"庙、"古"寺，到"古"民居、"古"街区……有的为了给假古董的建造腾出空间，甚至将真遗迹拆除了。这样的做法严重破坏了物质文化遗产最宝贵的历史真实性价值。在我国，尤其是在20世纪90年代，很多地区或城市都曾有过疯狂的"拆真造假"的行为，大批重要的古建筑、古遗迹被拆掉，损失非常严重。

在历史真实性遭到破坏的同时，整体性遭到破坏的问题有时也非常突出。在地方旅游业的开发中，有的只看重被列入文化遗产名录的遗产本身，对遗产所在地周围环境的一体性缺乏重视。在旅游项目开发时，大量拆除其周围建筑，以特别凸显文化遗产的历史风貌。殊不知，这些列入名录的文化遗产，与周围的生活建筑早已深深地融合在一起，成为当地人们共同的历史记忆；拆掉其周围的建筑，有时就等于擦掉了人们脑海中那个重要的记忆片段。

### 2. 文化生态环境保护与文化遗产旅游业发展的矛盾

文化生态环境是文化遗产旅游活动可持续发展的基础。文化遗产旅游业的不断开发，客观上也造成了对文化生态环境的压力与影响。

不断增加的游客数量和规模，对物质文化遗产及其所处的周围自然环境造成了一定程度的物理破坏。最常见的问题首先就是磨损。大量游客的身体接触与触摸使得诸多遗迹的表面或材质出现了不同程度的磨损。其次是遭到蓄意的破坏。部分游客随意在遗迹表面乱涂乱画，甚至用金属工具在遗迹上进行雕刻，有的还会故意折断或敲打破坏遗迹的部分构件。最后就是遭受污染和侵蚀。这主要表现为：大规模游客的到来所制造的生活垃圾，没有被妥善处理而造成了对水土资源的污染；伴随而来的车流产生了大量的汽车尾气，对空气造成了污染。水、土以及空气在湿度、酸碱度等方面的剧烈变化，使得物质文化遗产更容易遭受侵蚀。在文化遗产旅游业发展的同时，十分有必要将旅游对环境的压力问题纳入产业发展的评估体系中，同时考量旅游业发展与生态环境保护之间的平衡系数。只有真正处理好发展与保护之间的利益平衡，才能在文化可持续发展的基础上，获得经济的可持续发展。

 **本章小结**

物质文化遗产资源的保护涉及诸多具体的范畴与问题，在世界范围内具体化为可移动文物的保护、不可移动文物的保护、历史名城的保护、历史村落的保护等。可移动文物的保护除文物修复外，主要以文物的保存收藏为主。国内外对文物的收藏都有悠久的历史。由于历史原因，很多国家的文物大量流失。近年来，对文物的追索也是可移动文物保护的重要工作之一。不可移动文物的保护在世界各国都有不同的历史经验与理论总结，我国已初步完善了保护的机制与原则，并积极进行资源普查。历史名城保护与历史村落保护是对物质文化遗产的整体性保护方式，国内外对保护的价值、意义、规划与手段都有宝贵经验。与此同时，对物质文化遗产的商业开发已取得阶段性成果，形成了以文博产业、文化遗产旅游业为主的开发利用方式，这在一定程度上加强了保护的效果与效用。

## 思考题

1. 简述国内外可移动文物早期收藏的历史概况。
2. 简述可移动文物海外追索的主要方式与经验。
3. 国际社会保护不可移动文物古迹的主要经验有哪些？
4. 西方国家文物古迹修复的代表性理论有哪些？
5. 中国文物古迹保护的基本原则是什么？
6. 中国历史文化名城、名镇保护的机制是怎样的？
7. 我国古村落保护与发展面临的主要问题有哪些？
8. 物质文化遗产开发的主要方式有哪些？请举例加以说明。

## 参考文献与推荐阅读

[1] 尤基莱托. 建筑保护史[M]. 郭旃，译. 北京：中华书局，2011.

[2] 蒂耶斯德尔，希思. 城市历史街区的复兴[M]. 张玫英，董卫，等，译. 北京：中国建筑工业出版社，2006.

[3] 萨尔瓦多·穆尼奥斯·比尼亚斯. 当代保护理论[M]. 张鹏，张怡欣，等，译. 上海：同济大学出版社，2012.

[4] 穆尔塔夫. 时光永驻：美国遗产保护的历史和原理[M]. 谢靖，译. 北京：电子工业出版社，2012.

[5] 薛林平. 建筑遗产保护概论[M]. 北京：中国建筑工业出版社，2013.

[6] 邵甬. 法国建筑·城市·景观遗产保护与价值重现[M]. 上海：同济大学出版社，2010.

[7] 蒂莫西. 文化遗产与旅游[M]. 孙业红，译. 北京：中国旅游出版社，2014.

[8] 张京成，刘利永，刘光宇. 工业遗产的保护与利用："创意经济时代"的视角[M]. 北京：北京大学出版社，2013.

[9] 李晓东. 民国时期的"古迹""古物"与"文物"概念述评[J]. 中国文物科学研究，2008：54-56.

[10]　李军. 从缪斯神庙到奇珍室：博物馆收藏起源考[J]. 文艺研究，2009（4）：124-133.

[11]　王纪潮. 美第奇家族与乌菲齐博物馆：《意大利乌菲齐博物馆珍藏展：十五世纪——二十世纪》侧记[J]. 中国文化遗产，2010（5）：94-101.

[12]　陈克勤. "埃及模式"破解文物追索难题[N]. 中国商报，2011-02-17（4）.

[13]　程佳. 埃及：海外追索成果显著　文物保护仍需加强[N]. 中国文化报，2015-01-29（3）.

[14]　晋宏逵. 对不可移动文物保护原则的探讨[N]. 中国文物报，2005-09-23（8）.

[15]　朱光亚，黄滋. 古村落的保护与发展问题[J]. 建筑学报，1999（4）：56-57.

[16]　焦竑. 古村落现状堪忧，保护困境如何突破[J]. 中华建设，2011（3）：42-43.

[17]　傅才武，陈庚. 当代中国文化遗产的保护与开发模式[J]. 湖北大学学报（哲学社会科学版），2010，37（4）：93-98.

# 第七章

# 物质文化资源：自然与人类共生的资源

 **学习目标**

1. 掌握自然与人类共生型文化资源的特点。
2. 了解自然与文化双重遗产、文化景观遗产的概念。
3. 了解自然与文化双重遗产、文化景观遗产保护与利用的现状。
4. 理解和掌握自然与人类共生型文化资源保护的基本模式。

 **导言**

　　自然与人类共生型文化资源主要是指人类的精神要素与自然要素结合而形成的遗产，属于物质类文化资源。自然与文化双重遗产、文化景观遗产是其中重要的类型，这两类遗产都是大自然的独特景观和人类精神创造成果的有机融合，具有独特性和非再生性。自然与人类共生型的文化资源的认定、保护起源于欧美，并在联合国教科文组织大会于1972年通过的《保护世界文化和自然遗产公约》（以下简称《世界遗产公约》）之后，它的宗旨是为国际社会集体保护具有重大价值的文化遗产和自然遗产，建立一个长久性的有效制度。

## 第一节　自然与人类共生型资源的认定

### 一、自然与人类共生型资源的概念

　　自然与人类共生型资源，是指以独特的、自然的条件为基础和依托，人类活动赋予自然以特殊的文化意义或者人文景观，使得自然因素和人文因素共存共生、相互融合成为一个整体。这一独特的集合体可以支持地方的文化、经济发展，成为一种重要的资源。

　　自然与人类共生型资源由两方面的核心要素组成：一是从审美、科学角度看，具有突出的普遍价值的自然面貌、自然地理结构、天然名胜或明确划分的自然区域，受到威胁的动物和植物生境区等自然条件；二是从历史、艺术或科学角度看，具有突出的普遍价值和独特文化的人文景观、历史文化遗存。这两方面的构成要素有机地结合在一起，不能分割。自然与人类共生型资源有两个重要的形态：一是自然与文化双重遗产，二是文化景观遗产。

### （一）自然与文化双重遗产的基本含义

　　自然遗产通常指满足四个条件之一的自然面貌：一是代表地球演化历史中重要阶段的突出例证，二是代表进行中的重要地质过程、生物演化过程以及人类与自然环境相互关系的突出例证，三是独特、稀有或绝妙的自然现象、地貌或具有罕见自然美的地域，四是尚存的珍稀或濒危动植物栖息地。文化遗产是基于人类的活动而形成的、具有普遍历史和人文价值的有形的文物和无形的文化表现形式。自然与文化双重遗产并非自然遗产与文化遗产的简单叠加，而是自然遗产要素与人类精神价值创造的高度融合。

　　自然与文化双重遗产的概念最初来自《世界遗产公约》和《世界遗产名录》。《世界遗产公约》并未对双重遗产另立标准，而是在世界自然遗产和文化遗产的判定标准基础上，按照《实施〈保护世界文化与自然遗产公约〉的操作指南》，提出满足《保护世界文化与自然遗产公约》中关于文化遗产和自然遗产定义的遗产项目才能成为文化与自然双重遗产。早期双重遗产的认证名单当中，有的先被认可为自然遗产或文化遗产，之后被评价为另一种遗产，因而成为双重遗产。例如，新西兰的东格里罗国家公园建于 1887 年，与附近的瑙鲁赫伊火山和鲁阿佩胡火山一起于 1894 年组建了汤加里罗国家公园，它最初是作为自然遗产被列入世界遗产名录的，但是地处公园中心的群山对毛利人具有文化和宗教意义，壮观的火山群和毛利人的文化融为一体，象征着毛利人社会与外界环境的精神联系。1993 年，联合国教科文组织将其作为文化和自然遗产列入《世界遗产名录》。同样，秘鲁阿比赛欧河国家公园最开始也被认可为自然遗产，这个国家公园建于 1983 年，占地 27 万多公顷，动植物资源丰富，更为重要的是在园内发现了 36 处查查波雅人古遗址，对于研究印加文明前的文化起源问题具有十分重要的意义，1990 年被联合国教科文组织列入世界文化遗产。

　　虽然从表面上看，《世界遗产公约》没有独立设置一套标准，只是采取现有两种标准同时满足的办法，但是其背后的假设和实际意义非常重大。过去被认为是分立的自然遗产与文化遗产，其判定的价值标准不同；自然与文化双重遗产的标准，背后的假设是自然价值与文化价值两者并不是完全独立的，而是相互依存的，而且在历史进程中相互作用、相互融合。这也促使我们思考，自然与人文之间的关系，自然价值与文化价值创造、融合的机制，它们如何实现和谐共生和可持续发展。在自然与文化双重遗产中，自然因素更多地表现为一种物质关系，文化因素则更多反映的是一种精神联系。自然因素是人类生存、发展的物质基础和前提，而人才是创造文化的主体。如果只有优秀的自然遗产，缺乏典型或有代表性的文化遗产，当然不能称为双重遗产。

自然与文化双重遗产本质上是以自然环境景观的地质和地理环境为物质载体，人类的精神劳动创造的成果，依托于自然环境而不断地积累，形成了相互融合的、特有的文化遗产。

首先，自然与文化双重遗产是以自然遗产为基础，依托独特的自然地质构造而形成的自然面貌。从科学或保护角度看，它具有突出的、普遍的科学价值。同时，由于其独特的自然面貌，因而在人与环境的互动关系中，自然景观、动植物生态等自然资源具有自然美的独特性和不可复制性，也使得自然景观具备了美学价值。

其次，自然与文化双重遗产中的文化遗产是在该地自然遗产的基础上，人类依托自然物质条件，在人类历史发展历程中创造出来的优秀文化遗存。这些文化遗产既是精神的，也是物质的，人类精神作用于物质后建立起与自然遗产不可分割的精神联系，与自然融为一体，形成了一种共生的资源。因此，自然与文化双重遗产中的自然遗产与文化遗产是不能分割的关系。两者的融合，充分体现了人与自然之间的精神文化联系，具有艺术审美价值和历史价值。

在自然与文化双重遗产中，文化遗产和自然遗产统一于环境对人类的制约和人类对环境的依赖与能动作用之中。自然遗产反映人与环境的关系，具有科学与美学价值，是文化遗产存在的物质基础；文化遗产反映人类精神劳动创造的文化价值，赋予自然以特殊的内容意义和精神联系。自然遗产与文化遗产体现了自然与文化融为一体的特征。例如，黄山自然与文化双重遗产是依托黄山的独特地质条件和自然景观而形成的，黄山经历了造山运动和地壳抬升，以及冰川和自然风化作用，融峰林地貌、冰川遗迹于一体，兼有花岗岩造型石、花岗岩洞室、泉潭溪瀑等丰富而典型的地质景观，素有"三十六大峰，三十六小峰"之称。有流向钱塘江流域的新安江水系、流向鄱阳湖流域的昌江水系和乐安江水系、直接入长江的青弋江和秋浦河五大水系，河流 600 多条，植物群落完整而垂直分布，有珍稀植物 28 种及 300 多种珍禽异兽。黄山的文化遗产是依托黄山的自然条件，在不同历史时期建成的物质文化遗产和无形的非物质文化遗产，包括 100 多处徽派风格的楼台、亭阁、桥梁等古代建筑，近 300 处摩崖石刻，黄山画派、黄山古镇、大量的传说和文学诗句等，如果离开了黄山的自然遗产，文化遗产就是无本之源。正是这些历史人文内容的不断注入，使得人类的精神、情感与自然融合，寄情于景，依山造景，赋予黄山人格化的精神内容和象征意义，使之成为独一无二的自然与文化双重遗产。

### （二）文化景观遗产的基本含义

文化景观遗产不同于一般的人文景观、古村落和不可移动文物。世界文化景观遗产是"自然与人类的共同作品"。文化景观是人类以自然景观作为媒介，在一段时期内适应和利用大自然，区域内部各种类型文化通过相互融合、补充，结合自然因素，共同形成的完整的文化遗存。人们对文化景观的主观联想又会构成该地区的文化意象。

联合国教科文组织在 2008 年将世界遗产文化景观分为三个子类：第一类是人类有意设计和创造的景观，包含花园与公园，并且往往与宗教或其他纪念性建筑组合。第二类是有机进化景观。它产生于最初始的一种社会、经济、行政以及宗教需要，并通过与周围自然环境的联系或适应而发展到目前的形式。它又包括两种次类别：一是残遗物（化石）景观，代表过去某段时间已经完结的具有突出、普遍价值的景观；二是持续性景观，在当地与传统生活方式相联系的社会中，保持一种积极的社会作用，同时又展示了在历史上其演变发展的物证。第三类是关联性文化景观，即与自然因素相关联，具有强烈的宗教、艺术或文化价值的景观。目前，中国被批准列入《世界遗产名录》中的文化遗产目录的文化景观有五个：一是庐山国家公园，二是五台山，三是杭州西湖文化景观，四是红河哈尼梯田文化景观，五是左江华山岩画文化景观。

## 二、双重遗产、文化景观遗产的区别

在自然与人类共生型资源中，我们界定了自然与文化双重遗产、文化景观遗产两种重要类型。这两类文化遗产资源也是世界文化遗产的重要类别。它们都与自然的物质条件有联系，并且是一种共生的资源关系。那么，它们之间有什么区别呢？

自然与文化双重遗产同时符合自然遗产和文化遗产的标准。在自然遗产方面，自然与文化双重遗产必须具有自然面貌、生物种类、地理环境等突出的例证，具有独特的、普遍价值的自然因素，达到自然遗产的标准。在文化遗产方面，自然与文化双重遗产具有重要的、普遍的人文价值。两者相互融合和共生。例如，黄山不但是第四季冰川活动的重要遗迹，而且号称"震旦国中第一奇山"，以奇松、怪石、云海、温泉"四绝"闻名于世。历代文人墨客通过文学、书法、绘画等形式寄情于黄山。黄山的故事传说也不胜枚举，赋予黄山奇景以人文精神内容，积累形成了宝贵的历史文化遗产。黄山最初是作为自然遗产申报的，后经中国代表在会外多方做工作并强调其符合文化遗产标准，作为世界文化遗产也顺利通过审批。

文化景观遗产的重点在于文化遗产标准的特定类型，强调在文化遗产方面对自然因素的创造性利用，赋予自然以宗教的、文化的普遍价值的景观特色。例如，庐山的地质构造具有自然美的独特性，属于自然遗产资源，但是作为文化景观遗产，其本质特征是在人类长期实践中，创造性地利用庐山自然山水为条件，形成了三个重要文化景观资源：一是中华文明发祥地有关佛教和道教庙观的宗教文化遗产，代表儒家理学里程碑的白鹿洞书院；二是 20 世纪 20 年代以来各个国家依山而建的 600 多座世界各国风格的别墅，成为国民政府时期的"夏都"；三是中华人民共和国成立后，三次庐山会议给庐山注入了政治因素。这些建筑物融合在庐山自然美之中，形成了中华民族精神和文化生活紧密联系的宗教、文化、政治的多种独特文化景观。由此可见，文化景观更加强调人类创造性的利用在社会政治、经济和文化方面形成的重要影响和独特景观。再如，五台山是典型的早前寒武纪地质遗迹、第三纪古夷平面及第四纪冰缘地貌，是中国佛教名山之首，佛教文化绵延1600 余年，历朝历代在此兴建了众多寺院、碑塔、壁画等人文遗迹。目前，五台山仍保存有历代修建的寺庙 68 座，佛塔 150 余座，佛教造像 146 000 余尊，与五台山自然景观融为一体，成为独特而富有生命力的文化景观。

# 第二节　自然与人类共生型资源的保护现状

## 一、自然与文化双重遗产和文化景观遗产保护的历史与现状

自然与文化双重遗产和文化景观遗产的保护始于欧美。美国于 1872 年在怀俄明州开辟了黄石国家公园，这是美国第一个也是世界上第一个由政府主持开辟的国家公园，于1978 年被列入《世界遗产名录》。

因年久腐变、环境污染、自然灾害或者社会和经济条件的恶化，容易对自然与文化双重遗产难以挽回的损害或破坏，文化遗产和自然遗产越来越受到破坏的威胁，有必要在全球范围内建立合作。1972 年，联合国教科文组织大会第十七届会议在巴黎通过了《保护世界文化和自然遗产公约》。该公约对文化遗产和自然遗产进行了定义，它标志着保护世界遗产全球化行动的开始。

为保证《保护世界文化和自然遗产公约》的有效实施，1976 年 11 月联合国教科文组织世界遗产委员会成立，建立了《世界遗产名录》，并于 1977 年召开了第一届世界遗产大会。此后，众多国家陆续加入该公约。加入公约的国家都按照公约的要求，成立了本国的世界文化与自然遗产保护的管理机构并制定了保护政策。1978 年召开的第二届世界遗产大会有 12 个遗产地被列入《世界遗产名录》，诞生了第一批世界遗产。1979 年，危地马拉的蒂卡尔国家公园因保存着包括沼泽雨林到山地森林的多种丛林模式，也是玛雅文明最早、最大的神殿遗迹所在，所以作为世界上第一个自然与文化双重遗产被列入《世界遗产名录》。

世界自然与文化遗产作为文化资源，理所当然地为其所在地提供了丰富的旅游资源，成为地方政府旅游产业开发的核心资源。然而，旅游开发也带来一系列遗产受到侵害的威胁，经济发展与遗产保护如何平衡，成了争论焦点。1987 年 2 月在日本东京召开的第八次世界环境与发展委员会上，由挪威首相布伦特兰担任主席的联合国世界环境与发展委员会提出《我们共同的未来》的报告，正式提出了"可持续发展"的概念和口号，并很快被人们所接受，成为对世界自然与文化遗产的保护进行重新评价的中心议题。

1992 年 12 月，"文化景观"这一概念在美国圣菲召开的联合国教科文组织世界遗产委员会第十六届会议上被提出，并将"文化景观"的评估认定纳入《世界遗产名录》工作

中。2003 年 10 月，联合国教科文组织又通过了《保护非物质文化遗产公约》，至此形成了文化遗产、自然遗产、自然与文化双重遗产、文化景观和非物质文化遗产 5 种世界遗产类型并存的格局。

## 二、中国自然与人类共生型资源的保护现状

我国各类自然与文化遗址众多，但自然与文化双重遗产的保护工作起步较晚。1956 年，鼎湖山自然保护区的建立开启了我国自然与文化双重遗产保护的新纪元。在政府和民间的共同推动下，我国的自然与文化双重遗产保护事业不断发展，保护类型不断完善，被保护的区域和数量不断增加。

中国于 1986 年开始向联合国教科文组织申报世界遗产项目。自 1987 年至 2007 年 6 月，中国先后被批准列入《世界遗产名录》的世界遗产已达 35 处，其中泰山、黄山、峨眉山及乐山大佛、武夷山四项被列为自然与文化双重遗产。

与国际上建立的国家公园一样，我国通过建立风景名胜区来保护珍贵的自然和文化双重遗产。1982 年，我国批准建立了第一批国家风景名胜区。1985 年，国务院颁布了《风景名胜区管理暂行条例》。之后，我国相继出台《风景名胜区建设管理规定》（1993 年）、《风景名胜区管理处罚规定》（1994 年）等一系列行政法规，建设部还于 1994 年发文明确了名胜风景区的社会公益事业性质。

我国国家公园的建设尝试开始于 20 世纪末。1996 年，庐山以"庐山国家公园"的名义申报世界文化景观遗产获批。我国的国家公园体系还处于尝试建设阶段，概念体系和管理机制都尚未明确，亟待深入探讨和研究。在国内生态文明建设和国际国家公园建设的趋势推动下，国家公园作为自然与文化双重遗产保护的管理模式必将在中国得以较快发展，成为政府层面上的自然与文化双重遗产保护的新模式。

2006 年 11 月，文化部部务会议审议通过并予以施行《世界文化遗产保护管理办法》（以下简称《办法》），旨在对世界文化遗产进行有效保护。《办法》规定国家文物局主管全国世界文化遗产工作，协调、解决世界文化遗产保护和管理中的重大问题，监督、检查世界文化遗产所在地的世界文化遗产工作。县级以上地方人民政府及其文物主管部门依照本办法的规定，制定管理制度，落实工作措施，负责本行政区域内的世界文化遗产工作。

2015 年 11 月，住房城乡建设部颁发了《世界自然遗产、自然与文化双遗产申报和保护管理办法（试行）》，规定住房和城乡建设部定期组织对世界遗产地资源保护管理情况进行集中检查和评估。检查和评估内容主要包括以下几项：① 管理机构履职尽责与能力建设；② 地方立法与配套管理制度建设；③ 世界遗产突出价值和核心资源保护，资源环境监测与科研；④ 保护管理规划编制与实施；⑤ 旅游活动管理、建设活动管控以及其他威胁突出价值等重要因素的活动管理；⑥ 遥感监测问题及核查处理情况；⑦ 社区参与与协调发展；⑧ 遗产展示、宣传与教育。

世界遗产保护管理规划是开展世界遗产保护管理和建设利用的基本依据。世界遗产地管理机构应当组织编制世界遗产保护管理规划。编制世界遗产保护管理规划应当依据《实施〈世界遗产公约〉的操作指南》及有关技术规范的要求，坚持严格保护遗产地突出价值的原则，体现人与自然和谐发展和提升保护管理水平的要求，提出有关保护管理措施。世界遗产保护管理规划应当包括以下内容：① 世界遗产突出价值和完整性陈述；② 世界遗产资源本底 ①及管理现状评价、威胁因素分析；③ 禁止建设、限制建设区域划定及保护规定；④ 突出价值保护措施；⑤ 重要资源、生态环境和人类活动的监测管理；⑥ 旅游活动管理与建设控制；⑦ 遗产展示与解说教育；⑧ 社区参与与协调发展；⑨ 科学研究、能力建设与实施保障措施。其中，世界遗产地范围应划入禁止建设区域，不得开展与遗产资源保护无关的建设活动；缓冲区范围应划入限制建设区域，严格控制各类景观游赏及旅游服务设施建设活动。

## 三、中国自然与人类共生型资源保护与发展中的问题

我国开展文化遗产、自然遗产保护早期主要以风景名胜区、国家公园等形式为主，对世界自然与文化遗产的保护起步虽然比较晚，但是进展较快。当然，在快速发展中也存在一些问题和挑战，主要表现在以下三个方面。

第一，我国的自然与文化双重遗产保护往往重视申报、轻视保护。很多地方政府出于政绩或者经济发展目的，对自然与文化双重遗产的申报认定很重视，但轻视监测和评估工作；重视开发利用，轻视系统性管理。已有的自然与文化双重遗产管理时常不能达到保护标准，造成遗产资源的破坏和不当开发，使遗产保护和旅游发展之间的平衡失调。

第二，自然与文化双重遗产的可持续发展会面临比较大的旅游等产业的开发压力。地方政府往往迫于经济发展的压力，把世界遗产单纯看作经济利润载体，对自然与文化双重遗产的旅游资源进行掠夺性开发，违背世界遗产的保存与保护原则。例如，假日经济造成的风景旅游地人满为患的现象，对自然与文化双重遗产构成了巨大的压力。由于缺少对自然与文化双重遗产地最大人流量的计算和控制，过密的人流不但存在安全问题，而且会造成自然遗产的环境污染。再如，为了旅游开发的经济利益，在自然与文化双重遗产旅游地兴建度假酒店、度假区、公路、索道等旅游设施，如果缺乏合理的规划，会对自然遗产景区造成破坏。

第三，我国的自然与文化双重遗产分类体系较多，包括风景名胜区、自然保护区、森林公园、地质公园等，分别归属于建设、文物、环保、林业、地质等部门管理，保护标准和管理规范不统一。在对自然与文化双重遗产的认定、监测和管理中，不同部门之间都出台各自的政策，主管部门划定的风景名胜区、自然保护区等遗产保护单位，经常在空间上交叉重叠，管理主体不明确，造成在实践操作层面的政出多门、多头管理的复杂局面。

---

① 本底（background）指资源在人类干扰和影响之前，时间遗产原真、本来的形态和构成。

# 第三节　自然与文化共生型遗产资源的管理模式

自然与文化双重遗产、文化景观遗产的特点在于，作为自然遗产，它具有独特的自然风貌和人文景观资源，可以作为风景名胜区和旅游开发区，以吸引大量的游客。同时，作为文化遗产，它具有大量的历史文化资源，并与自然遗产融为一体，增加了旅游观光的文化内涵。因而，自然与文化共生型的文化资源最易成为旅游开发的核心资源。

## 一、自然与文化共生型遗产资源开发的基本要求

这类资源最具有代表性的是以自然与文化双重遗产、文化景观遗产等为核心资源的旅游开发，通过旅游开发，吸引游客到遗产所在地去观光，使旅游者获得对自然遗产与文化遗产的整体体验。自然与文化融合的特色，使得自然与文化双重遗产具有较大的旅游地理空间和较多的旅游点，旅游线路的规划与设计关键是将自然与文化的旅游点有机地联系和结合起来，构成旅游空间体系，从而使游客能够深入地体验和解读自然与文化双重遗产。

第一，自然与人文生态整体保护原则。自然与文化双重遗产、文化景观遗产这类共生型文化资源，通常依托自然地貌和地理环境，具有大尺度遗产区域的特征。在区域大尺度空间内自然和文化双重遗产结合在一起，空间梯次和形态多元，形成独特旅游景观。然而，由于城镇和人口扩张，旅游新建设施高密度开发过程使旅游空间中出现生态、社会、经济等多种利益冲突，容易造成自然和文化的整体生态破坏。例如，左江流域岩画遗存有大量战国至汉代时期壮族先民骆越人涂绘的岩画，是重要的文化景观资源。岩画本体存在 2000 多年以来，除自然侵蚀造成的毁坏之外，更为严重的是居民生活生产需求和乱砍滥伐造成的植被破坏加剧了自然侵蚀。黄山自然与文化双重遗产在早期文化旅游开发中，也存在旅游宾馆和水库过度建设对山体和黄山松树植被的破坏。因此，加强自然和文化生态的整体保护规划是遗产资源旅游业可持续发展的根本。生态整体保护要求坚持文化景观与自然景观并重，区域自然环境和文化遗产整体保护的原则，从整个遗产区域协调多种利益关系，保障区域遗产和生态安全，包含规划设计自然环境和地貌保护、生物保护、水系和农林业保护，区域文化景观保护、生态游憩系统等。通常，在对自然与文化遗产旅游区保护规划的解读体系基础上，采取分区保护模式。"分区保护"是将世界遗产地划分成若干地区，界定每个地区的范围、界限和活动类型，在不同的地区进行不同方式和层次的开发、保护、利用和管理。这种模式比较适用于区域比较大、包含自然景观的遗产地，可以分为核心保护区、核心环境区、缓冲区和边缘区。

第二，真实性和完整性原则。遗产资源旅游开发中原真性是衡量遗产价值的标尺。原真性包括真实性和完整性，就是在旅游开发中，应完整地、真实地展示自然、文化的内容及其关系，同时在旅游开发中应通过旅游线路，展示、导引旅游产品等，使得游客的旅游对遗产的体验真实和完整。应在自然与文化共生型资源的旅游开发中，在加强整体生态保护的同时，科学规划遗产的展示、体验和解读体系，主要包括交通导引、遗产展陈、遗产解说、遗产旅游线路四大系统，即以游客的体验为出发点进行展开和完善。

## 二、自然与文化共生型资源的主要保护模式

### （一）自然保护区

自然保护区的定义分为广义和狭义两种。广义的自然保护区，是指受国家法律特殊保护的各种自然区域的总称，不仅包括自然保护区本身，还包括国家公园、风景名胜区、自然遗迹地等各种保护地区。狭义的自然保护区，是指为了保护特殊生态系统，以科学研究为主要目的而划定的自然保护区，即严格意义的自然保护区。

目前，我国自然保护区功能分区采用国际"人与生物圈"保护区的基本模式，即核心区、缓冲区、实验区的三圈模式，并对各区的主要任务与保护方式做出了相关规定。《中华人民共和国自然保护区条例》对三区的内涵做了明确规定，成为自然保护区功能区划分的基本依据。核心区是自然保护区内保存完好的天然状态的生态系统以及珍稀、濒危动植物的集中分布地，禁止任何单位和个人进入；核心区外围可以划定一定面积的缓冲区，只准进入从事科学研究观测活动；缓冲区外围划为实验区，可以进入从事科学试验、教学实习、参观考察、旅游以及驯化繁殖珍稀、濒危野生动植物等活动。

自然保护区和自然遗产有一定的相近性，对其进行保护的意义在很大程度上取决于其生物的多样性，而自然保护区要比自然遗产更多地关注区内的生物多样性保护。因此，自然保护区对自然与文化双重遗产的保护具有一定范围的适用性，但是对文化遗产的保护与利用，特别是自然与文化融合的双重遗产的保护与利用方面，还不够全面，需要借助其他相关文化遗产保护的管理政策和管理模式。

### （二）风景名胜区

中国风景名胜区在国家遗产保护地中占有重要地位，国家级风景名胜区是中国"世界遗产"的主体。在已经确定的 56 处中国国家自然遗产、国家自然与文化双重遗产预备名录中，绝大部分是国家级风景名胜区。截至 2019 年，中国有 55 个项目被联合国教科文组织列入《世界遗产名录》，其中属于风景名胜区的有世界自然遗产 14 处，世界文化和自然遗产 4 处，世界文化景观遗产 4 处。

《风景名胜区条例》对风景名胜区管理机构的设置和职能做了明确规定，由此建立

了由住房和城乡建设部，省、市、县地方建设主管部门以及风景名胜区管理机构组成的三级管理体系。实际上，确定了风景名胜区的具体管理工作以属地管理为主，主要依靠地方政府进行管理。针对风景名胜区的资源特点，据其属性和组合规律，在规划实践中分别确立了常用的自然景物、人文景物两个大类，天景、地景、水景、生景、园景、建筑、胜迹、风物 8 个中类，74 个小类和 800 个子类等资源类别。还根据风景资源价值、构景作用及其吸引力范围划分为 5 级：具有珍贵世界遗产价值的列为特级景源；具有国家重点保护价值和国家代表性作用的列为一级景源；具有重要、特殊、省级重点保护价值和地方代表性作用的列为二级景源；具有一定价值和游线辅助作用，有市县级保护价值和相关地区吸引力的列为三级景源；具有一般价值和构景作用，有本风景区或当地吸引力的列为四级景源。

世界自然与文化遗产的保护依托于风景名胜区的管理，同时也是发展风景名胜区事业的重要保障。我国的风景名胜区管理工作是在实践中发展的，虽然取得了一定的成绩和经验，但是仍然不够完善，在对风景名胜区的管理工作中仍然存在很多问题，其核心症结在于多头管理、多级管理交叉，造成规划不统一，建设与规划保护脱节。一方面，住房和城乡建设部作为国务院委托的风景名胜区主管部门，仅担任世界遗产和风景名胜区的保护管理工作，这相对我国 600 多处风景名胜区而言，确实有些力量单薄；另一方面，风景名胜区多头管理问题突出，统一管理力度不够。据调查，主要表现在除建设主管部门外，还有林业、旅游、宗教、环保、文物、土地和地方乡镇等众多部门参与风景区范围内的管理。《风景名胜区条例》《森林保护法》《环境保护法》《文物保护法》等有交叉冲突，受发展旅游业促进地方经济繁荣的利益驱动，许多地方出现了将风景名胜区完全作为旅游区开发建设的趋势，过度开发风景名胜资源，而忽视和降低对资源和环境的保护。风景名胜区管理机构难以实行对全区的统一管理，致使风景名胜区规划与建设脱钩，在经济和旅游迅猛发展的时期，风景名胜区内建设性活动增加，破坏增多，导致资源恶化严重、建设性破坏频繁、管理体制混乱、保护资金短缺、规划方法落后、管理政策缺乏等问题出现。

### （三）欧美国家公园的保护模式

国家公园保护模式起源于美国，是由一位叫乔治·卡特林（George Catlin）的艺术家在 1832 年首先提出的。他对美国西进运动带给印第安文明和野生世界的影响深感焦虑，认为它们应该受到保护。他提出应当通过政府指定保护性政策，以一个天然的、充满野性与生机的公园方式，将它们保护起来。1864 年，美国国会授予加州的"优诗美地峡谷"（Yosemite Valley）为州立公园并实行保护。1872 年，美国黄石国家公园成为世界上第一个国家公园。其后，国家公园的保护模式被欧美国家普遍采用。1916 年，美国国会颁布了《国家公园基本法》，主要规定了美国国家公园管理局的基本职责，它是国家公园体系中最基本、最重要的法律规定。它规定了国家公园以生态环境、自然资源保护和适度旅游开发为基本策略，通过较小范围的适度开发实现大范围的有效保护，既排除与保护目标相抵触的开发利用方式，达到保护生态系统完整性的目的，又为公众提供了旅游、科研、教育、娱乐的机会和场所，是一种能够合理处理生态环境保护与资源开发利用关系的行之有效的保护和管理模式。

### （四）中国提出的国家文化公园保护模式

自然与人类共生的文化资源，往往是多种精神文化资源和物质文化资源的复合体，具有典型的混合型文化资源特征。而且，很多自然与人类共生的文化资源具有大尺度的空间范围和有差异性的地理景观，它是人类适应一定自然条件在生产、生活的过程中形成的关于宇宙世界、人类社会的观念，及其通过人类实践形成的一切劳动成果的总和。从更广的地理空间和历史时间维度看，它们共同构成了地域的文化生态和民族的文明形态。对自然风景区的保护和国家公园的保护，虽然强调了对自然生态的保护，但是对于文化资源、文化生态的保护措施是不足的。国家文化公园概念强调了对文化的保护。

国家文化公园是一个全新的概念，第一次出自 2017 年的《关于实施中华优秀传统文化传承发展工程的意见》。2019 年 7 月 24 日，第九次全面深化改革委员会会议审议通过了《长城、大运河、长征国家文化公园建设方案》（简称《方案》）。2020 年 10 月 29日，中共第十九届中央委员会第五次全体会议通过《中共中央关于制定国民经济和社会发展第十四个五年规划和二〇三五年远景目标的建议》，提出建设长城、大运河、长征、黄河等国家文化公园，首次提出将黄河列入国家文化公园建设名录。设立国家文化公园为我国首创，国际上并无先例可循，是对国家公园体系的创新。

中国国家文化公园中的"文化"一词涵盖了现有国家公园体系中没有直接表现出来的文化元素。建设国家文化公园遵循文化引领、彰显特色原则，坚持社会主义先进文化发展方向，深入挖掘文物和文化资源的精神内涵，具体要从保持原貌、挖掘文化、突出教育和强调休闲 4 个方面界定国家文化公园的功能和建设内容，实现保护传承利用、文化教育、公共服务、旅游观光、休闲娱乐、科学研究功能，建设管控保护、主题展示、文旅融合、传统利用 4 类主体功能区，协调推进文化资源保护传承利用，系统推进保护传承、研究发掘、环境配套、文旅融合、数字再现 5 个重点基础工程建设。

国家文化公园的管理体制是，构建"中央统筹、省负总责、市县落实"的工作格局，强化顶层设计、跨区域统筹协调，健全工作协同与信息共享机制，在政策、资金等方面为地方创造条件。

**案例【7-1】　　大运河国家文化公园建设** [①]

习近平总书记对大运河历史文化保护传承、大运河文化带建设多次做出重要指示，强调要认真"保护好、传承好、利用好"大运河历史文化资源。党的十九大后，中央文化体制改革和发展工作领导小组召开会议起草了《国家文化公园建设试点工作方案》，选择长城、大运河和长征文化线路开展试点。2018 年 8 月，中宣部发布《关于开展长城、大运河和长征三大国家文化公园试点建设的实施意见（征求意见稿）》，建议大运河国家文化公园试点建设由江苏省实施。

大运河江苏段是最具国家文化公园条件的活态运河。江苏运河沿线城市物质和非物质文化遗产资源十分丰富，此外，还有诸多近代革命文化、现代革命文化、社会主义文化遗存。大运河塑造了江苏的城镇格局，有 9 座中国历史文化名城、19 座中国历史文化名镇、7 座中国历史文化名村，有 149 处全国重点文物保护单位、101 项国家级非物质文化遗产，分别占全省总数的 65.9% 和 69.2%。列入世界文化遗产的河段长 325 千米，占运河全线的 1/3；遗产区 7 个，占遗产区总面积的 46%；遗产点 22 处，占总数的 40%。江苏的太湖、长江、淮河诸水系将江苏南北分为吴文化、金陵、淮扬、徐海四大文化区域，各区域间既存在着较大文化差异，又演绎出漕运、水工、盐业、工商、园林、水乡人居等各具特色的文化形态，塑造了江苏的"水韵书香"的文化生态。

江苏省委省政府高度重视大运河国家文化公园建设的先试先行，于 2018 年 4 月 16 日正式启动了《大运河国家文化公园（江苏段）建设规划》编制工作，同年 6 月，规划通过了专家论证会，这是国内首个大运河国家文化公园建设编制规划。

案例讨论：

大运河国家文化公园的文化资源有什么特点？建设国家文化公园有什么难点？

## 三、文化衍生开发

在对自然与文化遗产进行科学的自然和文化保护措施基础上，除了可直接利用自然与文化遗产作为旅游资源开发，为遗产保护提供可持续的经费来源外，也可以充分利用自然与文化遗产的文化内涵，通过开发文化衍生产品，为景区提供新的经费来源。这些衍生产品的基本开发模式，是将自然与文化遗产的精神内涵加以提炼，与其他载体结合，创造出新的表现形式。例如，黄山松是黄山的特有形象，将其图案移植到茶杯、文化衫等产品载体上，可以作为旅游纪念品；围绕武夷山的岩茶，形成大红袍茶的产业链条，并衍生到茶具、茶壶等茶文化衍生品；乐山大佛作为峨眉山的重要文化遗产，可以开发乐山大佛

---

① 王健，王明德，孙煜. 大运河国家文化公园建设的理论与实践[J]. 江南大学学报（人文社会科学版），2019，18（5）：42-52.

的木雕、石雕小件以及佛教文化的相关衍生品。此外，还可以围绕传说和非物质文化遗产，出版相关图书文献资料，设立博物馆，拍摄纪录片，以及将传说故事改编成影视剧，等等。

 案例【7-2】 自然风景区的实景演出产品开发及其问题 [1]

武夷山是自然与文化双重遗产风景区，在保护区外围建设了武夷山国家旅游度假区，在度假区中设有武夷茶博园。当地政府将武夷山茶文化作为品牌，通过在茶博园内设立舞台，聘请张艺谋团队打造了展示中国茶文化的大型山水实景演出《印象·大红袍》。演出舞台坐落在茶博园西南角、崇阳溪东侧河岸，背倚风光绮丽的武夷山水，史无前例地引入"矩阵式"实景电影，将15块电影银幕融入自然山水之中，组成"矩阵式"超宽实景电影场面，现场效果如梦似幻，使观者真切地感受到了"人在画中游"的奇妙体验。《印象·大红袍》虽然投资巨大，但是也为武夷山文化旅游产业创造了一个全新的文化旅游产品，改变了原来白天爬山、晚上无处去的现状，延长了游客停留时间，提高了游客的旅游价值，也为当地旅游业带来了巨大的经济效益。

虽然实景演出为我们提供了一种新的遗产旅游开发模式，但是我们在开发这类项目时必须注意到以下问题：一是实景演出的创意必须围绕文化遗产的核心内容，能够给人带来全新的、独特的体验，因此对创意团队要求非常高；二是实景演出通常投资巨大，动辄上亿元，一旦创意失败得不到游客的认可，可能血本无归，因此有很高的投资风险；三是实景演出必须严格遵守国家文化遗产与自然遗产的保护规定，不能对遗产资源造成破坏。早在2007年，国家环保总局、建设部、文化部、国家文物局就联合发布了相关规定，规定在自然保护区核心区和缓冲区、风景名胜区核心景区内，禁止进行影视拍摄和大型实景演艺活动。在风景名胜区核心景区外进行影视拍摄和大型实景演艺活动，必须遵守《自然保护区条例》的规定，提出保护自然环境和自然资源的方案和措施，并经有关自然保护区行政主管部门的审查同意。不得建设污染环境、破坏资源或景观的设施，不得损害自然保护区的环境质量。

# 第四节　世界遗产的申报和审批

申报世界遗产应当以保护和传承人类共同的珍稀遗产资源为宗旨，坚持政府主导、专家论证、公众参与的原则，应量力而行、厉行节约、有序推进。首先应当把握世界遗产的概念、范围和遴选标准。

---

[1] 根据中国武夷山网站、《印象·大红袍》官方网站等介绍资料整理。

## 一、世界遗产的遴选标准

联合国教科文组织 1972 年通过《保护世界文化和自然遗产公约》（以下简称《公约》），至今全球已有 193 个缔约国，它建立了一套严密完整的、可操作性强的世界遗产实施体系。《公约》随着社会的不断变化而不断修订更新。2019 年，在阿塞拜疆举办的第 43 届世界遗产委员会会议上通过了全新修订的《操作指南》。《公约》将突出的普遍价值作为世界遗产的标准，是指遗产具有罕见的、超越了国家界限的、对全人类的现在和未来均具有普遍的重要意义的文化和/或自然价值，对遗产规定了十项标准：第一，是人类创造力的经典之作；第二，在一段时期内或世界某一文化区域内人类价值观的重要交流中，对建筑、技术、古迹艺术、城镇规划或景观设计的发展产生重大影响；第三，能为延续至今或业已消逝的文明或文化传统提供独特的或至少是特殊的见证；第四，是一种建筑、建筑与技术整体，或景观的杰出范例，展现人类历史上一个（或几个）重要阶段；第五，代表某一个或数个文化的人类传统聚居地或土地使用，提供出色的典范——特别是因为难以抗拒的历史潮流而处于消灭危机的场合；第六，有显著普遍价值的事件、活的传统、理念、信仰、艺术及文学作品，有直接或实质的联结（世界遗产委员会认为该基准应最好与其他基准共同使用）；第七，绝妙的自然现象或具有罕见自然美和美学价值的地区；第八，是地球演化史中重要阶段的突出例证，包括生命记载和地貌演变中的重要地质过程或显著的地质或地貌特征；第九，突出代表了陆地、淡水、海岸和海洋生态系统及动植物群落演变、发展的生态和生理过程；第十，是生物多样性原址保护的最重要的自然栖息地，包括从科学和保护角度看，具有突出的普遍价值的濒危物种栖息地。

由上述条件可以知道，提名为世界自然与文化双重遗产必须至少要符合文化遗产条件中的一条和自然遗产条件中的一条。只有同时具有完整性和/或真实性的特征，且有恰当的保护和管理机制确保遗产得到保护，遗产才能被视为具有突出的普遍价值。

## 二、申报世界遗产项目的基本条件和程序

第一，满足《世界遗产公约》《实施〈世界遗产公约〉的操作指南》关于世界遗产突出价值、真实性和完整性等有关标准、条件和要求；重要资源遭到严重破坏或受到严重威胁；出现重大违法违规建设行为。

第二，进入申请预审阶段，必须按照住房和城乡建设部《中国国家自然遗产、自然与文化双遗产预备名录》和联合国教科文组织《实施〈世界遗产公约〉的操作指南》有关要求编制申报项目的保护管理规划，属于依法划定的省级及以上风景名胜区等保护地，具有专门的管理机构。住房和城乡建设部收到预审申请后，组织专家对申请材料进行审核，并对申报项目进行综合评估。

第三，进入正式申报阶段，预审审核评估通过的项目，作为自预审申请开始第三年度

的申报项目，按程序提交联合国教科文组织世界遗产中心进行预审。联合国教科文组织世界遗产中心对预审材料或正式申报材料提出意见的，住房和城乡建设部组织有关省、自治区人民政府住房和城乡建设主管部门或直辖市人民政府风景名胜区主管部门、世界遗产地管理机构开展材料修改、补充和意见答复等工作。通过联合国预审的，列入《中国国家自然遗产、自然与文化双遗产预备名录》、联合国教科文组织《世界遗产预备清单》。

第四，对列入联合国教科文组织《世界遗产预备清单》的世界遗产申报项目实行动态管理。住房和城乡建设部根据申报需要，适时增补列入新项目；对已不具备申报条件的项目予以剔除。

 **案例【7-3】　长江三峡申请世界双遗产的案例分析** [①]

长江三峡地跨重庆市与湖北省，具有丰富的民族文化和奇特的自然风光，但是在遗产的申报中总是没有凸显出来，这需要重庆和湖北两地联手共同打造，积极申请世界自然与文化双遗产，具体分析如下。

长江三峡地区西起重庆奉节县的白帝城，东至湖北宜昌市的南津关，北靠大巴山脉，南界川鄂山地，由瞿塘峡、巫峡、西陵峡组成。长江三峡地区以大巴山脉和巫山山脉为支撑，多为中山、低山和峡谷等侵蚀地貌景观，地质遗迹种类多样，古生物化石丰富多彩，具有重要的地质意义。同时，三峡的自然风景雄奇险峻幽，世人称之为"百里画廊""天然博物馆"。

《长江三峡工程淹没及迁建区文物古迹保护规划报告》显示：三峡地区需保护的文物和文物点多达1282处，其中地下文物829处，地面文物453处，可见三峡具有丰厚的历史文化底蕴。它有古人类化石龙骨坡文化遗址、原始社会后期母系社会氏族公社新石器时代文化遗址，有古墓出土的各种文物，有巴蜀文化区、荆楚文化区、吴越文化区三种文化交互碰撞形成的典型文化等。

三峡地区经历了震旦纪前的晋宁运动，侏罗纪末的燕山运动和老第三纪末的喜山运动，三次运动形成了长江三峡奇特多样的地质遗迹和独特的自然风景，其中的古生物化石也代表了生命的进化，符合自然遗产遴选标准。

通过对三峡地区的文化遗产资源进行统计分析可以看出，它有世界文化遗产大足石刻，有上起夏、下至西周的古文物和建筑艺术，有别具特色的悬棺遗址，有震惊中外的204万年前的古人类化石龙骨坡文化遗址，它使人类对起源地产生了疑问，符合文化遗产的遴选标准。

申报双遗产存在的问题：

长江三峡地跨重庆和湖北两地，分属多个县市，责、权、利不明，没有形成统一的对

① 孙硕. 我国世界双重遗产的可持续发展研究：以泰山世界双重遗产为例[D]. 北京：中国地质大学，2011.

三峡景观进行管理和规划的机构。

申报双遗产的对策分析：

首先，整合力量，由湖北省和重庆市政府牵头，成立三峡申报"世界双遗"机构，建立机构运作平台。由旅游局、建设局、文化局、文物局等各部门共同负责，将申遗工作提上日程。

其次，制定《长江三峡世界遗产提名地保护与管理规划》，妥善处理影响遗产真实性和完整性的盲目开发、城镇无序扩张等问题。保护现有遗产资源不再被破坏。

再次，争取国家的支持，加大财政投入，与三峡地区的企业和旅游部门协商，提取部分收入作为遗产申报资金，通过网络和加大宣传增加捐赠。

最后，鼓励对该地区进行遗产专题研究，多方挖掘文化和历史，使遗产价值得到更好的体现和利用。

 **本章小结**

本章重点阐述了自然与文化共生型的文化资源的特点。这类文化资源是人类精神创造与自然资源的有机融合，属于具有自然物质载体的物质文化资源，包括自然与文化双重遗产和文化景观遗产两个主要类别。本章从世界遗产发展历史和相关概念入手，阐述了自然与文化双重遗产的基本概念和含义，并将自然遗产作为物质载体，文化遗产作为精神内容，分析了自然与文化双重遗产的基本构成及其内在关系，比较了文化景观遗产和自然与文化双重遗产的区别和联系。自然与文化共生型遗产资源的保护在我国有自然保护区、风景名胜区等基本模式，国际上通行的国家公园保护模式最早起源于美国。我国在自然与文化共生型遗产资源保护方面，主要由建设、文化、文物、林业、环保等多个相关部门管理。在自然与文化共生型遗产资源旅游开发中，应注意遗产保护要重于经济开发。旅游开发的目的是为遗产保护提供经济来源，最终是为了实现遗产的可持续发展。

 **思考题**

1. 简述自然与文化共生型资源的含义、特点和类型。
2. 简述自然与文化双重遗产的基本含义，并举例说明。
3. 简述自然与文化双重遗产中，文化遗产与自然遗产的关系，并举例说明。
4. 简述文化景观遗产的含义，并举例说明。
5. 比较文化景观遗产和自然与文化双重遗产的区别和联系，并举例说明。
6. 简述国际自然与文化共生型资源的历史与现状，并查阅相关资料，举例说明。
7. 简述我国自然与文化共生型遗产资源保护的现状以及存在的问题。

8．什么是自然保护区？举例说明。

9．简述风景名胜区的概念和含义，举例说明。风景名胜区与自然保护区有什么不同？

10．简述国家公园的概念和发展历史。查阅相关资料，举例说明我国有哪些重要的国家公园。

11．试举例说明，如何对自然与文化双重遗产进行衍生产品开发。

12．简述世界自然与文化双重遗产的申报程序。

13．简述国家文化公园的概念、功能定位和建设内容。

## 参考文献与推荐阅读

[1]  李文华，闵庆文，孙业红．自然与文化遗产保护中几个问题的探讨[J]．地理研究，2006，25（4）：561-569．

[2]  盛文萍，王秋凤，甄霖，等．中国自然与文化遗产保护体系的发展与思考[J]．环境保护与循环经济，2015，35（12）：10-13．

[3]  马莉．我国风景名胜区管理模式研究[J]．农业科技与信息（现代园林），2015（5）：412-415．

[4]  顾军，苑利．美国文化及自然遗产保护的历史与经验[J]．西北民族研究，2005（3）：167-176．

[5]  刘娟．世界双遗黄山风景区文化遗产解读体系的建构[D]．西安：西北大学，2013．

[6]  喻学才、王健民．文化遗产保护与风景名胜区建设[M]．北京：科学出版社，2010．

[7]  管宁．区域文化：资源保护与产业开发[M]．镇江：江苏大学出版社，2012．

[8]  彭璟，项玉枝．旅游资源概论[M]．北京：理工大学出版社，2011．

# 第八章

## 文化资源数字化的保护与利用

 学习目标

1. 了解文化资源数字化的基本概念和意义。
2. 了解国内外文化资源数字化的主要技术手段。
3. 掌握文化资源数字化保护的基本原理、基本原则、策略和程序。
4. 了解和掌握文化资源数字化管理的基本手段和方式。

 导言

　　文化资源所包含的精神内容、物质器物造型、建筑结构、材质纹理、艺术风格等可以用数字化的方式加以保存，从而可以使文化资源的精神内容脱离其载体，永久性地、不损失地以数字化内容的方式保存、传播、学习、普及和研究。

## 第一节　文化资源数字化的基本概念

　　文化资源数字化是随着现代科学技术的发展而兴起的文化资源保护、利用和开发手段。随着文化与技术的融合，它已经不再是技术层面的记录，而是文化资源与技术深度融合，形成多种创新业态、创新产品。文化资源的数字化，包含文化遗产资源的数字化保护和文化资源的数字化开发两个方面。

### 一、文化遗产资源数字化的内涵、意义和范围

#### （一）文化遗产资源数字化的内涵

　　文化遗产资源数字化是指利用现代数字技术手段，将文化遗产的核心内容和信息客

观地、真实地、全面地记录和保存下来，并且以适当的结构设计使之成为可供检索、学习、传播和利用的数据资源。

最初，文化遗产资源数字化集中在如何运用数字图像、声音技术对历史文化建筑、文物、非物质文化遗产等进行图像拍摄、声音采集和电子文档整理，使之可供研究。随着数字技术的发展，互联网和数字化技术可以支持研究者，不仅对文化遗产外在的物理结构和表现形式加以记录，还对其内在结构和纹理、历史形成条件、动态过程细节、三维立体全息等进行全方位、全过程和全面的记录、存储和传输。

文化遗产数字化之后，形成了一批脱离文化遗产原本实体状态的资源，学界称之为"数字遗产"资源。文化与技术融合之后，原本蕴含在物质载体中的文化内容得以通过技术脱离其载体，寻找到新的存在空间。这些内容可以被存储在计算机存储器中，并通过互联网传播，形成一种新的、可以被利用的资源。

文化遗产数字化，不仅是一个技术层面的问题，还是关系到文化遗产整个保护、传承的系统问题，包括信息采集、记录、存储、传输、检索、发掘、利用、版权保护等一系列过程和原理，具有非常广泛的应用价值，已经成为文化遗产保护和传承的重要策略。相应地，文化遗产数字化的内涵，已从早期的以技术手段为主，不断扩展到包括数字化对象、数字化目标体系、数字化方法路径选择、数字资源管理等多个层面的内容。

### （二）文化遗产资源数字化的意义

文化遗产数字化作为一项全面的系统方法体系，是对传统文化遗产保护与传承方法和思想的一次技术革命，已经全面地影响到文化遗产保护工作的方方面面，对文化遗产的保护和传承具有十分重要的意义。

一是数字化是对文化遗产进行抢救保护的重要手段。信息化和数字化可以完成对现有的濒危文化遗产进行快速的记录和保存，从而将重要的文物信息保存下来。这些数字内容在存储和传输过程中不会遭受数据损失，能够原真地反映文化遗产的本来状态，而且还可以复制多个备份，有利于促进对文物资源的研究和学习。此外，现代技术的发展已经使我们能够对较为细致的结构、纹理，以及动态的声音和动作进行捕捉和记录，科学技术使我们不但可以完好地记录、保存静态的、实物的文化遗产，而且可以完好地记录动态的、无形的非物质文化遗产。

二是为促进文化遗产再生利用提供技术支持。数字化的记录和存储技术不但对现有文物的保护提供技术支持，而且可以将已经灭失的文化遗产，根据遗留的文字描述进行数字化再现和恢复，为文化遗产的再生和利用提供支持。例如，通过虚拟再现、动画漫游等数字化技术，我们可以重建被烧毁的圆明园的数字景观和地图，让人们看到昔日圆明园的建筑风格和园林景致，以供人们学习和观看。数字化的文化遗产形成了非常宝贵的数字遗产资源，为对文化遗产的精神内容进行开发提供了强大的数据库资源。再如，我们可以从敦煌壁画的众多数字资源中，探知古代风俗、舞蹈造型和风格并进行舞蹈的编创，或者通过数字资源研究不同时期建筑的风格和特点，为历史建筑的修复和重建提供支持。

对于一些因破损、残缺而无法修复的文物，可以通过数字化建模技术进行虚拟再现，并借助数字化建模技术做出复制品，以供展示、研究和文物纪念品的开发销售。

三是数字化文化遗产是文化传播和文化传承的重要途径。文化遗产经过数字化以后，其数字资源不再受原先载体在空间和时间方面的限制，数字资源可以借助电子介质和互联网无损耗地进行存储、展示、复制和传输，即使存放时间再长，其内容也不会损失，可以保证今后持续地对文化遗产进行展示、研究和利用。我们通过互联网技术可以不受地理条件限制，获取所需的信息资源。数字化遗产的这一特征，为文化遗产的传播和文化传承提供了强大的支持。例如，大量散失在世界各地的文物，被不同国家的博物馆和私人收藏，我们无法看到和接触到实物，通过数字化的资源传递或者网络虚拟博物馆，我们可以足不出户地就获取这些文化遗产的数据资源，并将之用于研究和学习。再如，各国保存的敦煌文献资源，以数字化的方式向用于教育和学习的机构开放，大大促进了敦煌文化的研究和普及工作。

### （三）文化遗产资源数字化的研究内容和应用范围

#### 1. 文化遗产数字化的研究内容

文化遗产数字化的研究内容主要包括文化遗产数字化的技术研究、文化遗产数字化资源的管理研究和文化遗产数字化的应用研究三个主要方面。

第一，文化遗产数字化技术研究属于科学技术应用研究，主要是针对不同类型文化遗产的数字化的采集、展示、存储的技术选择和实现方式的研究。研究涉及计算机数字扫描采集技术、成像技术、展示技术、文化遗产数据存储和分析方法研究等方面。

第二，文化遗产数字化资源的管理研究。数字化后的文化遗产内容成为数字化遗产资源，大量的数字化资源如何有效地管理关系到数字化文化遗产的应用效率。数字化内容的管理包括数字化内容的存储方式、数字化内容的分布管理、数字化内容的传输方式管理和数字化内容的版权管理等方面。这些研究包括数据如何关联、数据格式、互联网数据中心布局和分发、数字版权鉴证等问题，以及与数据安全、版权保护相关的文化与经济政策。

第三，数字化遗产的具体应用研究。这类研究着重于对数字化遗产资源的开发和利用，包括与文化遗产数字化资源相关的数字博物馆、数字化教育和学习、数字出版，以及相关纪念品、影视、动漫、游戏的衍生产品的开发。此类研究和应用将大大促进文化遗产数字化资源的产业化开发。例如，一些非物质文化遗产，我们通常只能看到最终的手工艺品和呈现形式，对其制作过程和文化知之甚少。数字博物馆可以直观和体验式地呈现出手工艺非遗制作过程、材料和历史渊源。人们可以观看到表演和传说类非遗的古代仪式、场景建构和文化内涵。这些资源同时可以用来开发出工艺纪念品、游戏中的场景和情节等。有关数字化资源的利用和开发前景十分广阔，为文化遗产的可持续利用和发展开辟了空间。

2. 文化遗产数字化的应用范围

文化遗产数字化的应用范围包括遗产数字化技术应用和数字化资源应用两个方面。它们具有非常广阔的应用前景。就目前来讲，主要的应用集中在以下几个方面。

1）数字图书馆

图书馆存放的很多与文化遗产有关的经卷、手稿、书画、图片、拓片、研究文献等原始文献资料，时间久了会被侵蚀和破损，无法向公众提供阅览服务，通过数字图书馆的方式可以在不损及文物本身的情况下，提供数字化的资源阅览服务。数字图书馆（Digital Library）是用数字技术处理和存储各种图文并茂文献的图书馆，实质上是一种多媒体制作的分布式信息系统。它把各种不同载体、不同地理位置的信息资源用数字技术存储，以便于跨越区域、面向对象的网络查询和传播。

2）数字博物馆

数字博物馆（Digital Museum）就是将整个博物馆环境制成 3D 模型，参观者能在虚拟的博物馆中随意游览，观看馆内各种藏品的三维仿真展示，查看各种藏品的相关信息资料。通过数据库检索可以查阅馆内各类藏品的统计信息。

3）非物质文化遗产的数字化保护与传承

数字化技术可以实现对非物质文化遗产数据的大规模存储和管理，实现对非物质文化遗产项目、传承人、生态保护区的监测评价，对利用数字化保护成果，开展更为广泛的宣传弘扬和传承起到不可替代的作用。数字化技术包括非物质文化遗产数字化的技术标准和管理标准制定、非遗的数据库建设、非遗的数字化展示、非遗数字资源专用软件研发等。

4）数字化的采集、探测和发掘

对文化遗产的信息采集、探测和发掘，因文化遗产的类型和存在状况不同而采用不同的技术。例如，对水下和地下文物的水下探测、遥感技术，对地表不可移动文物和可移动文物的三维扫描建模技术、纹理图案计算和压缩技术，对表演类非物质文化遗产的动作捕捉、动画建模、数字舞蹈编排软件等技术，都是根据不同文化遗产信息采集和探测需要而发展起来的技术应用手段。

5）数字修复和复原

考古发掘的文物碎片和被侵蚀损坏的历史建筑完全靠人工经验复原和修复会耗费大量时间和精力，大量非物质文化遗产因年代久远而难以识别或散失各地。数字修复利用计算机图形学、图像处理、虚拟现实等信息领域最新发展技术，结合传统的文物保护与修复工作，形成文化遗产的科学保护程序。

6）遗产数字化资源的产业应用

遗产数字化资源的产业应用，是将数字化的文化遗产内容作为生产投入，进行创意资源产品开发。文化遗产数字化资源不但可以用于建设虚拟博物馆和美术馆，还可以用于文创产品开发、文化旅游、数字出版、游戏设计、影视制作等。

7）遗产数字化资源的数据安全

对大量的数字化文化遗产资源不加以保护，很容易造成数据的盗版和侵权。数字版权和数据安全策略就是为了保护文化遗产的数字内容版权所有者的利益，以促进文化遗产数字内容的公平合理使用。

 **案例【8-1】　非物质文化遗产的数字化**[①]

文字只是记录文化的方式之一，尤其是进入 20 世纪后，随着科技的进步，保存文化的手段又多了一些，比如唱片和磁带。但唱片会磨损，磁带会串音消磁，只有进入纯数字化时代，文化的信息才不会丢失。以昆曲为例，学习艺术可不是只听录音和看录像就能将其学会和传承下去的，以今天的科技手段，唇形、声带的振动都可以建立数字化模型，包括复杂的呼吸系统的胸腹间配合，甚至是艺人在表演时的指压电和心率等生理指标都含有特定的信息价值。当然，表演的动作在数字化方面还有待全 3D 摄像机的出现，但多几个角度的平面视频也能够做到尽可能多地保留艺术的信息。

我国很多非物质文化遗产都有非常独特的性质。例如，蒙古族的呼麦、藏传佛教的诵经、密宗的咒语、昆曲唱腔的发声类型和音韵的关系等。只用语音和视频信号无法全面保护和传承这些民间文化的全部信息，用普通的信号处理方法也会有一定的困难。因此，需要采用更多能够反映这些口传文化特征的信号和处理方法。根据目前国际上语音学和语言产生的前沿研究，至少可以选用 5 种声学和生理信号，如通过数码录音机采集语音数字信号和数码摄像机采集视频信号等。根据研究，这 5 种信号基本上能够比较全面地保护和传承我国以口头相承的形式流传于民间的戏曲、原生态民歌、神话传说、故事、民歌、民谣、史诗以及民间宗教唱词等形态的文化遗产。

（资料略有改动）

## 二、文化资源数字化利用与开发的含义和研究内容

文化资源的数字化利用与开发比文化遗产数字化保护与利用的内涵要广，包括文学、音乐、影视、教育等各类数字内容资源的开发、生产和商业化利用，以及对数字版权的保护和运营。

文化遗产的数字化，是对历史传承下来的民俗的、非遗的、物质的等各类非数字化的历史遗产资源进行数字化转换，使得其精神内容、物质构造能够以数据形式形成数字化的文化遗产资源。而文化资源数字化的利用与开发，不仅包括对现有非数字化的文化资源进行数字化利用与开发，还包括运用数字化技术直接进行数字化文化资源的开发与生

---

① 佟文立. 数字化保护能否传承非物质文化遗产[N]. 中国产经新闻报，2012-04-27.

产。文化资源数字化利用与开发的领域除了对历史遗产的数字化之外，还包含以下三个方面。

### （一）影视、音乐、文学、教育等文化内容的数字化

对现有的影视、音乐、文学、教育等多种内容资源，通过数字化的方式，可以形成数字资源库，从而建立数字文化资源。这种文化资源数字化的过程，与文化遗产的数字化有类似之处。这些现当代的文化资源不受遗产的相关法律限制，在商业化开发利用方面有更大的自由度，因而比遗产开发利用有更多的市场机遇。例如，对于一些影视剧作品，过去是在电视台通过录像带播出，随着数字化技术的应用，现在可以将不同年代、不同格式的录像带记录的内容全部数字化存储到磁盘矩阵上，同时还可以将这些数字内容资源在互联网、移动终端播出，形成多种渠道收入。同样，原来线下的各种音乐资源，通过数字化手段也可以形成巨大的音乐资源库向网络和移动终端转移。

除了对现有资源直接数字化建立数字资源库外，借助数字资源库进行的新的内容生产、创作，也是非常重要的文化资源数字化和商业化路径。例如，知网、超星等数字文献、图书资源库，是学术研究的重要资源；一些设计素材库、图片库、资料库，也可以作为单独的数据库软件资源，为设计师提供丰富的设计素材。

### （二）以互联网为基础平台的数字化资源开发、生产和运营

文化资源的数字化不但包括现有资源的数字化，而且包括对现有资源进行数字化的重新整合，以创造出新的商业模式和业态，即将现有资源数字化后形成素材库、资源库等新的数字资源形态。在此基础上，把数字化资源作为文创投入，与互联网技术和市场结合，进行新业态、新商业模式的开发。

首先，互联网为平台型商业模式提供了巨大的空间，平台型商业模式主要是资源整合，数字化的文化内容资源库符合互联网发展的趋势和需求，可以在文化科技融合方面形成新的业态。例如，亚马逊、当当、爱奇艺、优酷、哔哩哔哩、喜马拉雅等平台，集聚了大量的内容资源，形成了互联网文化产业的新业态。

其次，产生了与数字化资源和新业态相适应的新的生产方式。互联网文化新业态的发展并不满足于对现有文化数字化资源的开发利用，而是深入改造和提升了文化生产方式，实现了文化生产的数字化。这种数字化趋势体现在文化生产力的三个方面：① 在生产工具方面，适应互联网内容开发的数字化工具不断出现，如各类数字设计软件、计算机作曲软件、VR 视频采集与影视拍摄设备、影视数字制作等，促进了文化的数字化生产。② 生产者产生了两个方面的深刻变化：一是文化创意工作者需要具备更多的互联网技术知识和工具软件知识；二是自媒体化和分众化，过去需要专业机构、集中化生产、资本密集型投入的生产方式，转变为个人可以依靠创意，借助数字化工具、数字化素材资源库、互联网平台完成生产、销售的全部过程，带来生产力巨大的解放。例如，个人可以借助微

信公众号、抖音、快手、小红书等平台做自媒体人，过去电视台、电台的专业领域，现在一个人就可以成为网红和流量爆款。过去专业影视拍摄机构才能做的事情，现在个人用智能手机和剪辑软件也可实现短视频的传播。③在生产材料方面，各类互联网平台提供了取之不尽的材料，文化资源的数字化生产、传播不但有效地降低了文化资源交易的成本，同时指数化地放大了资源的规模。

### （三）数字版权的经营

无论数字化内容资源，还是数字化内容开发工具，都是纯精神文化资源。这些文化资源没有特定物质载体，非常容易被复制、存储和传播，因而也带来了严重的盗版问题。对数字化文化资源的版权经营，是内容资源价值创造的基础。例如，网络文学平台阅文集团，囊括 QQ 阅读、起点中文网、新丽传媒等业界品牌，拥有 1220 万部作品储备、810 万名创作者，覆盖 200 多种内容品类，触达数亿用户，其主要核心竞争力来自对内容资源的版权经营。

## 第二节　国内外文化遗产数字化保护与利用现状

国内外对文化遗产的数字化保护与利用的研究始于 20 世纪 70 年代，早期的研究和应用范围主要集中在重大的世界文化遗产，多为不可移动的历史文物，重点在如何利用数字化技术对文化遗产进行记录，以形成世界的文化记忆。20 世纪 90 年代以后，随着技术的快速发展，以及对文化遗产认识的不断深入，相关研究逐步扩展到非物质文化遗产的数字化保护、数字图书馆、数字博物馆、数字虚拟再现和复原、数字化文化遗产资源应用等方面。

### 一、中国对文化遗产数字化保护与利用现状

早期的文化遗产数字化只停留在运用录音和录像技术对文化遗产进行资料档案式的保存。这种手段相对比较简单，只是记录了文化遗产的基本信息。20 世纪 80 年代末，敦煌研究院率先在国内提出了建设数字敦煌的构想。此后，数字故宫、数字圆明园相继建成，20 世纪 90 年代以后的各大高校和科研机构相继开展了非遗的数字化研究。浙江大学计算机辅助设计（CAD）国家重点实验室在 1997 年相继开展了敦煌艺术数字化保护、非物质文化遗产的数字化保护技术。北京大学开展了龙门石窟的数字化保护工作，运用三维扫描技术实现了对龙门石窟擂鼓台区外立面、洞窟、佛像等的三维建模；北京师范大学周明全教授采用计算机辅助修复技术对秦始皇兵马俑修复和复原工作成功地进行了实验和探索。此外，国内各个省市的博物馆和高校先后开展了数字博物馆的建设工作，其中包括南京博物院数字博物馆、山东大学考古数字博物馆、南开大学古代生活数字博物馆、西

北大学考古数字博物馆、复旦大学文化人类学数字博物馆等。

近年来，各地大力投入进行了非物质文化遗产的数字化技术研究和非物质文化遗产数字博物馆的建设，这些数字博物馆的建设运用了大量虚拟展示、数字漫游、交互设计、360°立体成像技术等文化遗产数字化技术，对手工艺类非遗和表演类非遗的数字化进行了探索性的研究，其中包括浙江大学进行的"民间表演艺术的数字化抢救保护与开发的关键技术研究""楚文化编钟乐舞数字化技术研究""云南斑铜工艺品数字化辅助设计系统""剪纸艺术数字化研究"等。哈尔滨工业大学的梁国伟教授从京剧表演中所营造的空间体验入手，结合网络体感游戏空间技术的发展状况和特点，探讨了设计以京剧为主题的网络体感游戏的可行性与方法，并试图建构出符合京剧发展规律的新型文化形态。厦门大学民间历史文献研究中心与哈佛大学费正清东亚研究中心合作，全面开展了对民间文献的数字化工作，最终建起一个开放和通用的"中国地方史与民间文献数据库"平台。中山大学中国非物质文化遗产研究中心建立了"中国非物质文化遗产保护与研究数据库"。从 2010 年起，中国艺术研究院中国非物质文化遗产数字化保护中心受文化部委托，承担"非物质文化遗产数字化保护工程"的建设任务，利用数字技术全面、真实、系统地记录非物质文化遗产代表性项目的相关情况，生成文、图、音、视、三维动画等多类型的数字资源成果，建立相关数据库，并从中归纳提炼，形成具有专业指导意义的数字资源采集标准规范，并建立了中国非物质文化遗产数字博物馆，为全国非物质文化遗产资源互通共享奠定坚实基础。2016 年国家文物局、国家发展和改革委员会等五部门联合印发了《"互联网+中华文明"三年行动计划》，公布两批示范项目，并与国际文化遗产记录科学委员会合作开展了两期文化遗产保护与数字化培训班。

 **案例【8-2】　　计算机软件辅助修复技术**[①]

很多参观者不知道，兵马俑出土时，绝大部分都已支离破碎，我们所看到的大都是文物修复师的劳动成果。30 多年来，他们已经整理修复了 1000 多尊陶俑。这个数字听起来不免让人心生担忧，因为据此推算，全部修复完兵马俑至少需要 100 年。

当然，这是在计算机辅助文物修复系统出现之前的事。借助于该系统，文物的修复效率可提高数十倍。通过三维扫描的方式，研究人员把碎片的外形曲线以及断裂面凹凸起伏的特征输入计算机；然后计算机会以一块较大的碎片为基础，对采集到的其他碎片样品逐一分析，直到找到吻合最完美的另一块碎片；这样不断比较下去，当一个陶俑各个部位的所有碎片都被找齐后，一个完整的陶俑排列图也就产生了。不止于秦俑，几片残片经过扫描，几分钟后，计算机屏幕上就会"生长"出一只青花八宝葵形碗。同样是经过扫描，一幅被油漆刷子"糟蹋"过的古代字画在计算机里重获新生。

① 滕继濮，周明全. 用虚拟修复传承文化遗产[N]. 中国文化报，2012-12-04.

中国篆刻艺术应用软件项目是以非遗保护和传承为出发点，历时 8 个多月，在非遗数字化保护中心的统筹协调下，中国艺术研究院篆刻艺术院和武汉大学分别负责内容编辑和技术研发。该软件主要由篆刻字库和创作应用两大部分构成，包含"篆刻史论""章形""刀法""印材"等 12 个操作板块，不同时代、不同形态的字例 38 184 个，相关印例 3311 个。使用者可对相应内容进行自由浏览、编辑和创作。篆刻软件的研发为非遗保护和传承开辟了新路，对非遗资源多元化应用具有重要意义。

## 二、国外文化遗产数字化保护与利用现状

国外在文化遗产数字化保护方面已经有较为成熟的理论研究和技术应用。最初开展于美国、欧盟、日本、韩国等国家和地区，并举办了一些重要的关于多媒体、虚拟技术和图形学技术应用于文化遗产保护的国际专题会议。除了政府设立的管理机构和社会非营利文化机构之外，很多高校也设立了研究机构，开展运用数字化技术和网络技术进行文化遗产保护的研究。

### （一）遗址的数字化保护

欧盟在欧洲地区资助的文化遗产保护项目方面提出了一整套古遗址保护重建的数字化方法和标准。其中比较典型的是土耳其萨迦拉索斯（Sagalassos）遗址，该方案运用多媒体技术和三维建模技术对文物进行数据采集和记录，并建立可视化的多媒体数据库。

2004 年，比利时举行了虚拟现实、考古学和智能文化遗产会议并设立虚拟人物专题，通过虚拟现实技术和动画技术，在重建的虚拟古代场景中，重构虚拟人物的社群关系和群体行为，并以可视化和体验的方式，再现历史事件的发生过程。这方面较重要的会议还有虚拟系统与多媒体国际会议、数字图像与视觉艺术国际会议。

美国大学与公司机构合作开展的文化遗址数字化项目较多，包括 1990 年开始的美国斯坦福大学、华盛顿大学与 Cyberware 公司合作的数字化米开朗琪罗项目，以及芝加哥大学、加拿大西安大略大学的木乃伊数字保护工程、罗马的角斗场港口虚拟重现与虚拟庞贝古城，美国加州大学的数字化斗兽场项目和弗吉尼亚大学的罗马城市数字化再现项目。

日本在文物数字化保护方面做了大量工作，如通过数字化技术复原京都时代的城市风貌、唐招提寺虚拟重现，以及由日本凸版印刷公司和中国故宫博物院共同建立故宫文化遗产数字化应用研究所，进行虚拟故宫项目。

希望借助虚拟现实等一些沉浸式的体验，推广历史遗迹的历史意义和价值，让公众获得更好的体验，激发他们探索、保护和传承这些历史文化遗产。在耶路撒冷圣墓教堂修复中，希腊和意大利的修复团队利用 3D 激光扫描对教堂的现存状况进行评估，之后开展相应的保护工作，并且在项目推进过程中，利用相关数字技术进行监测和监控，使得修复工作能够比较科学地开展。

### （二）数字图书馆和数字博物馆工程

欧洲和美国的主要博物馆和国家图书馆相继开展了数字图书馆和数字博物馆工程。例如，英国大英博物馆数字化战略计划，大英博物馆藏品网站 2007 年上线运行。2018 年实现了与 VR 开发商合作，推出了全新的互动展览方式。2020 年新冠疫情期间，大英博物馆开发下载 190 万张艺术图像。美国印第安纳大学筹建的传统音乐档案馆运用数字化技术收集音频资料、电影拷贝、照片、手稿、书籍和其他资料，法国美术馆联盟利用数字化技术收藏美术作品，英国国家美术馆也将馆藏作品进行数字化管理，意大利的 Alinari 博物馆完成了 25 万张图像的数字化工程。西班牙国家考古博物馆在建馆 150 周年之际，曾推出一款 VR 应用，向大众展示了不同时期的西班牙。

### （三）数字化传播和教育

这方面的研究与应用主要集中于公共文化机构和大学对文化遗产的数字化资源的传播技术、传播与教育的应用研究。随着数字图书馆和数字博物馆的建设，以及各类文化遗产数字化资源的累积，建立一个有效的数字资源的分布、传播系统，以支持远程学习和教育，实现文化遗产的资源共享和高效利用，加深全社会对文化遗产的认识，促进全社会和世界对文化遗产的保护，成为文化遗产数字化的重要议题。例如，英国国家图书馆自 2001 年推行"收藏英伦"项目，将过去 1000 年的图书馆文献通过数字化的方式建立网络的学习资源，让公众能够通过互联网进行学习。

数字学习资源的建设已经成为各国图书馆、博物馆和美术馆的重要数字资源战略。这方面的工作包括最逼真地建立专业化的数字化影像，建立与影像相关联的文献资源以辅助学习和研究，对数字影像资源进行编码，并提供检索、传输等技术服务，建立客户学习界面和培养用户习惯，等等。

### （四）数字化技术研究

这些技术主要包括与文化遗产数字化相关的建模技术、图像与声音的编码压缩技术、数据采集和动作捕捉设备、虚拟现实技术等数字化技术，以及与文化遗产数字化资源相关的数据存储技术、传输技术、数据安全技术等。

# 第三节　文化遗产数字化保护与利用的原理

文化遗产数字化保护与利用的基本目的不是简单地运用数字化手段对文化遗产进行记录。文化遗产数字化的根本目的是对文化遗产的核心内容加以原真性保护，并促进这些数字资源的利用，以达到文化遗产保护和传承的目的。技术只是手段和支持条件，文化遗产数字化根本上不是技术问题，而是深层次的历史文化记忆的保存和传承的社会学和文化学问题。

## 一、文化遗产数字化保护的对象

文化遗产作为一种历史的记忆，其中包含两方面的内容：一方面是历史特定时期文化遗产形成和存在状态中的社会关系和历史人文信息。例如，我们今天看到的古城、古镇和古街，其城、镇和街巷的结构、形态反映了当时人们的社会关系结构、居民社群关系和生活文化习俗，在这些遗留建筑物的历史信息中，保存了在其形成之初的社会关系结构和文化意识。即使是一件器物，其背后也反映了当时这一器物的生产者、使用者和社会阶层、关系构成和审美趣味。凝结在文化遗产中的特定历史阶段的社会关系和文化意义，通常称为历史的共时性。另一方面是在历史进程中，文化遗产从其原始产生到今天所经历的不同时期的文化积累。古城、古镇和古街经历数百年的时间，积累了不同年代和时期的建筑和人文元素；一件书画可以流转于不同藏家之手加以题跋而生出诸多鉴藏雅趣；一件考古出土的日常器物，其斑驳的表面纹理饱含着在漫长的历史岁月中被保存和流转的沧桑；非物质文化遗产则因在一代代传承人手中积累起个体的经验而不断更生。文化遗产在不同历史阶段所经历的形态改变和人文积累，通常称为历史的历时性。

文化遗产数字化的对象是文化遗产中所包含的一国一民族的集体记忆，这种集体记忆既是特定历史时期的共时性保存，也是不同历史时期的历时性的记录和呈现。文化遗产的保护与传承是共时性和历时性的统一。文化遗产的数字化是对文化遗产的共时性和历时性的原真性记录和呈现。

数字化不是简单地用数字技术对文化遗产的外在表现形式进行记录与存档，不是简单地用录音录像形式记录文化遗产的图片影像，而是要透过我们直观所见的文化遗产的种种表象去以数字化的方式记录和呈现文化遗产的文化内涵，既要有静态的历史特定时期的文化遗产形成的历史背景、艺术审美、社会文化关系的记录、发掘和反映，同时也要展现其动态的发展演变过程。

## 二、文化遗产数字化的基本原则和基本策略

### （一）基本原则

数字化的文化遗产并不是原有文化遗产本身，两者不是同一事物。我们在对文化遗产进行数字化时，应遵循以下原则。

#### 1. 信息的原真性

对文化遗产进行数字化是为了真实地记录和保存。原真性的含义包括两个层面：一是真实性，就是采集的信息应当是真实的、客观的，而非人为的、主观的、片面的理解；二是原本性，就是数字化要采集属于文化遗产原来的、本身的历史信息，而非掺杂的无关

信息。例如，在古镇和古街保护中，我们应当区分哪些是能够代表历史不同时期和年代特征的建筑物且应当被记录和保存的，哪些是新建而不具有文化价值的违规建筑物，这些建筑物应从数据中去除。在记录非物质文化遗产过程中，应注意哪些是原真的信息且反映了非遗的客观演变过程，哪些是人为的、主观的理解且不真实的信息。

### 2. 信息的完备性

所谓信息的完备性，是指在数字化过程中数据真实包括了历史共时性和历史历时性的统一。在文化遗产数字化过程中，既要反映文化遗产当下的真实信息的历史共时性，也要反映文化遗产原本状态以及其演变过程的历史历时性；既要反映文化遗产单体的实际情况，也要反映与之相关联的环境因素。例如，有些历史建筑与其周围的环境连成一体，形成群体关系或连带的背景环境和风景线，如果只关注单体建筑本身，就会将历史遗址割裂和隔离。再如，在对非物质文化遗产进行数字化工作中，不但要关注对传承人现在展示的工艺过程的记录，还要注意这一非遗其原始形成阶段的工艺和风格，以及在不同历史时期的演变发展过程。

### 3. 原物的无损性

无损性是指在对文化遗产进行数字化的过程中应保障文物的安全和无损坏。一些珍贵文物和已经遭受损坏的文物往往十分脆弱，在数字化过程中，应十分小心地避免对文物造成人为的、意外的损坏。这要求在对文物进行数字化时做好充分的准备工作，仔细地设计技术方案，对技术路径、时间、环境、人员、防护措施等都做好周密的安排。

### 4. 技术的适用性

技术的适用性是指应当采取适当的技术对文化遗产进行数字化，即应从文化遗产数字化的目的入手，针对文化遗产的具体类型、特点，采取适当的技术，而不是一味地强调高科技性。技术只是用来保障数据原真性和完备性的手段，而不是最终目的。应避免为了赶时髦而使用不必要的高成本技术。例如，对于字画、文献类型平面载体的文物的数字化，更着重于静态图片和摄影技术，讲求在光线、色彩等方面对二维影像的还原度，无须三维技术。对于很多文化遗产，则要关注对文献资料的数字档案进行记录和整理以揭示其历史演变过程，勾勒出不同时期的社会文化背景。

### 5. 数据的安全性

文化遗产的大量影像数据容量庞大，在数据存储、使用过程中存在安全性的问题。数据安全性包含两个方面：一是数据丢失和损害的安全性问题，需要考虑采取何种数据备份和冗余策略，来保障数据安全；二是如何在数据存储和使用中保障数据不被滥用和盗用的问题。文化遗产数字化资源是一种知识资产，虽然文化遗产数字化资源存在公共性，在推动社会了解、学习和保护文化遗产方面具有积极作用，但是对这一资产的开发同样可以产生较好的经济利益，因此应明确产权关系和防止盗版和盗用。即使是政府提供文化遗产数字化资源的公共服务时，也应明确这一资产的产权关系，以保障对文化遗产的正当使用和利益公平分配。例如，很多手工艺非物质文化遗产直接关系到传承人个体对于传统工艺和诀窍的知识产权，数字化的内容一旦公开免费使用，会侵害传承者的正当权益，政府应制定相关的保护政策。

### 6. 系统的延展性

系统的延展性要求从动态发展的角度来设计文化遗产的数字化系统。延展性包含技术和内容两个层面。一是在技术上，随着技术的不断发展，文化遗产数字化资源存储、传输、展示等方面在规模上会不断扩展，在技术条件方面存在不断升级和扩展的要求，因此在设计数字资源系统时要考虑到今后系统扩充和系统升级的灵活性；二是内容上的动态扩展，即文化遗产也会不断演变，要对新发展、新发现和新修缮等方面加以动态记录，并对之前的错误信息进行及时纠正。

### （二）基本策略

在对文化遗产进行数字化时，在不同的情况下会采取不同的技术手段，制订不同的技术方案，但是总体上应把握好以下几个方面的策略。

### 1. 数据标准化策略

文化遗产因其类型不同，内容也千差万别，数字化首先要确立对差异化的内容设立编码的标准。数据标准化是对文化遗产含义用数字化进行语义抽象表达，并制定相应的数据统一编码格式。在对文化含义的数字化语义标准方面，其目的是以数字化信息准确地传达文化遗产的内容。例如，对传统木结构工艺的数字化，首先就要对基础的卯榫构件和模块结构的木结构语义标准进行数字化建模，只有这样才能对整体的建筑进行结构解剖。这种标准化的语义建构程序和方法广泛地运用于各类文化遗产的数字化技术路径的标准化程序中。其次是数据本身格式的标准化。这是个技术问题，包括图像和声音数据的编解码格式标准，关系到数字化的效率问题。

### 2. 数据集成和分布策略

数据集成和分布策略是对数字化的文化遗产数据的整合、存储和网络分布的数据库技术策略和互联网传输布局策略。数字化以后的文化遗产内容成为规模庞大、繁杂的数据资源，必须对其在语义标准化的基础上进行分类、归档，对有相关性的数据进行关联，并制定存储、检索方式，这需要强大的数据库技术支持。此外，对海量的数据在互联网上的布点，以及对分散的数字化资源的整合，互联网数据分布策略可以实现数据传输效率最大化。

### 3. 数据转换和冗余策略

数据转换和冗余策略，是指文化遗产的数据包含影像、声音、文字等多种内容，应在数据库中建立数据之间的内在关联性，才能给使用者较全面的、系统化的信息。例如，同一个文化遗址应在其图像、声音和文字之间建立起关联性，系统还应对与这一文化遗址相关联的同类遗址和相关事件、人物等信息建立关联，以方便使用者检索。再如，为适应现代多媒体终端的需求，相关数据格式应该能够在计算机、手机、iPad 等多种设备上实现可视化格式转换。从技术层面的数据安全与系统设计的要求分析，不同类型数据之间往往存在交叉和重叠。此外，文化遗产的数据信息在存储和传输过程中为保证数据不丢失和在传输过程中纠正干扰和错误，也需要有一定的备份和信息冗余。

### 4. 数据版权保护策略

数据版权保护策略是对文化遗产数字化资源的产权的技术保护和法律保护措施。技术保护是对数据的访问权限、复制权限、修改权限加以限定，并在传输过程中加入水印、证书等信息以防止盗版现象发生；法律保护措施是按照知识产权相关的法律法规界定数字化资源的产权归属和利益分配机制。

### 5. 系统可扩展性策略

系统可扩展性策略，是指在建立文化遗产数字化的数据库和展示系统等数字资源时，应考虑系统的内容、技术层面的可扩展性，为今后的数据扩充和系统升级换代留下空间，并要考虑不同类型数据、不同软件系统之间的兼容性。

## 三、文化遗产数字化的基本程序

文化遗产的数字化的工作流程一般包括方案设计、数据采集、数字建模与绘制、数据存储和分发、数据可视化等过程。

### （一）方案设计

无论何种类型的文化遗产，在进行数字化之前，必须对文化遗产实体进行调研，充分掌握文化遗产的特征，对其文化含义、历史演变、关联事物等进行全面的梳理和分析，并在调查研究基础上，进行数字化方案的设计。

数字化方案设计中应首先从文化遗产基础结构单元的解构着手，研究其语义和内涵的标准化编码方案。数字化的语义标准化过程，是文化遗产数字化的基础，也是数字化方案设计的关键。例如，对于中国祠堂、宅院、园林等历史建筑遗址，其格局和风格样式都具有明显的中国传统礼制意义和文化内涵，数字化应厘清其建筑样式和结构，以及蕴藏于建筑结构的文化内涵和象征意义，并着手进行结构分解和意义分解，研究如何对这些标准化的构件进行数字化的解构。再如，非物质文化遗产的无形的文化要素总是会通过具体的表现形式呈现，传统手工艺有其工艺流程细节和工艺构件等基础结构要素，表演类非遗有其基础的动作构成和程式，这些都是数字化之前要进行的遗产内容的语义标准化解构工作。

在标准化基础上，应根据文化遗产具体的标准构件的特点，确定对构件进行数字化的技术路径和方案，包括采集与建模技术路径选择、数字化存储方案、可视化方案、传输方案等。在制订技术方案过程中，应比较不同的技术实现途径的优劣和成本，采取最合适的技术方案。同时，对每个可能出现的技术风险，要有相应的备案选择。

除此之外，方案设计还包括对人员组织、时间安排、经费预算等全面的考虑。完成一个数字化的文化遗产项目往往需要文物研究专家、技术专家和执行人员的通力合作。在数字化过程中，面临着分工合作和多个单元齐头并进的情况，此时就要求项目的负责人具有较强的项目管理能力，能够将文化遗产的数字化项目任务进行分解，建立相应的组织机构，每项分解的任务要落实到相应的小组和责任人，并要有明确的工作目标、时间和成本控制要求。

### （二）数据采集

数据采集工作是对所确定的文化遗产数字化对象进行内容的采集，通常包括图像采集、声音采集、文献资料收集整理，采集的方法因文化遗产的类型不同而不同。例如，对壁画主要采取拍照的图像采集；对造像和建筑遗址需要采用三维扫描技术获取全方位空间构造信息，以便于后期绘制 3D 全息图像，复杂的建筑物除了外形的扫描以及距离和尺寸测绘外，还要通过文字资料和图样进行内在结构解剖；对于动态的工艺过程和表演形式，还需要通过专业的动作捕捉设备进行动态图像和声音记录。

数据采集的工作通常需要借助专用的电子设备，并配有专业的操作人员，以保障获得第一手数据，采集必须及时和快速、全面，即尽可能全面地采集数据，从各个不同的角度和时间上对重点珍贵的文物数据进行保护。例如，图像和声音数字采集设备往往只能采集视觉和听觉方面的信息，而对于某些特殊的文化遗产，可能还存在其他方面的信息采集需要，如对气味、口感、功效、温度、颜色、色温差异、酸碱度、湿度、气压、风力、耗时长短等方面参数的描述，都是无法靠图像和声音采集完成的，必须依靠特定仪器设备实验的数据记录和文字描述，并记录为电子文档。

### （三）数字建模与绘制

数字建模与绘制是利用数字化的模型建构和数字绘制技术，将采集的数据按照特定的方式加以整合，从而将文化遗产在虚拟数字环境中复原出来。数字建模是对文化遗产的语义标准化数据在计算机中用一定的计算机算法建立二维或者三维的模型，复原出文化遗产的造型和结构。数字绘制是在建模的基础上，通过计算机软件辅助进行造型、色彩、光线、纹理、剖面、衔接方式等绘图，呈现出接近文化遗产真实面貌的数字图像效果。

对于一些动态的图像，还应当通过动态模型的设计和绘制方法完成。例如，在动作捕捉的基础上建立民间舞蹈的动态数据，就需要在基本动作点捕捉的基础上，运用动画绘制技术和三维建模技术，实现动态数据库。

在进行数字化绘制时，还应根据文化遗产的特点加上图像和声音无法表达的内容，这些可以用关联的文字在适当的地方以适当的方式呈现，也可以在图像中以图表的形式绘制。

### （四）数字存储和分发

数字化的影像、声音和文字容量非常大，需要采取计算机存储阵列技术来存储。由服务器、工作站和存储阵列等设备组成数据存储系统。存储系统通常要考虑容量、成本、存取速度、数据分布和管理等方面的技术要求。

为了使文化遗产的数据能够面向用户的应用，网络存储技术必不可少。网络存储技术需要将分布、独立的数据整合为大型、集中化管理的数据中心，以便于对不同主机和应用服务器进行访问。传统的网络存储系统采用集中的存储服务器存放所有数据，存储服务器成为系统性能的瓶颈，也是可靠性和安全性的焦点，不能满足大规模存储应用的需要。分布式网络存储系统采用可扩展的系统结构，利用多台存储服务器分担存储负荷，利用位置服务器定位存储信息，不但提高了系统的可靠性、可用性和存取效率，还易于扩展。

文化遗产的数据资源面向用户的应用而发生的数据读取和传输，需要根据网络用户、移动用户、固定终端用户的不同需求，建立相应的数据读取、分发格式和协议。目前，广泛应用的是数据读取的图像和声音文件格式，以及在网络传输中应用的网络数据传输协议，这些功能都可以由专门的计算机和互联网技术来实现。

### （五）数据可视化

数据可视化，是指文化遗产的数字化资源在使用过程中与用户之间的界面关系。界面就是指使用者在感知、操作数据时与计算机数据库系统的人机交互方式，即人与机器（计算机）之间传递和交换信息的媒介，是用户和系统进行双向信息交互的支持软件、硬件以及方法的集合。

文化遗产数字化资源的可视化界面是非常多元的。在媒介进入方式上，可以通过移动终端、固定计算机终端、电视媒介等多种媒介进入。在形式上，可以是网站页面架构，也可以是 App 应用软件，还可以是专业的数据库软件系统。在呈现方式上，可以采取动画漫游、人机交互的虚拟现实方式，也可以采取静态图像或声音的播放方式。例如，在数字博物馆和大遗址数字化资源应用中，可以采取带有虚拟导游的漫游形式，设计交互体验式的界面；在数字图书馆中，主要是增强数据检索界面和读取浏览的功能，静态的图文界面应更多地考虑读者的阅读习惯。

数据的可视化还应考虑面向不同应用者的需求，能够让专业的使用者了解到局部和细节的构造与纹理，也能让普通使用者进行知识性的了解。因此，在可视化的基础上，应辅助更多应用功能。例如，对于字画，一些专业鉴赏者需要远程放大看到局部细节，并对字画的题跋和印章进行研究对比，这就需要较好的图像质量和动态的数据编码和传输方式。

## 四、文化遗产数字资源管理

第一，文化遗产数字化是希望通过建立起文化遗产数字化资源，充分利用数字技术和数字资源的可复制性强、传播速度快、传播范围广、交互性强的特点，以数字化方式促进社会公众更好地认识和了解文化遗产的重要性，并为文化遗产的学习、教育和研究提供强大的资源和技术支持。

第二，文化遗产数字资源是一种独立于文化遗产实体的数字遗产或者虚拟资产，它可以作为一种创意资源或者内容资源，成为经济生产投入和加工的要素，生产出文化遗产相关的产品和服务。对资源的经济用途的使用权（版权）授权管理成为资源分配和获得经济利益的重要途径，对于文化遗产数字化之后形成的数字资源或者数字财产的管理是文化遗产数字化的重要内容。

### （一）文化遗产数字资源的版权管理

数字资源是以数字化的文化内容为基础的虚拟资产。与这一资产相关联的是由对这一资产的占有权、使用权和收益权组成的知识产权，也称为版权。这一版权的归属和文化遗产实体的资产所有权具有关联性。某一项文化遗产的所有者通常对该遗产是否进行数字化具有决定权，也决定了这项资产数字化之后的数字版权归属，除非他将这一权利出让给别人。因此，数字遗产资源版权管理拥有者具有管理版权的责任或者权利。通常，数字资源受到知识产权法的保护，文化遗产的数字化资源所有者应重视版权的注册工作，并有意识地运用技术和法律手段对数字资源进行版权保护。

版权管理包括是否允许使用者获得数字内容的访问权、使用权、复制权、传播权、获益权。访问权是允许他人访问数字资源的权限，这一权限可以通过注册、认证等电子方式实现。复制权是将数字内容进行复制的权利，也可以通过技术手段对内容设定是否允许复制和下载。使用权是指内容被授权或者复制后所能使用的场合，这比较难以通过技术手段控制，通常是以协议方式授权数字资源使用的场合。例如，一些数字资源通常允许教育等公益机构进行非营利性使用。传播权的限制通常是限定使用者不得授让和复制给其他人使用，或者限定其一定的使用次数和人数。例如，对一些软件通常都限定购买者或者被授权者本人使用，或者限定一定的用户数。获益权是指使用文化遗产数字资源进行营利性活动并获取收益的权益。

### （二）文化遗产数字资源的公共服务管理

文化遗产具有公共属性，大部分文物资源属于公共资源，隶属于国家有关的文化机构管理，其数字化形成的数字遗产也相应地归属这些部门管理。因此，这些文化机构应当将文化遗产数字资源作为文化遗产公共服务的重要手段，围绕数字资源的最大化利用向社会公众提供数字化的公共服务。例如，博物馆在对其馆藏文物进行数字化后建立数字化博物馆资源，应围绕数字博物馆的经营，向公众提供更加多元和丰富的数字化服务。数字化资源的公共服务管理的目标是以数字化方式向社会公众提供更为便捷的文化遗产的知识学习、科学研究和信息服务资源。

第一，文化遗产数字资源的公共服务不是简单地将数字资源存放到网络上，而是应适应广大社会公众的实际需求，对数字资源进行分类和开发，推出适合不同群体需要的数字信息产品，包括在线学习、虚拟展览、科研活动、信息查询与提供、专业咨询、数字出版等多种服务。例如，围绕数字博物馆和数字图书馆的建设，可以向社会公众提供大众化的珍宝文物虚拟展和专题展览，提供文物鉴赏的在线教育和学习交流平台，开设名师讲堂和出版文化遗产的专题电子刊物，提供自助式的网络信息和文献传递服务。通过这些数字资源的公共服务产品，可以充分地使非本地用户和边远农村地区的普通民众也能方便地获取知识信息。

第二，建立有效的用户服务系统和反馈机制，不断提高服务质量。数字化和网络化的最大优势在于能够跨越地区提供服务，以及在线服务的及时性和互动性。因此，应建立有效的网络沟通、交流和反馈机制，以提高服务质量。例如，以文化遗产的数字资源服务为基础，通过针对不同消费群体，建立起QQ、微博、公共微信社交群和兴趣组，不但能够建立有效的反馈沟通机制，而且可以促进群体内的相互交流和资源共享，既提高了服务质量，又推动了公众对文化遗产的知识学习、为保护传承所进行的主动参与和互动交流。

第三，文化遗产数字资源可以不借助文化遗产实体而实现资源共享，文化遗产的公共服务管理机构可借助这一特点实现不同文化遗产数字资源之间的资源共享，以扩大服务规模，提升服务能力。例如，可以通过网络镜像的链接，或者不同文化遗产数字资源的镜像关联，让消费者快速地获取信息，还可以通过不同数字资源的数据相互传输实现资源共享，对消费者建立统一的界面，从而有效地扩大资源容量，提高服务能力。

### （三）文化遗产数字资源的维护和管理系统

文化遗产数字资源系统的版权产业化经营管理和公共服务管理，需要建立起数字资源高效率的维护管理系统。维护与管理系统是支撑经营管理和公共服务，实现经营管理和公共服务功能的有效技术手段。维护和管理系统包括数据检索管理、远程访问管理、信息传输管理、数据与软件更新、数据恢复、网络交流平台管理、客户账户管理、硬件扩展和维护等内容。数字化内容的维护可以通过网络远程进行管理，为管理者远程在线随时随地进行数据维护提供了较大的便利。

# 第四节　文化资源数字化开发与利用的基本原理

　　文化资源数字化利用与开发，不局限于文化遗产资源，而是囊括了所有类型的文化资源。它是文化资源学领域一个前沿的、全新的领域，也是最为活跃、发展最快的领域。文化、科技、资本的融合，为文化内容生产和文化业态发展注入了巨大活力。本节试图从互联网内容运营的角度，从模式、基础、产品、营销、动力等方面，探讨文化资源数字化开发与利用的五个关键问题。

## 一、模式：平台思维

　　文化资源数字化以后，其精神内容可以借助互联网快速传播。但是，随着互联网的发展同样出现了信息、知识爆炸。海量的内容在争相上线，而用户的时间、精力是有限的，因而对用户造成选择困难。在互联网世界中，文化资源数字化开发和利用的关键是要建立能够有效整合各方资源、汇聚网络流量和注意力的平台。平台思维的本质是互联网思维，就是通过建立平台达到以下目标的。

　　第一，通过平台实现价值联结。平台的功能是实现数字化资源的价值发现、价值链接功能，即对接数字资源的供需双方。在海量内容和信息爆炸的互联网世界中，数字化资源必须与用户链接，才能实现价值。无论是文化数字遗产内容，还是文学、音乐、视频、图片等数字化资源，必须通过互联网平台与用户的需求联结，其价值才能被发现。例如，阅文集团通过网络文学平台汇聚了大量的网络写作者，平台针对写作者建立了一套写作激励、读者打分评价等机制，增强对写作者的孵化和读者的交流，同时建立针对读者的推荐、多层次多渠道的分发网络加强读者黏性和活跃度；再如今日头条、快手、抖音等采取算法推荐和大数据技术，实现内容资源与读者的有效匹配。

　　第二，通过平台实现价值传播。平台通过有效链接和匹配机制，促进内容供需双方的对接，进而可以促进数字化文化资源的价值传播。数字化的文化资源是纯粹的精神内容，可以快速地加以转发、剪辑、复制，借助互联网平台的价值链接机制，读者评价、转发会有效地促进精神内容的传播和注意力的集聚。例如，微信公众号和抖音的优秀创意内容可以快速地形成大量转发并吸引大量粉丝，故宫博物院的文创可以借助互联网平台的快速传播制造新闻话题并形成品牌效应。

　　第三，通过平台实现价值发掘。文化资源所包含的精神内容只有得到广泛的传播和认同，才能转化为集体观念，达成文化认同。通过平台的价值链接、价值传播，从而让网络、社会受众能够充分地、深入地、全面地认识、理解文化资源的精神内容，最终实现数字化文化资源精神内涵的价值认同。通过平台的价值链接、价值传播和价值发现机制，可以有效地发掘文化资源的内容 IP 价值。例如，抖音和快手的很多内容平台通过算法、内容的匹配机制和机器学习机制，实现内容的精准推送。很多个人才艺、自制短视频等通过网络平台，能够快速被大众所认识，形成个人的粉丝流量，形成自媒体内容 IP。近年来，阅文集团旗下各类型风格的文学平台也孵化出了《鬼吹灯》《盗墓笔记》《琅琊榜》《庆余年》等网络文学 IP。

第四，通过平台实现价值实现。平台一旦将文化资源数字化并且打造为 IP 资源，就可以进一步借助平台的链接机制，跨界向其他产业衍生，将 IP 资源转化为各类文化创意产品，实现数字文化资源的价值创造和衍生。例如，网络文学 IP 不但可以转化为线下的图书出版成为畅销书，而且可以被改编成影视剧，形成系列文化产品。

平台就是互联网思维的商业实践模式，其核心目标是要构建平台的价值链接、价值传播、价值发掘和价值实现四个系统功能。每个功能都要针对文化资源的数字化特征设计相应的技术支持、内容发掘、营销传播、IP 价值转化等系统模块。

总体来说，平台要实现这些功能，应当以互联网思维为先导，遵从以下基本原则。

一是平台的开放性。互联网平台是开放的、共享的，才能够吸引供需双方自由链接。平台的开放性，就是资源平台应当对内容提供者和目标用户不设门槛地开放，并且通过一定的技术手段支持内容提供者和用户进行链接与交流，这是平台最主要的基础功能。

二是平台的参与性。平台应当广泛吸纳内容资源提供者、用户以及相关合作方参与互动，也就是吸引与平台内容提供和开发有关的各方，共同参与到内容的生产与开发中。例如，在网络文学平台中，通常会设立读者打分、留言和评价，对于签约作家，平台也会有专门编辑跟踪，提供写作建议，对 IP 的孵化也设有专门的人员进行版权服务，协商改编方面的事务。更为重要的是，在互联网平台上，每个参与者都可能成为内容生产者，互联网内容平台很大一部分是用户生成内容（User-generated content）①，此时如何提供有效的技术支持用户参与内容生产、评价、分发等就成为非常重要的平台功能。

三是平台的共生性。平台的共生性是指平台的内容共生、利益共享、各方参与者相互协同，构成一个健康的、持续的网络社区。平台共生的基础是利益的共享和公平分配，即平台对文化资源数字化的开发和运营中产生的利益应当遵照有关法律，在参与者之间合理、公平地分配。平台只有建立公平、合理的利益共享机制，才能建立起多方参与、合作共生的资源生态环境，从而维护好与平台各方的合作关系，保障文化资源的可持续性开发。

在建立公平合理的利益分配机制基础上，平台从网络社区运营与管理的角度，还需要建立一系列的管理制度和服务体系，如读者评论区、奖励机制、推荐系统、评估系统、版权代理服务、线下见面会、技术培训讲座等，以促使平台参与各方交流互动，提高用户的品牌忠诚度，通过营造良好的网络社区生态，共同维护平台内容资源的生成和价值转化。

---

① 用户生成内容（User-generated content，UGC），通常指用户将自己原创的内容通过互联网平台进行展示或者提供给其他用户。

## 二、基础：数字版权是核心

文化资源数字化之后，版权成为内容资源的最关键要素。作为生产方和经营方，平台应当重视对知识产权的保护，以数字文化资源的版权经营为中心，建立 IP 孵化、授权、交易、衍生价值开发的产业价值链条。

在网络数字化的文化资源孵化中，最重要的是内容生产提供者与平台运营方之间的关系。平台在遵循开放性原则的同时，也要和进入平台的内容提供者、生产者签订知识产权方面的协议，包括：对内容原创性条款、知识产权纠纷免责条款、遵守国家意识形态管理规定等基本要求。对于在文化资源孵化不同阶段的内容提供者和用户，还应当根据其特征和需求，订立不同的知识产权保护和利益分配的内容。对初始进入平台的参与者设置简单的、标准格式的范本内容，以便于降低进入门槛和吸引新手快速进入；对于逐步成熟的作者，平台需要进行评估，将其转化为签约作者，要综合考虑平台与作者的投入在分配中占比的关系，以及双方共享知识产权的问题。

在文化资源形成数字 IP 资源时，这些 IP 资源就成为具有高价值的重要文化资产。在孵化期签约的基础上，应当进一步跟进，与内容生产者签订更为细致的知识产权合作协议，比较简单的是针对某项具体 IP 资源签订版权授权及其后期衍生开发的事项，较为复杂和普遍的方式是平台将内容生产者个人作为重要的创意来源，以经纪人角色与内容生产者签订经纪协议，其实也就是对某一内容生产者的未来所有文化内容版权经营达成合作协议。

在数字资源的授权转让、衍生开发中，平台将与作者作为利益共同体与衍生开发的第三方开展合作，也即将数字内容资源作为生产要素，通过授权经营开发系列文化产品。在这一过程中，平台还需要打理投入做好内容生产者的品牌包装、内容营销、知识产权法务等各项工作。

无论是对某项文化资源数字化的开发，还是对数字内容生产者个人品牌的经纪和运营，都是以知识产权为核心的。平台投资运营者更多的是通过对知识产权的投资和运营，整合平台参与各方的力量，实现文化资源的价值创造和转化。

## 三、产品：结构、创意和价值

文化资源数字化的开发利用，不是简单地将文化资源内容提取出来数字化，或者用一定技术方式生产出数字化的内容，而是必须将这一精神内容转化为某种特定的文化产品形态。例如，我们将文化遗产资源进行数字化后，可以形成视频、图像、文字、声音等多种内容格式，这些数字内容不能简单地堆放在网络上，而是要有一定的产品形态。这个产品形态可以是以文物修复为主题的交互式的软件系统，让参与者通过软件提供的结构化内容，完成对文物修复的线上学习和模拟操作，这样的产品既是趣味的游戏产品，也是文物知识普及的教育平台，还可以通过虚拟博物馆的方式，组织虚拟文博展览。这些不同的产品形态，是文化资源数字化开发与利用的核心问题之一。产品的创新是文化资源价值转化的重要驱动力。对于数字文化资源来说，这一文化产品形态包含以下几方面含义。

第一，基于数字文化资源的产品创新必须具备一定的文本结构。数字内容产品是对文化资源数字化的内容进行结构设计，以一定的数字文本结构形式，形成具有一定结构的内容体系。例如，对文化遗产资源数字化内容重新设计，按照文物修复的理论和技术框架设计出的文物修复模拟软件，它把不同类型的文物的数字化内容重新组合起来，按照一定的修复规程组织起来，以虚拟修复方式构成一个具有一定知识结构的系统。而虚拟博物馆，则是将内容按照博物馆展陈的理论框架的另一种文本结构加以组织和设计，让观众通过虚拟导游的方式进行参观游览。再如，文学网站平台主要是小说文本结构，而抖音、快手、优酷等主要是短视频格式的文本。不同的数字文本格式和结构，会有不同的产品形态，其所在的平台运营方式和目标用户特征也会差别很大。对文化资源数字化的开发需要从目标用户的需求特征、平台的核心技术手段方面考虑提供什么样的内容产品。

第二，基于数字文化资源的产品创新必须具备独特的创意要素。产品研发与设计是一个创意过程，是在一定的技术平台上，将不同的内容要素创造性地整合成为具有一定结构、形式的内容产品或者内容框架。无论是短视频、网络文学，还是知识付费、网络音乐等，这些数字内容不但是基于不同技术平台的文化创意产品形态，而且也是按照一定的类型框架、界面风格和浏览格式整合起来的整体，从而构成了一个虚拟的网络内容体验空间，用户和内容生产者通过各类终端能够非常方便地进入这个内容空间。成功的数字产品至少包含数字内容创作方面的文化创意、技术整合平台的技术创意和创新，以及数字营销与内容运营方面的商业创意三个方面创意要素的有机结合。

第三，基于数字文化资源的产品创新必须具备正确的文化价值取向。在海量内容的互联网世界中，数字内容产品要脱颖而出赢得用户的持久青睐和流量，必须得到价值认同。基于文化资源而进行的数字化内容开发，以内容产品的形式呈现，也总是符合了一定目标用户的文化审美和价值观。文化资源的数字化开发要么是基于文化资源数字化内容开发新的内容产品，要么是对通过数字内容生产和营销孵化出 IP 价值，进而实现 IP 价值转化，两者都必须以一定的文化价值创造为基础。当然，在网络社会中，不乏一些为了博取眼球而破格出位的事情，自然迎合了一些恶俗审美，或许可以一时博取高关注度，但是终究会而不入主流，而且会对文化资源造成巨大价值侵害，还会因触犯伦理底线或者国家法规而得不偿失。

## 四、营销：IP 和流量经济

基于数字文化资源的价值开发和产品创新需要通过有效的数字营销才能形成文化内容的广泛传播和价值认同，从而持久地吸引流量和积聚注意力，将文化内容产品转化为数字内容 IP 资源。对文化资源进行数字化营销，就是对基于数字内容资源开发的文化产品或者所生产的数字内容进行扩散和传播，使之被接受、认同。因此，数字内容传播手段丰富多样，其最终的目的是制造流量，形成 IP 价值，创造流量经济。文化资源数字营销包含两个方面的内容。

一是以文化资源的推广宣传为目的，以文化资源数字化内容为素材，运用数字化手段、网络平台和渠道开展网络营销，提升文化资源的品牌知名度和识别度，增强社会大众对文化资源核心文化价值的认同，为文化资源的保护和利用提供支持，为文化资源转化为文化产品实现经济效益创造条件。例如，故宫博物院拥有巨大的文博资源，其线上平台除了实现数字博物馆的功能外，还与线下同步开展博物馆的数字化营销和博物馆文创的网络营销，通过线上的事件营销制造了"我在故宫修文物""故宫文创"等一系列故宫博物院的网红现象，进而推动了大众对故宫博物院的价值认同，增强了大众对文博的认识和兴趣。

二是在数字化平台上整合文化内容资源，直接在平台上进行开放式、参与式的文化内容的生产、交换和数字化营销。这种数字营销不同于第一类围绕某一线下的文化资源开展网络营销，而是围绕平台的价值联结、价值传播、价值发掘和价值实现的功能，以平台品牌建设、用户服务、产品销售为目标的网络营销。例如，网飞公司（Netflix）运用数据爬虫技术在用户行为分析基础上，同步进行网络剧《纸牌屋》的制作，借助网络用户数据分析与网剧观众建立强联系，指导《纸牌屋》电视剧的导演、演员选择和剧情发展线路，取得了巨大的成功。目前，爬虫技术的行为分析结合算法模型的内容营销，已经被今日头条、抖音、快手、亚马逊、脸书等大部分网络内容平台所采用。

## 五、动力：人才、技术和资本

我们应该清晰地认识到，文化资源的数字化开发与利用不是简单地将文化资源的内容加以数字化，而是要建立一个文化数字化生产、交换和营销的整体系统。这样一个系统除了文化内容资源的整合外，其关键动力因素在于平台对人才、技术和资本三大生产要素进行整合。表面上看，平台最重要的活动是围绕文化内容资源的数字化生产、营销开展工作，实际上其背后是对人才、技术、资本三大生产要素的调动和配置。虽然，人才、技术和资本对于任何一个企业都是必不可少的关键生产要素，但是对于文化资源的数字化运营平台来说，其特点又有所不同。

首先，对于文化资源数字化运营平台，人才作为第一要素，其内涵、范围、管理方式都不一样。平台具有开放、参与、共生的特点，它决定了文化资源数字化平台存在内外两个大的人才系统。作为内部的人才系统，是与平台建立正式雇佣关系，这些人才包括创意、技术和商业管理的专业员工，这些员工是平台的核心人才团队。对于互联网平台而言，依靠企业核心人才团队，服务于聚集在平台上的内容生产者、传播者，这些用户中不乏专业创意人才、意见领袖、行业投资人等，这些过去被称为客户的群体，现在是企业的用户，一字之差，意义完全不同。他们既是用户，也是内容生产者、传播者。对于数字资源的开发利用平台来说，内容价值的创造来自个体的智力资源和精神劳动，这些企业外部的创造者，同样也是文化资源数字化平台的重要人力资源。

其次，技术是文化资源数字化平台的制胜之术。数字化平台的技术框架、技术工具和技术支持都是必不可少的构成要素，也是平台得以运行的基础。平台应该根据自身的内容定位、产品形态、用户偏好、营销模式等，构建自己的核心技术优势，利用自己的核心人才团队，通过技术杠杆撬动聚集在平台的外部人才和创意资源。例如，字节跳动通过数据存储技术、算法技术、人工智能技术等构建企业技术系统和产品系列，建设全球创作与交流平台；脸书使用机器学习、人工智能、数据发掘技术建立媒体分发系统、检测系统；谷歌专注于搜索引擎技术形成网络内容资源的深度发掘和搜索服务优势。因此，技术赋能对平台建立独特的竞争力尤其重要。企业依靠核心的人才团队加上技术上的独特优势，是文化资源数字化平台的制胜之道。

最后，资本是文化资源数字化平台持续发展的保障。文化资源数字化开发与利用是一项高投入、高风险、高回报的领域，往往投资周期比较长。无论是吸引和留住拔尖的技术、创意和商业人才，还是平台技术研发，都需要持续投入大量资金。因此，稳定的、长期的、充足的资金来源，是平台发展的基本保障。在现代市场体系中，只有通过完善的资本市场，企业才能完成平台巨额融资。资本的介入代表投资方利益，必然对董事会决策机制、监督机制、经营管理层、财务报告机制等平台的管理体制和机制产生影响。这些管理体制和机制的变化，促进了资本与技术、人才三个要素的进一步深度融合。

## 第五节　文化资源数字化保护与利用的基本技术

本节重点介绍文化遗产在数字化时所采用的相关技术，以及这些技术在文化遗产数字化流程中的应用。

### 一、数字采集技术

#### （一）拍摄和录音

拍摄和录音是最为常用的记录手段。在文献的数字化、壁画的数字化、原始声音的记录和实地访谈的对话记录等方面，拍摄和录音技术是十分重要的记录手段。在文化遗产的拍摄和录音中，往往要求清晰度、保真度更高。数字拍摄和数字录音技术的发展已经突破了原有的记录媒介，使得图像和声音可以被更加原真地无损化、长久地保存，可以被十分方便地复制和携带。因此，拍摄设备和记录介质已经不是技术问题，拍摄录制人员的专业性则成为关键。

## （二）全站仪和全球定位系统

全站仪又称全站型电子速测仪，是由电子测角、电子测距、电子计算和数据存储单元等组成的一种集光、机、电为一体的三维坐标测量系统。它将人工光学测微读数代之以电子经纬仪的自动记录、存储、计算功能，以及数据通信功能，实现了测量和处理过程的电子化和一体化，提高了测量作业的自动化程度。

在古建筑测绘中，全站仪主要用于进行外观和轮廓测量。全站仪通常和全球定位系统（Global Positioning System，GPS）结合使用。全球定位系统又称全球卫星定位系统，是一个中距离圆形轨道卫星导航系统。它可以为地球表面绝大部分地区（98%）提供准确的定位、测速和高精度的时间标准。文化遗址的考古和实地测定调查中，必须有一份调查区域的定位地形图来对遗迹遗物进行定位，记录其坐标并标注在地图上，成为一张遗址空间地理分布图。全站仪配合 GPS 可以进行坐标测定和位置记录，最后统一到发掘区域图中，这样就可以很清楚地了解到发掘区域的遗物分布。

## （三）三维激光扫描

传统的测量手段如全站仪、GPS 都是单点测量，通过测量物体的特征点，以特征点连线的方式反映所测物体的信息。当所测物体是规则结构时，这种测量方法是适合的，但是如果所测物体是复杂曲面结构体，那么传统测量手段就无法准确地表达物体的结构信息，这时可采用三维激光扫描技术。

三维激光扫描技术是 20 世纪 90 年代中期开始出现的一项高新技术，它利用激光测距的原理，密集地记录目标物体的表面三维坐标、反射率和纹理信息，对整个空间进行三维测量，从而大面积、高分辨率地快速获取被测对象表面的三维坐标数据。三维扫描仪（3D Scanner）是以三维激光扫描技术为原理的一种科学仪器，用来侦测并分析现实世界中物体或环境的几何构造与外观数据（如颜色、表面反照率等性质），采集的三维点云数据及三维建模数据都可以通过标准接口格式转换给各种工程软件直接进行三维重建计算，在虚拟世界中创建实际物体的数字模型。

三维激光扫描系统可分为机载、车载、地面和手持型几类。作为新的高科技产品，三维激光扫描仪已经成功地在文物保护、城市建筑测量、地形测绘、采矿业、变形监测、工厂建设、大型结构、管道设计、飞机船舶制造、公路铁路建设、隧道工程、桥梁改建等领域中得到应用。利用三维地面激光扫描仪可以深入任何复杂的古建筑环境中进行扫描操作，并直接将各种实体的三维数据完整地采集到计算机中，进而快速重构出目标的三维模型及线、面、体、空间等各种制图数据。同时，它所采集的三维激光点云数据还可进行各种后处理工作（如测绘、计量、分析、仿真、模拟、展示、监测、虚拟现实等）。

## （四）地理信息系统空间分析

地理信息系统（Geographic Information System，GIS）是在计算机硬件、软件系统支持下，对整个或部分地球表层（包括大气层）空间有关地理分布数据进行采集、存储、管理、运算、分析、显示和描述的空间信息技术系统。

文化遗址的位置和范围可以使用空间数据来表示，除了使用 GPS、全站仪、三维扫描技术外，在实际工作中，可以运用 GIS 对长期的、分散的、多次的考察信息进行综合，以建立数据库信息系统。考古工作中各种遗迹或遗物的时空分布情况都会记录在遗迹分布图上，文化遗址的发掘和研究就是通过各种遗迹和器物的空间分布状况，来重建当时的历史及其演变过程。GIS 技术将空间数据加以整合，建立一个具有地理信息和空间位置关系，并带有遗址和文物属性信息的数据库和图形图像库，并支持文化遗产研究者方便地进行分层或综合显示、数据实时监测、数据查询和修正，以通过数据模拟，直观、简捷地复原当时的社会状况。

### （五）动态捕捉技术

动态捕捉技术主要用于对动态的动作和行为的捕捉，最常用在动画和游戏的角色绘制模拟方面。在表演类非物质文化遗产数字化，以及一些古代仪式的数字再现模拟中，通常需要应用该技术对表演者进行动态捕捉，并在计算机系统中重建数字表演和仪式内容。

动态捕捉系统通常包含捕捉摄像机、连接缆线、供电及数据交流用的集线器硬件、系统校准套件、专用捕捉衣服和捕捉反光球。在演员的头、膝盖和其他关节处贴好反光球捕捉点，即可进行捕捉。演员按照导演指定的要求进行表演，反光球的数据被摄像机捕捉后实时存储到控制计算机里。通常演员表演多组动作，系统操作人员对原始数据进行编辑、修补等处理之后，再输出到三维建模和绘制软件，使用运动数据驱动后继软件中的三维模型的相对应骨骼节点。最新推出的捕捉系统模特不必穿上弹性紧身衣和装感应器，系统即可自动追踪其身体所有细微的活动，透过 3D 扫描捕捉运动轨迹。

## 二、数字建模与绘制技术

### （一）文化遗址和文物的数学模型表达

建模技术运用计算机算法进行几何模型表达，以采集的数据点信息为依据，模拟绘制出文物和遗址的几何造型。在文化遗产数字化保护中，遗址和文物的曲面通过特定的数学函数和方程式进行表达，在计算机软件中输入数学方程式和函数数据后，计算生成三维物体的曲面，构造出对象的外形轮廓。

### （二）几何处理

如同绘画一样，建模是绘制出物体的几何形状，几何处理的功能是对物体进行几何表面处理。几何处理模型的第一步是在计算机生成的文化遗产的表面模型上去除噪声，使得表面光洁和平滑。

第二步是将不同视角的三维扫描数据在计算机中转换成统一坐标系数据。由于三维扫描不同视角采集的数据参照点不一样，坐标系也不一致，因此数据合成是通过一定的数学转换和运算法则，将不同视角的坐标系统移到同一个坐标系中，形成完整的数据。

第三步是通过参数化、编辑、网格化等字技术处理方法，对采集的数据点进行归类、编辑。这一步骤的原理主要是将实地采集的海量大数据划分为局部可计算数据块以做简化处理，然后再将每个局部合成为总体。通常就是对复杂几何形状进行网格化后形成局部（网格）的简单形状，对局部的网格形状数据做几何形状编辑和变形处理，使得局部数据合成后生成的几何形状与真实的文化遗产局部形状最大限度地拟合，最终使得局部合成为整体形状。

### （三）绘制

将三维模型真实地显示在电子屏幕上时，要反映出颜色和光照效果，绘制就是对完成拟合的文化遗产几何形态增加光照效果，并着色，使得几何形状呈现出与文化遗产实物相同的视觉效果。光照效果处理是依据一定的数学模型和参数来模拟环境光照度和反射效果，来反映物体的明暗度和光洁度；着色处理是对几何形状中的像素定义颜色，与光照效果产生关联，通常运用专业的计算机着色处理算法。

## 三、虚拟现实技术

虚拟现实是人们通过计算机对复杂数据进行可视化、操作以及实时交互的环境。虚拟现实技术是应用计算机的几何计算模型、图形技术和动画技术，模拟逼真的三维环境，甚至可以通过人机互动生成包括视觉、听觉、嗅觉、触觉的交互体验效果。虚拟现实还可以通过动画技术生成角色动画，并实现动画漫游的体验效果，从而将已经消失的文化遗址、传说、仪式和表演类非物质文化遗产以及手工艺的工艺过程，用三维动画和动画漫游的形式逼真地在数字环境中虚拟重建，并进行交互式的体验。虚拟现实技术不但应用于文化遗产的数字复原和重建，而且还可以应用于与文化遗产相关的动画、游戏、影像、主题公园、数字体验博物馆等多种文化产品的开发。

## 四、内容检索技术

常规的信息检索（IR）研究主要基于文本、传统的图像和声音检索过程，先通过人工对图像和声音文件进行文字标注，再利用关键字来检索图像，这种检索方式十分不便。基于内容的检索技术是根据图像和声音的特征进行检索的数字技术，具体可分为基于内容的图像检索技术和基于内容的声音检索技术。

基于内容的图像检索技术直接从待查找的图像视觉特征出发，在图像库中找出与之相似的图像，利用色彩、纹理、形状、空间分布等图像特征来实现图像检索。这种依据视觉相似程度给出图像检索结果的方式，简称为"以图找图"。基于内容的图像检索分为三个层次：一是依据提取图像本身的颜色、形状、纹理等低层特征进行检索，二是通过识别图像中的对象类别以及对象之间的空间拓扑关系进行检索，三是基于图像抽象属性（场景语义、行为语义、情感语义等）的推理学习进行检索。

基于内容的声音检索技术根据声音的不同特质进行检索。音频是声音信号的形式。音频记录可以分为三种类型：语音检索、音乐检索、自然界和合成的声响检索。语音检索是利用字词发音和关键词发音的语音识别技术进行识别和检索；音乐检索利用的是诸如节奏、音符、乐器的频谱和时域特征进行检索；自然界和合成的声响检索是对以波形声音为对象的声波特征进行检索。

## 五、数字资源的版权保护技术

版权保护的技术是对文化遗产数字资源进行版权保护的重要手段。目前，常用的技术是数字加密、数字证书和数字水印技术。数字证书早就在软件授权认证中使用。

数字加密定义了数据的一段转换过程，称为加密或解密。加密就是用基于数学算法的程序和保密的密钥对信息进行编码，生成密文。解密就是将密文再恢复成原来的文字和内容。数字证书是一个经证书授权中心数字签名的包含公开密钥拥有者信息以及公开密钥的文件。最简单的证书包含一个公开密钥、名称以及证书授权中心的数字签名。数字证书还有一个重要的特征就是只在特定的时间段内有效。以数字证书为核心的加密技术（加密传输、数字签名、数字信封等安全技术）可以对网络上传输的信息进行加密和解密、数字签名和签名验证，确保网上传递信息的机密性、完整性及交易的不可抵赖性。

数字水印是保护信息安全、实现防伪溯源、版权保护的有效办法。由于文化遗产的公共性，且主要是以图像和声音内容为主，因此常用的版权保护技术是数字水印技术。数字水印技术是将一些标识信息直接嵌入多媒体内容的数据的特定区域，并且不影响多媒体内容的视觉和听觉效果，使用多媒体内容的消费者不会感觉到这些信息，其观看和收听效果不会受到影响。这种被嵌入的识别信息不容易被探知和再次修改，但可以被生产者识别和辨认。通过这些隐藏在载体中的信息，可以达到确认内容创建者、购买者，并判断多媒体内容是否被篡改等目的。

## 六、新的技术浪潮

21世纪以来，信息技术发展突飞猛进，新的技术不断涌现，也给文化资源数字化开发与利用带来了空前的机遇。近年来，特别是人工智能、大数据、云计算、区块链、物联网等新技术的出现，极大地改变了互联网的技术生态和互联网产业的生态。今日头条、字节跳动、脸书、谷歌、亚马逊等借助新技术迅速发展起来的文化资源数字化平台，不仅是一个新的企业，同时也是新的业态，代表着未来发展的方向，说明了文化资源数字化开发利用存在无数的可能性。例如，过去图书资源是放在图书馆借阅和书店销售的，互联网的出现催生了电子图书产品，继而出现了网络图书馆、网络书店，而像亚马逊、当当则进而采取了更先进的知识推荐大数据系统和知识付费系统，亚马逊还推出了 Kindle 平台。我们无法在一本教材里深入和全面地讨论这种趋势，读者可以将这些作为练习，去寻找有趣的案例，思考技术变革对文化资源数字化开发利用的影响。但是有一点是可以知道的，无论技术如何发展，文化资源的数字化开发和利用的本质是文化价值创造的过程，技术变革赋能就是在资源精神要素提取、转化、复制、生产、营销的价值创造过程中，可以更加有效地整合各方要素，为产品创新、商业模式创新提供更多的可能性。

 **本章小结**

文化遗产数字化是指利用现代数字技术手段，将文化遗产的核心内容和信息客观地、真实地、全面地记录和保存下来，并且以适当的结构设计使之成为可供检索、学习、传播和利用的数据资源。

文化遗产数字化不仅是一个技术层面的问题，更是关系到文化遗产整个保护、传承的系统问题，包括信息采集、记录、存储、传输、检索、发掘、利用、版权保护等一系列过程和原理，具有非常广泛的应用价值，已经成为文化遗产保护和传承的重要策略。

文化遗产数字化是对文化遗产进行抢救保护的重要手段，为促进文化遗产再生利用提供技术支持，是文化传播和文化传承的重要途径。

凝结在文化遗产中的特定历史阶段的社会关系和文化意义，通常称为历史的共时性。文化遗产在不同历史阶段所经历的形态改变和人文积累，通常称为历史的历时性。文化遗产的保护与传承是历史共时性和历史历时性的统一。文化遗产的数字化是对文化遗产的历史共时性和历史历时性的原真性记录和呈现。

文化遗产的保护原则有信息的原真性、信息的完备性、原物的无损性、技术的适用性、数据的安全性和系统的延展性。基本策略有数据标准化策略、数据集成和分布策略、数据转换和冗余策略、数据版权保护策略和系统可扩展性策略。

文化资源数字化开发与利用的基本原理是以数字版权为核心，人才、技术和资本为动力，将精神内容转化为某种特定的文化产品形态，具体的产品以平台思维为模式，通过平台实现价值联结、价值传播、价值发掘和价值实现。通过 IP 和流量经济进行营销。

文化资源数字化保护与利用的基本技术有数字采集技术，如拍摄和录音、全站仪和全球定位系统、三维激光扫描、地理信息系统空间分析和动态捕捉技术；数字建模与绘制技术，如文化遗址和文物的数学模型表达、几何处理和绘制；此外还有虚拟现实技术、内容检索技术和数字资源的版权保护技术，以及新的技术浪潮，如人工智能、大数据、云计算、区块链、物联网等新技术。

## 思考题

1. 名词解释。

数字图书馆、数字博物馆、信息完备性、信息无损性、信息原真性、数字建模、数字绘制、数据可视化、数字水印、虚拟现实技术、动态捕捉技术

2. 简述文化遗产数字化的基本概念和意义。

3. 文化遗产数字化研究主要包括哪三方面内容？

4. 简述文化遗产数字化技术的应用范围。

5. 简述文化遗产数字化的基本原则。

6. 简述文化遗产数字化的基本策略和程序。

7. 数据采集有哪几种方式？请举例说明这些技术在文化遗产数字信息采集中的应用。

8. 简述数字版权管理的基本内容。

9. 公共文化机构应当如何管理好文化遗产数字资源，以更好地服务于公众？

10. 试着了解区块链技术，并结合案例分析该技术在数字版权中的作用。

11. 文化资源的价值实现有哪些具体的方式？

## 参考文献与推荐阅读

[1] 李欣. 数字化保护：非物质文化遗产保护的新路向[M]. 北京：科学出版社，2011.

[2] 郑巨欣，陈峰. 文化遗产保护的数字化展示与传播[M]. 北京：学苑出版社，2011.

[3] 周明全，耿国华，武仲科. 文化遗产数字化保护技术及应用[M]. 北京：高等教育出版社，2011.

[4] 贾磊磊. 数字化时代文化遗产的保护和展观：中美文化论坛文集[C]. 北京：文化艺术出版社，2010.

# 第九章

# 文化资源的公共管理政策

 学习目标

1. 理解文化资源公共性、文化资源公共管理的必要性。
2. 掌握文化资源公共管理的管理目标及管理内容。
3. 了解文化资源公共管理的组织体系。
4. 了解文化资源公共管理的法律政策体系。

 导言

　　文化资源是国家文化发展的重要战略资源，也是经济发展的重要核心资源。文化资源具有一定的公共性和意识形态属性，所以政府在文化资源保护、国家文化安全、文化资源可持续利用等方面起着重要的作用。文化资源的公共管理就是政府通过一定的组织管理形式和公共政策规范市场主体行为，引导文化资源的优化配置。

## 第一节　文化资源公共管理的概述

### 一、文化资源公共管理的概念和意义

　　文化资源公共管理是指政府文化相关部门制定文化政策，对文化遗产的保护利用、公共文化资源的规划建设和文化资源的市场开发等进行规范和引导。政府作为文化资源管理的主体，其主要职责有两个：一是对公共文化资源进行规划建设和运营管理，二是对文化资源产业化利用的政策进行引导和调控。文化资源的公共管理对文化传承、发展与繁荣具有重要意义。

第一，文化遗产保护和传承是文化管理的主要目标之一，为了经济利益而对遗产资源过度商业化开发会造成严重的遗产侵害和价值流失，政府为此应制定法律法规和设立必要的管理机构。

第二，文化基础设施的规划建设和运营管理是公共文化服务体系的基本任务，也是大众共享文化建设成果的基本权利。

第三，很多文化艺术资源属于高雅艺术，这些优秀文化资源的有效利用可以促进文化发展和提升全民族文化素质，需要政府进行文化事业扶持，纳入文化事业管理的范畴。

第四，文化内容总是具有一定意识形态属性，意识形态的公共政策是政府文化意识形态和文化安全管理的主要职责之一。例如，对暴力、色情、违反国家规定的内容进行监管；我国的影视审批制度和美国的影视分级管理制度。再如，民间文化存在的一些封建迷信和不健康的内容，需要取其精华、去除糟粕，才能不断发展进步。此外，在对重大历史事件和历史人物进行影视剧改编过程中，一些创作者通过戏说、歪说的方式取悦市场，在红色文化资源开发中出现了过度商业化行为，这些问题都需要通过文化市场的公共政策加以规范。

第五，为了保障文化市场的公平竞争和文化产业的健康发展，政府公共部门需要制定相应的法律法规和政策体系，对文化资源的市场化开发行为进行规范。在文化市场经营和文化产业开发中，文化资源成为文化生产的关键投入要素，对于资源的使用权和开发权的获取，是决定市场竞争力的关键手段，也最容易产生各种侵权行为，引起经济纠纷。因此，知识产权保护的法律与法规，是市场有序竞争的重要保障。

## 案例【9-1】　　法国国家自然历史博物馆

法国国家自然历史博物馆正式建立于 1793 年 6 月 10 日，当时正值法国大革命时期。该馆起源于路易十三于 1635 年建立的皇家药用植物园，当时由皇家医师管理。1718 年 3 月 31 日，路易十五宣布取消其药用的功能，使其成为单纯的皇家公园，并专注于自然史。法国大革命后，皇家机构非常幸运地保留了下来，皇家公园被 12 位教授改建为国家自然历史博物馆。从 19 世纪开始，大量的研究成果使博物馆得到不断的更新，藏品愈加丰富，这得益于在那个时代组织的许多科学考察活动。博物馆在 20 世纪得到进一步实质性的扩展，新建和翻修了许多建筑。植物馆在 1935 年开放，一系列实验室于 1939 年在居维叶大街落成，人类馆在 1937 年的世界博览会以后于夏洛特宫内建立，同一时期动物园出现在万塞娜森林中。

在法国公共管理领域，博物馆被归类于高等教育机构，国家自然历史博物馆具有研究（基础和应用）和传授知识的使命。法国保存了世界上自然和人类科学方面最大的收藏之一；它在基础和应用研究方面涵盖了天文学、地质学、地理学、人类学以及生物学的各个重要分支；它的研究生院在 10 个博士研究方向提供最好的教育，还有来自全世界各个国家的研究人员在这里工作；博物馆的各个展览馆、温室、动物园、植物园、花圃和临时展览会提供了丰富多彩的藏品和展板，使公众感受到自然科学的巨大吸引力。如今，法国国家自然历史博物馆已经成为科学、文化和教育传播的重要场所，其发展经验值得各国今后在自然历史博物馆发展中学习和借鉴。

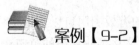

### 案例【9-2】　　　　　　　二人转的改良

二人转作为中国东北地区的走场类曲艺、地方戏，是典型的民俗文化遗产，而且在民间影响十分广泛。这里我们主要从文化资源公共管理的意识形态管理方面进行讨论，二人转在长期的发展中，是如何逐步改良，从民间流传登上大雅之堂的。

虽然二人转是宝贵的民俗文化遗产，具有鲜明的历史文化和民俗文化特色。但是，历史上二人转为了取悦观众，沾染了很多粗俗甚至不健康的内容，这些都不符合政府在文化建设和发展方面意识形态管理的要求。在民国时期，民间二人转剧团在沈阳的北市场演出，民国政府斥其"有伤风化"，被驱逐出去；其实二人转不是只靠荤口来吸引观众的，真正有艺德的高手就不用讲荤口。过去，对二人转艺人就有严格的规定：兵匪场可以有不雅笑话，但子孙场（有老弱妇孺的场所）绝对不能说。中华人民共和国成立后，本着"文艺为工农兵服务"的精神，对传统剧目进行了改良，有了专业演员和专门的演出场所。1953年4月，在北京举行的第一届全国民间音乐舞蹈大会上，东北代表团的二人转节目正式参加演出，从"而二人"转这个名字首次得到全国文艺界的承认，并叫得越来越响。随着改革开放和文化市场的放开，以赵本山为代表的二人转演员提倡"绿色二人转"，摒弃了二人转中的不良因素，使其能够登上大雅之堂。

但是在民间仍然流传着二人转的"荤口"节目，一些娱乐经营场所为了招揽生意，甚至以二人转形式表演低俗内容，不但造成恶劣影响，而且也直接危及二人转本身的生存。近年来，政府文化宣传部门和工商管理部门对此进行了整治，其目的在于保证二人转的长期健康发展。

案例讨论：

根据上述两个案例，思考和讨论文化资源公共管理的社会效益和意义。

## 二、文化资源公共管理的目标

对文化资源的公共管理是以政府为主导，非政府部门和民众共同参与的，以满足社会文化发展的公共利益为目的的社会管理过程。文化资源公共管理的基本目标包括以下几个方面。

第一，促进文化遗产资源的保护和传承。从中央到地方各级政府通过设立相应的文化管理部门，在国家统一文化政策的指导下，开展本地的文化遗产资源保护。

第二，促进文化资源的有效利用。政府通过法律规范和政策引导，促使社会各界力量依法开展文化资源的开发和经营，维护市场公平竞争。

第三，完善基于文化资源的公共文化服务。根据当地社会文化发展需要和人民文化精神需求，合理地规划和建设公共文化基础设施，通过对文化资源的有效利用向社会提供优质的精神文化内容。

第四，确保国家文化安全。国家文化资源安全包括文化遗产资源的安全、文化信息资源的安全和文化生态资源的安全。文化资源管理要加强文化资源安全意识，确保国家重要的文化资源的安全。例如，由于疏于保护，20世纪五粮液古窖泥曾流失到日本，和其一起流失的还有中国传统工艺景泰蓝和宣纸制作技术。再如，世界各国为迎接信息时代的来临，正大规模地将文化遗产等文化资源转换成数字化形态，由于技术条件、制度和观念意识的滞后，发展中国家缺乏对本国文化资源的有效保护，依赖国际资本和技术实现其文化遗产数字化，这产生了文化资源的安全问题。我国文化资源同样也面临着数字化生存的危机。在西方文化的巨大攻势面前，我们必须充分开发和利用自身的文化资源，只有具备可以与危害我国文化安全的西方文化相抗衡的力量，才能更好地维护我国的文化安全与文化主权。

 案例【9-3】　　　　　文化信息资源共享工程

文化信息资源是重要的数字化文化资源。文化信息共享工程，是充分利用现代高新技术手段，将中华民族几千年来积淀的各种类型的文化信息资源精华以及贴近大众生活的现代社会文化信息资源，进行数字化加工处理与整合，建成互联网上的中华文化信息中心和网络中心，并通过覆盖全国所有省（自治区、直辖市）和大部分地（市）、县（市）以及部分乡镇、街道（社区）的文化信息资源网络传输系统，实现优秀文化信息在全国范围内的共建共享。

全国文化信息资源共享工程（以下简称"文化共享工程"）是从2002年起，由文化部、财政部共同组织实施的一项国家重大文化惠民工程。它应用现代信息技术，对中华优秀文化信息资源进行数字化加工与整合，依托各级公共图书馆、文化馆（站）等公共文化设施，通过互联网、广播电视网、无线通信网等新型传播载体，在全国范围内实现中华优秀文化资源的共建共享。文化共享工程是政府提供公共文化服务的重要手段，是实现广大人民群众基本文化权益的重要途径，是改善城乡基层文化服务的创新工程，在我国公共文化服务体系建设中具有战略性、基础性的地位。

截至2011年年底，文化信息资源共享工程已经构建了层次分明、互联互通、多种方式并用的国家、省、市、县、乡镇（街道）、村（社区）6级数字文化服务网络。已建成1个国家中心，33个省级分中心（覆盖率达100%），2840个县级支中心（覆盖率达99%），

28 595个乡镇基层服务点(覆盖率达83%),60.2万个行政村基层服务点(覆盖率达99%),部分省(自治区、直辖市)村级覆盖范围已经延伸到自然村。资源建设总量达到18 362部/集,6454.21小时。完成藏族、蒙古族、朝鲜族、维吾尔族、哈尼族等少数民族语言资源译制合征集共计1341小时,征集291小时。推出《庆祝中国共产党成立九十周年专题资源库》和《辛亥革命专题资源库》。启动并完成了文化资源共建共享平台建设,加快推动国家中心与各省级分中心联合编目工作。建设一批规范化的公共电子阅览室,共计3075个,提供未成年人和其他群体需要的电子阅览室专用资源,共计624.5 GB。

(资料来源:国家数字文化网2013年9月24日)

## 三、文化资源公共管理的内容

文化资源公共管理的内容包含公共管理的组织学、文化资源市场监督、文化资源保护等方面的内容。

第一,建立文化资源公共管理的各级组织体系。文化资源公共管理的组织体系包括:各级政府文化管理部门、社会非政府文化机构。各个组织机构在文化资源的社会管理中担任的责任和职责不同,文化资源公共管理的组织体系通过明确政府文化管理部门中相应文化资源管理的职责、岗位,构建管理的层级组织,并对文化资源管理的人力资源、预算编制进行统筹规划和管理。

第二,建立健全文化资源的公共政策体系。与文化资源相关的公共文化政策的研究、制定和评估是文化资源公共管理的核心内容。依据各项文化资源公共管理的相关政策与法规,构建文化资源公共政策的执行系统,保障政策的执行到位,并对政策执行情况进行跟踪和监督,分析和评估政策法规带来的效果和管理的效率。

第三,规划和建设公共文化设施,优化文化资源配置。不断完善公共文化服务体系,使得公共文化资源能够充分地被广大公众所享用。

第四,加强文化资源的保护和传承,确保文化资源的安全。文化资源的公共管理应当定期开展文化资源的统计和普查,对文化资源保护现状和效果进行评估,并根据相关规定和条件确定文化遗产保护的级别,积极开展文化遗产的普及教育和传承人计划,不断加强文化遗产保护和传承,积极贯彻执行各项文化版权的保护法规与政策,对文化资源利用与开发的计划和项目进行评估、监督,确保文化资源的可持续发展。

# 第二节　文化资源公共管理的组织

## 一、文化资源公共管理的组织体系

文化资源的公共管理组织是按照一定法律程序和规范建立的公共组织,其构成要素主要包括以下几方面。

组织目标。组织目标是指文化资源管理部门进行某项活动所需达到的预期结果。文化资源管理所涉及的领域较为广泛，包括文化、旅游、出版、教育、信息、宗教等，每个部门都有相应的管理目标。

职能范围。职能范围是根据组织目标对文化资源管理部门所要完成的工作任务、职责及其作用的总体规定。它确定了文化资源管理部门行使职权的活动和作用范围。职能范围是组织目标的具体化，它决定着组织规模、内部职位设置等方面的内容。

机构设置。机构设置是根据组织目标、职能范围在管理部门内部按单位进行分工的结果。文化资源管理要通过一定的内部机构分工体现出来。

岗位设置。岗位设置是在内部机构设置基础上进一步按职责明确工作分配的结果，即将组织目标、工作任务、权力职责具体落实到某个具体岗位上。岗位是公共组织运行最基本的要素之一。

组织人员。针对每个岗位，选聘合适的人员成为组织的成员。

规章制度。组织以正式文件的形式对组织目标、职能任务、权责关系、活动方式等进行严格规范。

文化资源管理职能涉及多个不同领域，通常会分散到不同的机构和部门，所以对同一文化资源的管理，通常会涉及政府不同职能部门之间的协调。例如，文化版权的注册登记是在知识产权管理部门，但是在版权的开发经营中可以通过授权将其转化为不同类型的文化产品，其价值转化链条较长，对其管理涉及新闻出版、专利管理、文化和旅游、工商管理、工信（互联网内容管理）等多个部门。

通常，文化资源管理的组织机构分为纵向和横向两个方面。我国在纵向管理上有中央、省、市、县四级机构，横向上文化资源管理职责根据文化部门的分工和属性的不同，分别归口于文化和旅游、知识产权管理、新闻出版与广电、教育、宗教等多个部门。目前，在我国文化资源管理的归口部门中，大部分文化遗产资源和公共文化设施的管理职能主要归口各级文化和旅游（部）厅、文物局管理；与知识产权相关的文化版权、专利权、商标权等归口各级政府的知识产权局、新闻出版局（版权局）管理。

同时，参与文化资源公共管理的组织还有政府主管的事业型单位和归口民政部门管理的社会民办非营利机构。例如，中国文学艺术界联合会（简称"中国文联"）是全国性的文学艺术家协会，是中国人民政治协商会议发起单位之一；再如，中国文字著作权协会是依据《中华人民共和国著作权法》和国务院颁布的《著作权集体管理条例》，由中国作家协会、国务院发展研究中心等12家著作权人比较集中的单位和陈建功等500多位我国各领域著名的著作权人共同发起。协会获得国家版权局正式颁发的《著作权集体管理许可证》，是我国唯一的文字作品著作权集体管理机构。

此外，文化资源具体项目经营还受到金融、土地、财政等政策影响，与这些政策相关的平行管理部门包括土地管理、工商税务管理、金融管理、政府财政管理等行政部门。

## 二、国外文化资源公共管理的组织概况

不同国家的体制和制度不同，文化资源的公共管理组织自然会不同。这里主要介绍美国、法国、英国、德国和日本的文化资源公共管理体制。

### （一）美国

美国的文化资源管理体制主要由联邦政府、州政府和私人团体组织共同管理。联邦政府的内政部是主要管理部门。美国联邦政府在文化方面的最高决策机构实际上是"总统艺术与人文委员会"。它成立于1982年，是白宫文化政策方面的一个顾问委员会，负责研究艺术和人文方面的政策问题，提出并支持艺术和人文方面的重要计划，对艺术和人文方面的优秀作品予以确认。其成员是由总统任命的民间人士，一般是美国颇具成就的艺术家、建筑设计师、作者、学者等。

根据1966年的《国家历史保护法》的规定，文化资源管理成为很多部门的职责，涉及内政部下属的国家公园管理局、土地管理局、印第安人事务管理局、开发局、农业部、能源部和国防部等部门，法令规定这些部门都要聘请专业人员负责文化资源管理。

美国的商标、专利事务由商标专利局管理，美国专利局于1802年成立，当时为国务院直属部门，承担专利相关事务。19世纪初，商标事务亦纳入专利局的辖权范围。1975年，经国会批准，美国专利局更名为美国专利商标局（USPTO）。2000年11月，根据《美国发明人保护法》，USPTO被确立为商务部下属的绩效单位，以更加商业化的方式运作，在人事、采办、预算以及其他行政职能上享有实质性的自治管理权。其主要办公机构现位于弗吉尼亚州亚历山大城的卡莱尔地区。

版权事务的管理部门为国家版权局，隶属于美国国会图书馆。其职责主要包括：执行美国版权法；为国会服务，在国会立法过程中提供专业咨询；协助司法部进行版权保护；与国务院、商务部、美国贸易代表办公室等政府部门合作，提供版权方面的协助；负责版权自愿登记和版权交易等文件的备案；代为收取有线电视和卫星转播等法定许可费用，并转交给版权权利人；收集美国出版社依法向国会图书馆提交的赠书；从事版权方面的宣传教育活动。

此外，美国文化艺术领域活跃着许许多多的各种行业协会等民间文化组织和机构，美国联邦文化机构及州和地方政府与它们保持着密切的联系，通过帮助行业协会制定自律公约来对它们进行管理和制约。

### （二）法国

法国文化部是中央政府文化主管行政部门。文化部通过向地方派驻代表对全国的文化资源实行统一管理。文化部设立的直属单位大多是国家的重要文化设施，包括国家级

的图书中心、卢浮宫、凡尔赛宫、罗丹博物馆、厄内博物馆、蓬皮杜国家艺术中心、公共信息图书馆、维莱特工业科学城，以及国家级歌剧院和国家舞蹈中心等。这些机构由国家直接任命行政领导，理事会成员由政府官员组成。

法国各大区、省都设有相应的地方文化资源管理机构，法国各大区设有文化局，大区的文化局长是文化部官员，受中央文化部和大区政府双重管理。文化部还以文化顾问的名义，向各区派驻文化代表。同时，文化部还向各区、省、市的博物馆、图书馆、文化历史遗迹等文化设施和文化资源管理机构派驻专业的技术人员。

法国工业产权局是法国的文化版权、专利、商标等知识产权的管理部门，隶属于法国经济、财政及工业部，总部设在巴黎，在 11 个城市设有分中心。

### （三）英国

英国建立了比较完整的中央和地方三级文化管理体制，具体包括以下内容。

中央一级管理机构。"文化、新闻和体育部"为中央级管理机构，主要负责制定文化政策和统一划拨文化经费，是统管全国文化、新闻、体育事业的政府主管部门，所有与文化有关的事情由文化、新闻和体育部统管，内容包括文化艺术、文化遗产、图书出版、新闻广播、电影电视、录音录像、体育、旅游、娱乐，以及工艺、建筑、园林、服装设计等。

中间管理机构。地方政府及非政府公共文化执行机构（即各类艺术委员会）为中间机构，负责执行文化政策和具体分配文化经费。

基层管理机构。基层地方政府及地方艺术董事会、各种行业性的文化联合组织，如电影协会、旅游委员会、广播标准理事会、体育理事会和博物馆/美术馆委员会等 38 个机构。

上述三级管理机构各自相对独立，无垂直行政领导关系，但通过制定和执行统一的文化政策，逐级分配和使用文化经费，相互紧密联系在一起。文化、新闻和体育部的职责是：制定宏观文化政策；负责政府对文化事业的拨款并监督拨款的使用；直接管理国家级的文化事业单位并协调与非政府文化公共机构的合作。具体地说，该部门负责制定政府对艺术、体育、国家彩票、图书馆、博物馆、美术馆、广播、电影、新闻自由与规则、历史环境及旅游业的政策及相关工作。文化、新闻和体育部实行内阁大臣负责制，部属机构设 5 个部内局、2 个部外署和 2 个直属处。文化、新闻和体育部制定的宗旨和目标，主要依靠其资助的非政府公共文化机构实施。

英国的文化版权资源管理部门为英国专利局，在 2007 年 4 月 2 日正式更名为英国知识产权局。启用新名字是为了真正反映知识产权服务的宽广领域，消除客户对概念的混淆，从而更好地应对经济全球化和 21 世纪出现的新挑战。作为管理知识产权的官方机构，英国知识产权局责任重大。其职责不仅包括专利、设计、商标和版权等方面的申报、审核和批准，还负责协调政府决策者、执法部门、企业等各方面的问题，共同处理知识产权领域的犯罪行为。

### （四）德国

1998 年 10 月 27 日，在联邦总理施罗德的领导下，德国政府设立了文化媒体国务部长职位，并成立了单独的文化媒体委员会。德国的版权问题由国家专利商标局管理。在联邦政府的层级上，与文化事务相关的重要基金有两个：联邦文化基金会与邦际文化基金会。

在联邦层级以下的相关机构有 17 个，分别为巴伐利亚邦教育与文化部，柏林市文化事务参议会，汉堡特别区文化局，黑森邦科学暨艺术部，萨克森-安哈特邦文化部，北莱因-西发里亚邦艺术基金会，北莱因-西发里亚邦都市发展及建筑暨文化、运动部，萨尔邦教育、文化及艺术部，梅克伦堡-西波美拉尼亚邦教育、科学及文化部，什列斯威-霍尔斯坦邦教育、科学、研究及文化部，莱因兰-法尔兹邦教育、科学、青年及文化部，布兰登堡邦科学、研究及文化部，巴登-符腾堡邦科学、研究及文化部，下萨克森邦科学研究及文化部，萨克森邦科学与艺术部，不来梅文化参议会，以及图林根邦教育部。

在笃信天主教的德国境内，目前受到保护的文化遗址与历史建筑物共有 130 万处，产权大部分为私人所有，其次则为天主教教会（教堂）所有，属私人及教堂资产的文化遗址，交由私人及教堂、教区、教会自行管理，但联邦或邦政府也会视遗产重要性，酌量补助私人遗产维护的经费。

### （五）日本

日本政府主管文化事务的部门是文部科学省（简称"文部省"），是日本政府 1 府 13 省厅中主管教育、科学技术、学术、文化、宗教、体育等事务的中央行政机关。文化厅是隶属于文部科学省的副部级行政机构，具体负责日本的文化行政事务。

1968 年，为应对经济高速增长的同时文化事业发展滞后的局面，日本政府将文部省文化局与文化财产保护委员会合并，设立了副部级文化行政机构——文化厅。除文部科学省与文化厅外，日本政府的文化行政部门还包括主管对外文化交流的外务省文化交流部及具体实施对外文化交流项目的半官方特殊法人日本国际交流基金、主管日本文化产业的经济产业省商务情报政策局（下设文化情报关联产业课）、主管日本广播电视的总务省情报通信政策局，以及主管日本文化娱乐场所的警察厅。这些政府部门与文部科学省及文化厅共同构成了日本中央政府的文化管理机构。

与中央政府文教合一的机制不同，日本地方政府的教育和文化机关一般是分开的。地方政府设有生活（环境等）文化局（部），其职责主要是为居民服务，为居民提供精神享受，因此文化大多与生活联系在一起，而教育则由地方教育委员会（教育厅）管理。

## 第三节　文化资源的公共政策体系

文化资源的公共政策形式包括法律法规、行政规定或命令、政府规划等，可以大致归成两类：一类是由国家立法机关制定的文化资源相关的法律，由司法部门执行；另一类是由政府行政部门、立法机关制定的各项文化资源政策，主要由政府行政部门执行。这是两个不同的方面，它们相互补充。政策是法律制定的依据，法律是政策执行的保障，法律与政策体系共同规范了与文化资源相关的各类主体的行为。

## 一、文化资源公共政策的作用

### （一）制约功能

文化资源公共政策是政府文化及相关部门制定调节社会利益相关者在文化资源的归属、保护、利用、开发和分配等方面行为的规则。文化资源管理政策的制约功能的目的是避免对文化资源的破坏、侵权等行为的发生。因此，文化资源管理的公共政策在规范人们的行为时，必然要规定什么是可以做的、什么是不可以做的。例如，在文物、文化遗产保护方面的法律法规与政策都有不得对文物或文化遗产造成损害的规定。

### （二）导向功能

文化资源公共政策是针对文化资源相关利益主体的利益矛盾所引发的社会问题而制定的行为准则。为解决文化资源归属、分配、利用和开发等行为中出现的问题，政府依据特定的目标，通过政策对人们的行为和事物的发展加以引导，使得政策具有了导向性。政策的导向功能，既是行为的导向，也是观念的导向，它可以引导人们的思想观念发生变化，有时甚至是根本性转变。

### （三）调控功能

文化资源公共政策的调控功能，是指政府文化及相关公共部门运用政策，在对文化资源管理出现的各种利益矛盾进行调节和控制的过程中所起的作用。法律法规与政策的调控功能主要体现在调控社会各种利益关系，尤其是物质利益关系，从而实现社会的稳定和发展。例如，在对著作权的管理方面，《著作权法》明确地规定了著作权的权利类型、权利归属界定，以及在权利许可、转让过程中相关利益人的权益和经济利益分配关系。

### （四）分配功能

在文化资源的公共管理政策中，有很多涉及政府部门的公共政策，它对全社会的价值做有权威的分配。这也体现了公共政策具有对全社会的公共利益进行分配的功能。例如，政府部门为了满足和调节社会文化需求，通过财政预算和运用财政资金投入，对博物馆、美术馆、图书馆、文化馆等文化公共设施资源进行建设、布局等，并调节文化资源利用与开发的文化事业、文化旅游业的各项税收政策和规定。

**案例【9-4】 修订文物保护法，打击文物造假行为，加强对文物的保护**

2012 年 8 月 10 日，国家文物局公布了全国人民代表大会常务委员会执法检查组关于检查《中华人民共和国文物保护法》实施情况的报告。报告批评了当前消失的不可移动文物一半毁于建设以及文物流通领域造假、售假、拍假等行为，同时建议将修改现行文物保护法列入全国人民代表大会常务委员会立法规划。据立法部门调查统计：目前，我国文物拍卖企业有 324 家，2010 年总成交额为 368 亿元。全国较大规模的古玩旧货市场超过 240 家。由于缺乏有效规范和监管，一些经营者暗中从事非法文物交易活动；一些地方文物造假、售假现象较为严重，形成了生产、做旧、销售的产业链；有的拍卖企业知假拍假、自拍自买、哄抬价格；有些文物鉴定人员违背职业道德，进行虚假鉴定；有的电视鉴宝类节目片面渲染文物的市场价值，偏离正确的舆论导向。有专家指出：文物保护要从健全完善管理体制、加强文物保护能力建设、健全监管制度、规范引导文物流通秩序等方面着手，应尽快将文物保护法列入全国人民代表大会常务委员会立法规划，及时修改完善。

2013 年 6 月 29 日第十二届全国人民代表大会常务委员会第三次会议通过，对《中华人民共和国文物保护法》做出修改。将第二十五条第二款修改为："非国有不可移动文物转让、抵押或者改变用途的，应当根据其级别报相应的文物行政部门备案。" 将第五十六条第二款修改为："拍卖企业拍卖的文物，在拍卖前应当经省、自治区、直辖市人民政府文物行政部门审核，并报国务院文物行政部门备案。"

## 二、文化资源管理的主要公共政策

文化资源管理的公共政策包括国内和国际两个方面。国内方面，文化资源的管理除了《文物保护法》《著作权法》等国家法律外，根据文化资源不同类型属性分别由不同部门管理，如文物局、文化和旅游部、住建部、广电局和新闻出版局等，相应的国家行政部门也会有部门的相关管理规定；国际方面，由于我国加入了一系列国际文化遗产保护的公约，因此要在遵守国际公约的前提下开展文化资源公共政策的制定和执行。

### （一）文化遗产保护的法律法规

#### 1. 物质文化遗产的法律法规

物质文化遗产分为可移动的文物和不可移动的文物两种类型。在我国对物质文化遗产保护的法律法规主要有《中华人民共和国文物保护法》《关于惩治盗掘古文化遗址、古墓葬犯罪的补充规定》《文物藏品定级标准》和刑法中关于文物犯罪的规定，以及国务院、有关部门和地方政府制定的一系列配套法规。例如，国家文物局颁布的《国家考古遗址公园管理办法》《文物进出境审核管理办法》《促进民办博物馆发展的意见》，文化部颁布的《文物认定管理暂行办法》，广电部门颁布的《影视剧拍摄活动中加强自然环境和文物保护的通知》，以及各地方政府制定的城市历史文化名城保护办法，等等。

### 2. 非物质文化遗产保护的法律法规

1990 年，《著作权法》首次确认民间文学艺术作品享有著作权并受法律保护，具体保护办法由国务院另行制定。民间文学作品是非物质文化遗产的一个重要组成部分，这是国家法律第一次从保障民事权利的角度来具体确认非物质文化遗产的法律地位。1997年，国务院制定颁布《传统工艺美术保护条例》，这是第一个关于传统工艺美术行业发展、人才保护的行政法规。2003 年 11 月，联合国教科文组织代表大会通过了《保护非物质文化遗产公约》。2004 年 8 月，全国人民代表大会常务委员会批准我国加入这一公约，成为世界上较早批准加入的国家之一。2011 年 2 月，全国人民代表大会常务委员会审议通过了《中华人民共和国非物质文化遗产法》。此外，文化、新闻出版、文物等部门，以及各级各地方政府也制定了相应的配套政策。

### 3. 文化遗产保护应遵守的相关国际公约

20 世纪，国际社会就物质文化遗产的保护颁布了一系列法案，除法国、英国、美国、日本等国外，国际组织就文物古迹建筑等方面的保护问题先后多次召开会议，如联合国教科文组织会议、国际古迹遗址理事会会议、国际建筑师大会、历史纪念物建筑师及技师国际会议、国际文化财产保护与修复研究中心会议等。这些会议颁布的国际法案（见表 9-1）中，影响较大的有《武装冲突情况下保护文化财产公约》（1954 年）、《威尼斯宪章》（1964 年）、《保护世界文化和自然遗产公约》（1972 年）、《华盛顿宪章》（1987年）、《奈良真实性文件》（1994 年）、《凯恩斯决议》（2000 年）、《苏州决定》（2004年）等。

表 9-1　20 世纪以来颁布的物质文化遗产保护的主要法律法规（不完整统计）

| 法 案 名 称 | 颁 布 时 间 | 颁 布 单 位 |
|---|---|---|
| 古文物法 | 1906 年 | 美国 |
| 历史古迹保护法 | 1913 年 | 法国 |
| 国宝保存法 | 1929 年 | 日本 |
| 景观保护法 | 1930 年 | 法国 |
| 重要美术品保护法 | 1930 年 | 日本 |
| 有关历史性纪念物修复的雅典宪章 | 1931 年 | 历史性纪念物建筑师及技师国际协会 |
| 城乡规划法 | 1932 年 | 英国 |
| 历史遗迹法 | 1935 年 | 美国 |
| 考古挖掘法 | 1941 年 | 法国 |
| 文化财保护法 | 1950 年 | 日本 |

| 法 案 名 称 | 颁 布 时 间 | 颁 布 单 位 |
|---|---|---|
| 武装冲突情况下保护文化财产公约 | 1954 年 | 联合国教科文组织 |
| 关于适用于考古发掘的国际原则的建议 | 1956 年 | 联合国教科文组织 |
| 关于博物馆向公众开放的最有效方法的建议 | 1960 年 | 联合国教科文组织 |
| 关于保护景观和遗址的风貌与特性的建议 | 1962 年 | 联合国教科文组织 |
| 马尔罗法（历史街区保护法） | 1962 年 | 法国 |
| 国际文化财产保护与修复研究中心章程 | 1963 年 | 国际文化财产保护与修复研究中心 |
| 保护文物建筑及历史地段的国际宪章（威尼斯宪章） | 1964 年 | 历史性纪念物建筑师及技师国际协会 |
| 国家历史保护法 | 1966 年 | 美国 |
| 古都保存法 | 1966 年 | 日本 |
| 景观保护法（修订） | 1967 年 | 法国 |
| 城市文明法 | 1967 年 | 英国 |
| 城市环境适宜准则 | 1967 年 | 英国 |
| 关于保护受到公共或私人工程危害的文化财产的建议 | 1968 年 | 联合国教科文组织 |
| 保护考古遗产的欧洲公约 | 1969 年 | 欧洲理事会 |
| 关于禁止和防止非法进出口文化财产和非法转让其所有权的方法的公约 | 1970 年 | 联合国教科文组织 |
| 保护世界文化和自然遗产公约 | 1972 年 | 联合国教科文组织 |
| 关于在国家一级保护文化和自然遗产的建议 | 1973 年 | 联合国教科文组织 |
| 城市规划法 | 1973 年 | 法国 |
| 关于历史地区的保护及其当代作用的建议 | 1976 年 | 联合国教科文组织 |
| 关于文化财产国际交流的建议 | 1976 年 | 联合国教科文组织 |
| 美洲国家保护考古、历史及艺术遗产公约 | 1976 年 | 美洲国家组织各成员国政府 |
| 关于保护可移动文化财产的建议 | 1978 年 | 联合国教科文组织 |
| 国际古迹遗址理事会章程 | 1978 年 | 国际古迹遗址理事会 |
| 关于保护和保存活动图像的建议 | 1980 年 | 联合国教科文组织 |
| 佛罗伦萨宪章 | 1982 年 | 国际古迹遗址理事会 |
| 保护历史城镇与城区宪章（华盛顿宪章） | 1987 年 | 国际古迹遗址理事会 |
| 考古遗产保护与管理宪章 | 1990 年 | 国际古迹遗址理事会 |
| 奈良真实性文件 | 1994 年 | 联合国教科文组织、国际文化财产保护与修复研究中心、日本等 |
| 国际统一私法协会关于被盗或者非法出口文物的公约 | 1995 年 | 国际统一私法协会 |
| 凯恩斯决议 | 2000 年 | 联合国教科文组织 |
| 苏州决定 | 2004 年 | 联合国教科文组织 |

最重要的一项法案则是联合国教科文组织于 1972 年 10 月，在第十七届会议上通过的《保护世界文化和自然遗产公约》（以下简称《公约》）。《公约》要求各缔约国承担起将本国领土内的文化和自然遗产的确定、保护、保存、展出和遗传后代的责任，并竭尽全力，最大限度地利用本国资源，必要时利用所能获得的国际援助和合作进行保护。截至 2019 年 5 月，193 个国家签署了此项《公约》。

## 拓展知识 1 《保护非物质文化遗产公约》

在《保护非物质文化遗产公约》颁布之前，联合国教科文组织于 1998 年出台了《人类口头和非物质遗产代表作条例》，并启动"人类口头和非物质遗产代表作名录"工程。2001 年，联合国教科文组织公布了首批 19 件人类口头和非物质遗产的杰作。2002 年，联合国教科文组织在伊斯坦布尔召开了以"非物质文化遗产：文化多样性的鉴照"为主题的文化部长圆桌会议，会上针对"人类口头和非物质遗产"概念和 1972 年通过的《保护世界文化与自然遗产公约》在"文化遗产"保护范畴之间的边界没有厘清等问题，确定了制定新的公约的工作目标。2003 年，联合国教科文组织颁布《公约》，并正式启用"非物质文化遗产"概念。《公约》的颁布，有力推动了非物质文化遗产保护机制在世界范围内的建立。

《公约》明确了建立政府间保护组织的决议。首先，成立缔约国大会作为《公约》的最高权力机关。其次，成立政府间保护非物质文化遗产委员会，由缔约国选出 18 个缔约国代表组成①，主要负责：① 宣传公约的目标，鼓励并监督其实施情况；② 就好的做法和保护非物质文化遗产的措施提出建议；③ 拟订"保护非物质文化遗产基金"（信托基金）的利用计划并提交缔约国大会批准；④ 努力寻求增加"保护非物质文化遗产基金"资金来源的方法，并为此采取积极措施；⑤ 拟订实施公约的业务指南并提交大会批准；⑥ 审议缔约国提交的，关于其为实施本公约而通过的法律、规章条例或采取其他措施情况的报告，并将报告综述提交大会；⑦ 根据委员会制定的、大会批准的客观遴选标准，审议并决定缔约国提出项目名录的申请，以及决定是否对提出国际援助的国家给予援助。而对于各缔约国来说，则应该采取必要措施确保其领土上的非物质文化遗产受到保护，并通过确认、立档、研究、保存、保护、宣传、弘扬、传承（特别是通过正规和非正规教育）和振兴的保护措施，由各社区、群体和有关非政府组织参与，确认和确定其领土上的各种非物质文化遗产。

《公约》提出建立多层次名录保护体系，建立"人类非物质文化遗产代表作名录""急需保护的非物质文化遗产名录""保护非物质文化遗产的计划、项目和活动"等。凡是进入名录的项目，都是在各缔约国提名基础上审核决定的。其中，保护非物质文化遗产的计划、项目和活动的入选，也需先由缔约国提名，再由委员会根据缔约国大会批准的标准，同时兼顾发展中国家的特殊需要，遴选出最能体现《公约》原则和目标的国家、分地

---

① 《公约》规定：在缔约国数目达到 50 个之后，委员会的委员数目将增加至 24 个。

区或地区保护非物质文化遗产的计划、项目和活动。

## 拓展知识2  中国非物质文化遗产保护大事记

2000年，联合国教科文组织启动"人类口头和非物质遗产代表作"的申报工作。

2001年5月，联合国教科文组织将我国的昆曲列入首批"人类口头和非物质遗产代表作"。

2003年11月，联合国教科文组织将我国的古琴艺术列入第二批"人类口头和非物质遗产代表作"。

2004年4月，文化部、财政部发布《实施中国民族民间文化保护工程的通知》，正式启动中国民族民间文化保护工程。

2004年8月，经全国人民代表大会常务委员会批准，我国加入《保护非物质文化遗产公约》。

2005年3月，国务院办公厅颁发《关于加强我国非物质文化遗产保护工作的意见》。

2005年3月，国务院办公厅发布《国家级非物质文化遗产代表作申报评定暂行办法》。

2005年6月，文化部发布《关于申报第一批国家级非物质文化遗产代表作的通知》。

2005年12月，国务院办公厅发布《关于加强文化遗产保护的通知》。

2006年5月，国务院公布第一批非物质文化遗产名录，共认定国家级项目518项。

2008年6月，国务院下发《国务院关于公布第二批国家级非物质文化遗产名录和第一批国家级非物质文化遗产扩展项目名录的通知》，共认定第二批国家级项目510项，第一批国家级扩展项目147项。

2011年2月，第十一届全国人民代表大会通过《中华人民共和国非物质文化遗产法》，自2011年6月1日起施行。

2011年6月，国务院公布第三批国家级非物质文化遗产名录，共认定第三批国家级项目191项，国家级扩展项目164项。

2012年2月，文化部发布《关于加强非物质文化遗产生产性保护的指导意见》。

2014年12月，国务院公布第四批国家级非物质文化遗产代表性项目名录，共认定第四批国家级项目153项，国家级扩展项目153项。

### （二）文化知识产权资源保护的法律政策

与文化相关的知识产权资源的法律与政策通过制度配置和政策安排，对于知识资源的创造、归属、利用以及管理等进行指导和规制，以法律与政策体系为保障和支撑，以文化权利化、权利市场化为手段，完善文化知识产权登记制度和产权保护的执法体系，促进文化知识的传播、文化知识产权的价值实现和公平分配。文化相关的知识产权包括著作权、商标权和专利权等。文化知识产权资源保护的法律与政策，主要包括著作权法及其实施细则、商标法及其实施细则、刑法对知识产权犯罪的规定、非物质文化遗产法等法律规定，以及国家各部门和各地方政府颁布的相关配套法规、政策与措施。此外，还包括中国参加的保护知识产权的组织及国际公约的规定，如 1980 年 6 月 4 日，中国加入世界知识产权组织，《建立世界知识产权组织公约》对中国生效。

 **案例【9-5】　　美国的知识产权保护政策**[①]

　　1790 年，美国颁发和实施了第一部《专利法》。美国现行的《专利法》则是 1952 年颁发的。1980 年，美国国会通过了《斯蒂文森-威尔德勒技术转让法案》。该法案的目的在于促进联邦政府所属机构与企业合作，加快联邦政府拥有的专利向市场转移。该法案规定：所有公司、大学和研究机构与联邦直属研究机构合作研究做出的发明，可享受专利权，联邦政府只保留一种在一定情况下的使用权。它还规定，所有联邦政府机构的研发预算中，应有 0.5%的费用用于技术转让。该法案公布后，美国政府各部门都成立了相应的技术转让机构，大大加快了政府所拥有的专利的转让。目前，美国基本上已建立起了一套完整的知识产权法律系统，主要包括《专利法》《商标法》《版权法》《不正当竞争法》。为全面执行世贸组织"与贸易有关的知识产权协议"中所规定的各项义务，美国政府于 1994 年 12 月制定了《乌拉圭回合协议法》，对原有的知识产权法律做了适当修改。

### （三）文化市场与文化产业相关的法律与政策

　　文化市场的法律与政策是为了维护市场的正常运行和繁荣发展，由政府部门和相关立法机构制定的各项法律法规和政策体系，这些法律和政策调节的范围包含文化资源的市场经营主体、市场经营许可、文化资源传播和流通的范围和场所、利益分配、违法惩治等。从市场管理范围来看，文化市场法律政策涵盖文化市场的所有领域，包括文化娱乐业管理法规、演出市场管理、艺术品市场管理、广播电影电视市场管理、网络文化市场以及文化产业等方面的法律法规，以及刑法中关于违反文化市场法律规定进行刑事犯罪的行为惩罚规定。例如，有关拍卖的法律法规规定了不能在市场流通的文物的范围，以及对重要珍贵文物的优先购买权和特定收藏单位；文化部、国家广播电影电视总局《关于继续开展打击走私和盗版影片活动的通知》、广电部门发布的对电影、电视剧等产品申报、发行的有关规定和引进片、合拍片的版权规定等；国家广电总局为规范互联网服务市场出台的《互联网视听节目服务管理规定》。再如，最高人民法院、最高人民检察院关于办理利用互联网、移动通信终端、声讯台制作、复制、出版、贩卖、传播淫秽电子信息刑事案件具体应用法律若干问题的解释等。

　　与文化市场管理法律政策相衔接，文化产业领域的相关产业政策包括对文化资源进行产业化投资、开发中涉及的进入许可、产业标准、土地使用、投融资、税收、反垄断等政策规定。

---

① 李志军. 美国的知识产权管理、政策及其经验[J]. 国际技术经济研究，2003（3）：24-28，47-48.

## 1. 进入许可制度

从保护资源安全的角度，需要对文化资源的商品化和产业化的利用与开发建立一定的进入许可制度。进入许可制度是政府为了保障文化资源的安全以及文化资源的公共利益，对文化资源的利用与开发的主体的资格、能力进行审核和批准的制度。例如，私人开办的博物馆和美术馆需要报请文化管理部门审批，设立出版企业需要向新闻出版部门申请获得批准，经营网络文化产品和服务需要获得政府部门审批的网络文化经营许可证，等等。

## 2. 产业标准

产业标准是由政府或者相关行业协会部门制定的产业在生产、经营与管理中的规范，并在相关行业领域普遍使用和执行。文化产业由于行业众多，因此在每个行业都有相应的标准，包括技术标准、经济标准等。其中，与文化资源相关的标准主要集中在文化资源认定、保护、利用与开发方面的技术规范和行为规则。

在物质文化资源的产业开发与利用方面，主要针对文化资源实际物质载体建设、资源保护和实体运营规范等做出明确规定。例如，在文化基础设施建设方面，我国制定出台了《国家基本公共文化服务指导标准》，对市、县、乡、镇各级文化馆、博物馆、图书室等的建设规模、服务内容、配备人员等都做了基本要求；对历史名城保护规划和旅游开发，我国制定出台了《历史文化名城保护规划标准》，对古镇、古村落的旅游开发，各地政府也制定有相应的保护规范，如《江苏省传统村落保护办法》明确了传统村落的认定条件，同时对损坏或者擅自迁移、拆除传统村落内传统建筑的行为明确了处罚标准。

在精神文化资源方面的标准，主要针对内容审查、制作传播内容的技术规范、内容派生的知识产权等做出规定。例如，针对互联网视听服务快速发展，大量文化内容资源在传播、利用过程中出现的不规范现象，我国网络视听节目服务协会发布了《网络视听节目内容审核通则》，对网络视听节目的内容与审核进行了规范，旨在进一步指导各网络视听节目机构开展网络视听节目内容审核工作，提升网络原创节目品质，促进网络视听节目行业能够更加健康地发展。随着新技术在文化资源开发中的应用，对于5G、人工智能、大数据、区块链等新技术，国家也正在制定出台一些新的技术规范。

## 3. 土地政策

对文物、名人故居、工业遗址等不可移动文化资源的开发，新建文化基础设施或对文化资源展示、旅游开发等都会发生用地需求，应有相应的土地政策进行规范。例如，《文物保护法》规定国有不可移动文物的所有权不因其所依附的土地所有权或者使用权改变而改变；对已经损毁的不可移动的文物，要对遗址进行保护，不得原址重建；对不可移动文物根据保护文物的实际需要，经省、自治区、直辖市人民政府批准，可以在文物保护单位的周围划出一定的建设控制地带，并予以公布。这些文物保护措施通常都会划定红线范围，影响到文化遗产周边空间的土地使用。

对于文化商业开发用地属于文化娱乐用地的，我国法律和政策规定出让后，用地的使用年限为 40 年。通常，地方政府为了鼓励文化产业发展，对依法达到一定标准的文化资源开发项目会在土地供应方面给予一定的政策支持。例如，优先纳入各级土地利用总体规划和土地利用年度计划，优先保障项目用地计划指标，以及相关土地作价入资、土地出让金分期支付的政策等。

### 4. 财政税收政策

政府为鼓励文化产业发展，会对文化资源产业开发项目给予相应的财政税收政策扶持。在财政资金扶持方面，通常会设立相关扶持资金。例如，对符合条件的文化资源利用与开发项目给予贴息、补助、奖励等专项资金扶持，对音像图书、影视动漫、传统手工艺、游戏、演艺等文化资源开发产品和服务的出口给予专项资金、奖励和出口退税补贴等。在税收方面，通常有针对文化企业的增值税、所得税、营业税的优惠政策，对于文化资源开发产品和服务出口的退税优惠，以及和文化资源开发相关的土地税、房产税、个人所得税等方面的减免规定。

### 5. 投融资政策

金融政策是对文化资源项目投融资方面的相关政策，包括信贷融资、债券融资、股权融资、风险投资、融资担保等方面的政策。

文化资源开发项目和企业的信贷融资政策，主要是优惠的利率、信贷额度和期限、评级、贴息等政策规定，以及以文化资源为基础的质押贷款政策。西方发达国家实行文化资源市场化开发比较早，建有较为完善的投融资体系。例如，在信贷方面，银行可以提供包括电影、音像等文化版权无形资产在内的质押贷款。

文化资源开发还可以通过债券和股权融资方式，向社会融资。债券融资是文化资源开发项目的主体，一般是政府、金融机构、工商企业等机构，直接向社会借债筹措资金时，向投资者发行，承诺按一定利率支付利息并按约定条件偿还本金的债权债务凭证。股权融资是文化资源开发的企业让出部分企业所有权，通过企业增资的方式引进新的股东的融资方式。对债券融资和股权融资，各国因金融体制不同，政策也不尽相同。我国的相关法律有《中华人民共和国证券法》《中国人民银行法》《中华人民共和国公司法》等国家法律，《企业债券管理条例》行政管理法规，以及国家发展和改革委员会、财政部、中国证监会、中国人民银行等部门发布的相关法律法规。

此外，各级政府部门为了鼓励文化产业发展，促进社会多元化的投资，相应地设立政府投资基金，出台了投资基金管理的政策，并对文化资源开发利用中的融资担保、风险投资、知识产权入股等制定并颁布了相关政策。

## 6. 反垄断政策

发展文化产业的本质是以市场机制替代原先的计划体制作为文化资源合理配置的基础性力量。但是，市场也存在失灵的现象。如果一家企业占有某项文化资源，但是不能对这一资源进行有效的保护与利用，或者资源过于集中，导致企业在资源定价方面垄断，侵害到广大消费者的利益，那么就会存在文化资源垄断的负面效应。此时，国家应该出台相应的反垄断政策，以促进市场公平竞争和资源优化配置。

在保护知识产权人合法利益的基础上，各国政府都注意到防止知识产权所有人因对知识产权的独占而可能形成的滥用现象，对此做出了在一些条件下可以强制许可的规定。这对软件业、数据库、电信业以及信息技术产业等新兴文化产业的文化版权资源开发具有十分重要的意义。

**案例【9-6】　　　　著作权强制许可的起源**

在 19 世纪中叶，各国法律都禁止未经音乐作品作者的同意复制其作品或公开表演其作品。但到 19 世纪后半叶，随着录音技术、机械表演技术的发展，情况发生了变化。在 1908 年，美国最高法院审判了 White-Smith Pub.Co.诉 Apollo Co.案。原告 white-Smith Pub.Co.是音乐作品的著作权人，被告 Apollo Co.公司销售自动卷轴钢琴（Piano Rolls），原告认为这是侵权。当时美国最高法院认为：这不属于著作权法规定的复制行为。之所以如此判决，是因为当时已有大量自动卷轴钢琴进入市场，如果发布禁令，数以万计的使用者将构成侵权行为。当时，一家叫 Aeolian 的公司已从创作者处收购了大量的音乐作品，并在游说国会创设"机械录音权"，一旦发布禁令，将导致该公司在音乐作品领域形成垄断。在判决之后的第二年，美国国会修订了《著作权法》，特别增加了法定许可制度，一旦著作权人许可他人录制某音乐作品，其他人可按每份 2 美分的价格，录制该音乐作品，避免了音乐作品出版公司的垄断。

（资料改编来源：沈彬. 著作权强制许可的前世今生[N]. 南方都市报，2012-05-06）

案例讨论：

为什么要实行强制许可？强制许可有什么前提条件？强制许可对文化版权资源有什么影响？

### （四）其他相关文化资源的公共管理政策

文化资源公共管理的文化事业政策，主要是政府部门运用公权力，在公共文化设施规划建设、文化资源的公益化利用、文化资源的对外交流和宣传、文化资源的传承与教育等方面制定相关法律法规和政策措施，以促进文化事业的繁荣和发展，最大化地满足广大人民的精神文化需求。

1. 公共文化设施资源的相关法律与政策

公共文化设施是重要的公共文化资源，是公共文化服务体系的重要组成部分，也是广大人民参与文化建设，了解、学习和享受文化建设成果的重要平台。相关的公共政策主要包括：各级政府部门制定发布的有关图书馆、博物馆、美术馆、展览馆、群众文化馆、文化站等文化公共设施的法规和条例，如《公共文化体育设施条例》《博物馆管理办法》等，对这类公共设施的设立、建设、职能和管理做出了规定；文化部门、国土部门、建设部门、财政部门、人事部门还配套对公共文化设施资源在用地指标、资金扶持、人员编制等方面制定了相关政策。例如，文化部、建设部和国土部对图书馆、文化馆等公共文化资源先后出台了用地指标的政策，规定了不同级别的图书馆、文化馆的选址原则和用地标准。

2. 文化资源的对外交流政策

文化资源的对外交流政策，是各级政府文化及相关部门针对文化资源的对外输出，以及对文化资源的利用和开发所形成的产品和服务的对外输出、交流和宣传方面，制定相关的法律法规和政策，以保护文化资源的安全，扩大文化对内和对外的影响传播范围，促进文化资源的不断积累、再生、持续发展。文化资源对外交流政策的功能主要有以下两方面。

第一，规范文化资源跨越国境的对外展示、演出、学术交流、举办活动、对外版权许可等活动和行为，不但与国际相关公约、条约和规则接轨，同时能够保障文化资源的安全。例如，我国在文化资源对外交流方面的规定有《中华人民共和国海关对进口展览品监管办法》《文化艺术品出国和来华展览管理细则》《关于加强引进外国艺术表演和艺术展览管理的意见》《文化部涉外文化艺术表演及展览管理规定》等。

第二，通过文化资源对外交流的有关政策，能够积极地向外宣传和传播优秀的文化资源，能够促进文化资源的不断积累、再生和持续发展。例如，我国在国外建立孔子学院是为了传播中国优秀的历史文化。再如，德国的歌德学院建立于 1951 年，目前已遍布 78 个国家和地区，共有分支机构 144 个，其中国外分支机构 128 家。60 多年来，通过歌德学院、歌德中心、阅览室、考试中心和语言学习中心组成的网络，一直在全球从事着以对外文化及教育交流为中心的工作，介绍有关德国文化资源和社会政治生活等方面的信息，展现一个丰富多彩的德国。

 本章小结

本章以文化资源公共管理作为论述主体，文化资源公共管理的内容概述、组织结构和政策体系三部分作为论述框架，探讨以政府为主导、非政府部门和民众共同参与的文化资源管理体系通过组织管理与政策引导促进文化传承与创新，保障文化市场的公平竞争和文化产业的健康发展。文化资源公共管理作为政府公共管理的重要组成部分，在文化遗产资源的传承与利用、优质文化内容的服务与国家文化安全等方面起着关键作用。由于文化资源管理涉及文化、旅游、出版、教育、信息、宗教等多个领域，因此在组织建构方面需要新闻出版、知识产权、文化旅游、工商管理等行政部门与相关事业单位、非营利性机构相互协同、密切配合，形成严密、高效的管理体系。由于国家制度与体制的不同，美国、英国、法国、德国、日本形成了具有各自特色的文化资源公共管理体系。

文化资源是文化生产的关键投入要素，具有文化和经济的双重属性。在文化资源的公共政策管理中，需要充分发挥公共政策的制约、导向、调控、分配等功能。对于文化资源的开发与经营要在遵守国际公约的前提下，遵守本国文化遗产保护、文化知识产权资源保护、文化市场与文化产业经营以及对外文化交流等法律法规，从而实现我国文化产业发展社会效益与经济效益的有机统一，促进中华民族优秀文化的传承与繁荣。

 **思考题**

1. 简析文化遗产保护的普适性价值。
2. 简述文化遗产保护中的真实性价值及其评估标准。
3. 简述非物质文化遗产保护的主要法律探索。
4. 简述文化资源公共管理的必要性和意义。
5. 文化资源公共管理的目标有哪些？
6. 文化资源公共管理有哪些主要内容和任务？
7. 简述我国文化资源公共管理的组织体系构成。
8. 什么是文化产业的进入许可制度？
9. 什么是著作权的强制许可制度？为什么要实施强制许可制度？在什么情况下实施？
10. 政府作为文化资源公共管理的核心主体，应如何统筹各方力量，以实现文化资源的有效整合与可持续利用？
11. 以欧美、日本为代表的文化资源公共管理体系有哪些值得借鉴之处？
12. 文化资源的无形性与产业开发的高风险性使资本对文化投资望而却步。政府应建立什么样的投融资体系，以保障文化产业发展的资金充足？
13. 面对欧美国家通过文化产品进行意识形态的渗透，我国的文化资源公共管理体系应承担哪些职能？

**参考文献与推荐阅读**

[1] 意大利共和国关于文化与环境遗产的法律法规汇编[M]. 刘曙光，译. 北京：文物出版社，2014.

[2]　王云霞. 文化遗产法：概念、体系与视角[M]. 北京：中国人民大学出版社，2012.

[3]　郭玉军. 国际法与比较法视野下的文化遗产保护问题研究[M]. 武汉：武汉大学出版社，2011.

[4]　单霁翔. 走进文化景观遗产的世界[M]. 天津：天津大学出版社，2010.

[5]　文化部非物质文化遗产司. 非物质文化遗产保护法律法规资料汇编[M]. 北京：文化艺术出版社，2013.

[6]　巴莫曲布嫫. 非物质文化遗产：从概念到实践[J]. 民族艺术，2008（1）：6-17.

[7]　王晨，章玳. 文化资源学[M]. 南京：南京大学出版社，2014.

[8]　苏旭. 法国文化[M]. 北京：文化艺术出版社，2001.

[9]　范中汇. 英国文化[M]. 北京：文化艺术出版社，2003.

# 后 记

在清华大学出版社杜春杰编辑的一再督促下,我终于完成了书稿。正值元旦,这本《文化资源学》可以算作一个节日的礼物吧!

这本书的写作进度一拖再拖,原因是我想对第一版《文化遗产导论》做一个修订,后来在 2019 年年初的"第二届中国文化产业管理专业委员会年会"上,很多高校反映"文化资源学"课程缺少一本合适的教材。想起 2014 年我与江苏开放大学章玳老师编写过一本《文化资源学》,想来工作量不会太大,也就承接了这项任务。待到落笔之时,才发现原先的《文化资源学》有很多问题没有讲清楚,很多地方写得不顺畅,而文化资源学实践领域又有了很大的变化,于是决定重写一本《文化资源学》。很多章节不是简单的补充,而是要重写。原先以为简单的编撰工作,变成了一项全新的学术研究课题。本书的写作保留了我和王媛合著的《文化遗产导论》中有关文化遗产的一部分内容,以及我和章玳老师编著的《文化资源学》中"文化资源数字化保护"一部分章节的内容,重写了文化资源价值论、文化资源经济学等基础理论,并按照新的理论框架对大部分章节做了较大修订和补充。可以说从原先计划的小改小补,变成了一个"伤筋动骨"的大工程。初稿完成后,依然对其中一些内容不甚满意,总觉得很多地方或意犹未尽,或语焉不详,尤其是基础理论方面还需反复推敲;然而时不我待,只能先交出这一稿,实乃严谨不足,心存惴惴,只能当作抛砖引玉了。好在这次从文化资源价值论方面,为文化资源学基本建立了一个较为完整的理论框架,有利于我们团队沿着这个方向进一步深入研究。

文化资源学是一个新的研究领域,相关理论还在不断完善中,很多学科交叉的前沿问题亟待深入研究,希望各位同人能够不吝赐教,共同努力推进文化资源学的研究和教学,不断完善文化资源学的理论体系,把文化资源学课程与教材建设好。

2021 年 1 月 1 日
于南京艺术学院存天阁